6年

実力アップ 漢字練習ノート

特別ふろく

教科書の順に練習できる！

東京書籍版 完全準拠

年　　組　　名前

「漢字練習ノート」はとりはずして使用できます。

もくじ

漢字練習ノート……東京書籍版 国語6年

この本の使い方

- 教科書に出てくる漢字を、単元ごとに練習しましょう。
- ６年生で学習する漢字191字を、全て出題しています。
- 全ての漢字を、正しく書けるようになれば、合格です。

たずね合って考えよう
さなぎたちの教室　(1)

第1回　/20問

☆ □に漢字を書きましょう。〔　〕には、漢字とひらがなを書きましょう。（☆は、新しい漢字の別の読み方です。）

たずね合って考えよう

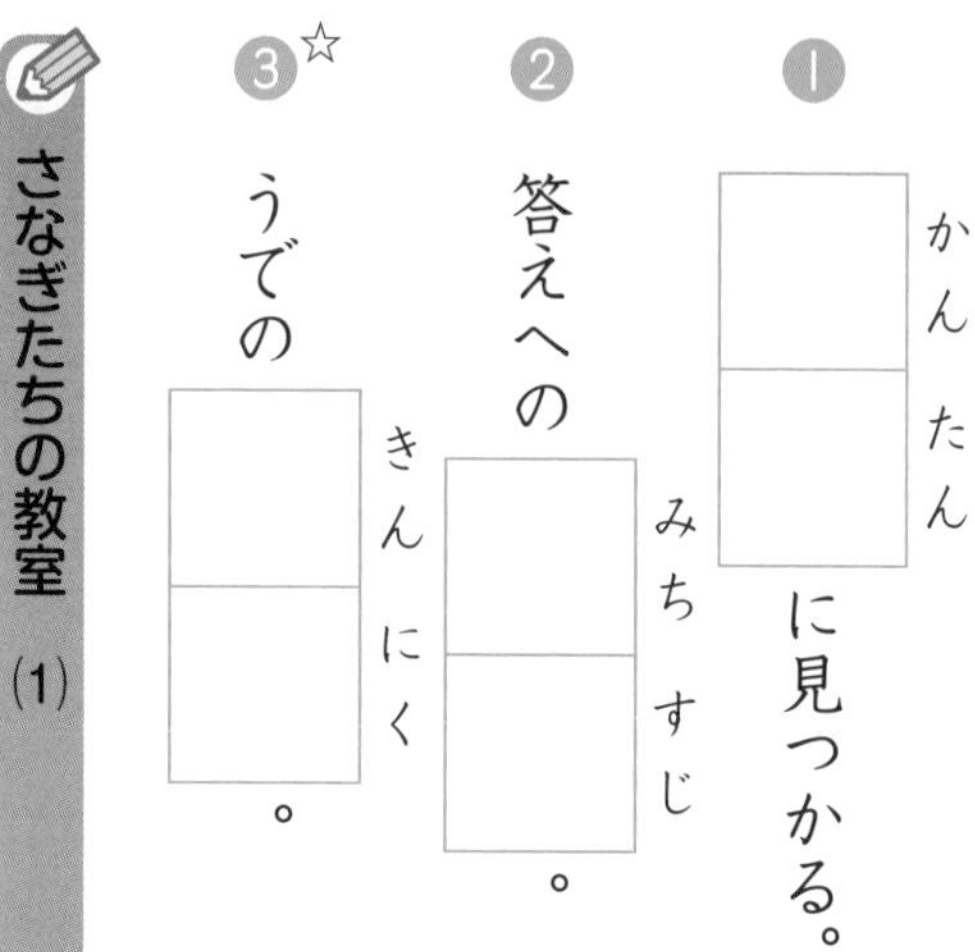

1. □□（かんたん）に見つかる。
2. 答えへの□□（みちすじ）。
3. ☆ うでの□□（きんにく）。

さなぎたちの教室　(1)

4. □（まど）ぎわの特等席。
5. □□（いちまい）の花びらがまう。
6. 全員の前で□□（せんげん）する。

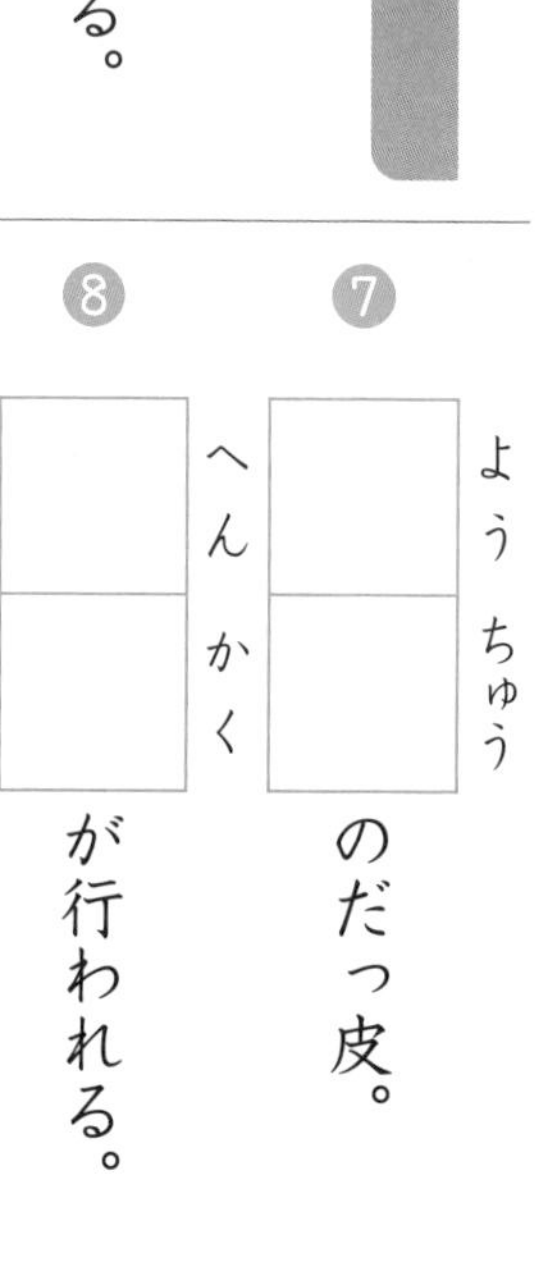

7. □□（ようちゅう）のだっ皮。
8. □□（へんかく）が行われる。
9. □（うら）のトンボ池を回る。
10. ☆ 〔　　〕（ならんで）走り始める。
11. □□（しかい）の中。
12. 目が〔　　〕（いたい）。
13. □□（けいえん）される。
14. 政治の□□（かいかく）。

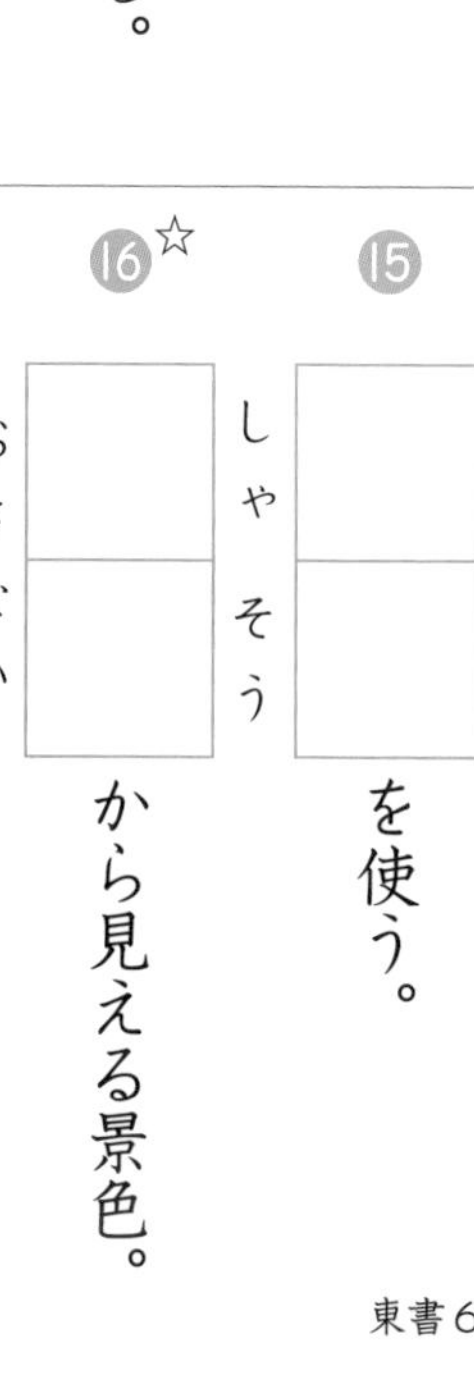

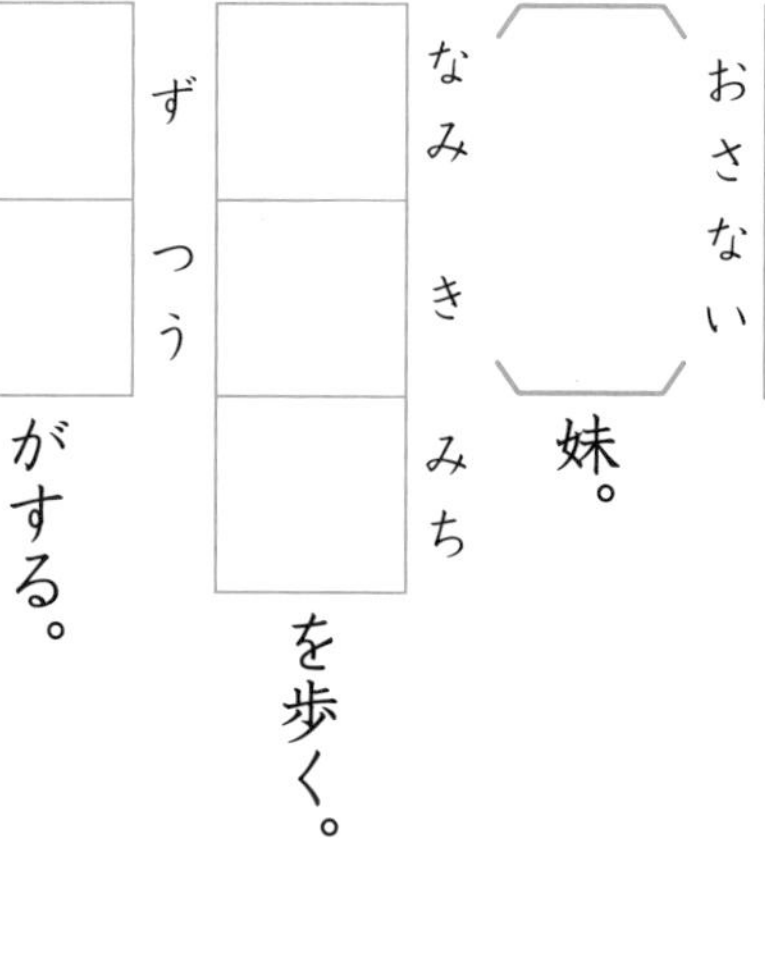

15. □□（けいご）を使う。
16. ☆ □□（しゃそう）から見える景色。
17. ☆ 〔　　〕（おさない）妹。
18. ☆ □□□（なみきみち）を歩く。
19. ☆ □□（ずつう）がする。
20. ☆ お年寄りを〔　　〕（うやまう）。

●勉強した日　月　日

さなぎたちの教室　(2)

第2回　/20問

☆ □に漢字を書きましょう。〔　〕には、漢字とひらがなを書きましょう。(☆は、新しい漢字の別のよみ方です。)

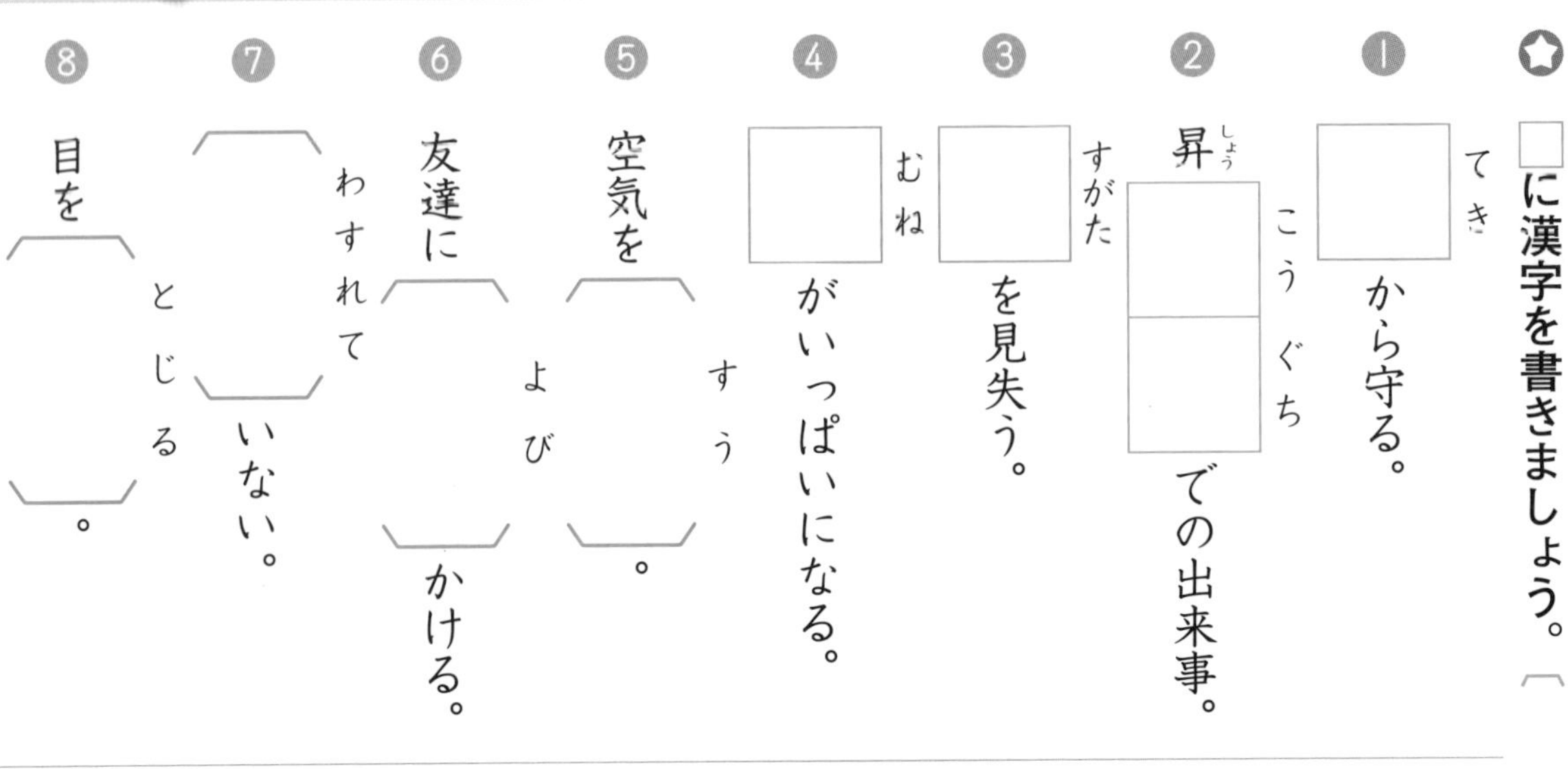

1. □(てき)から守る。
2. 昇(しょう)□□(こうぐち)での出来事。
3. □(すがた)を見失う。
4. □(むね)がいっぱいになる。
5. 空気を〔　　〕(すう)。
6. 友達に〔　　〕(よび)かける。
7. 〔　　〕(わすれて)いない。
8. 目を〔　　〕(とじる)。

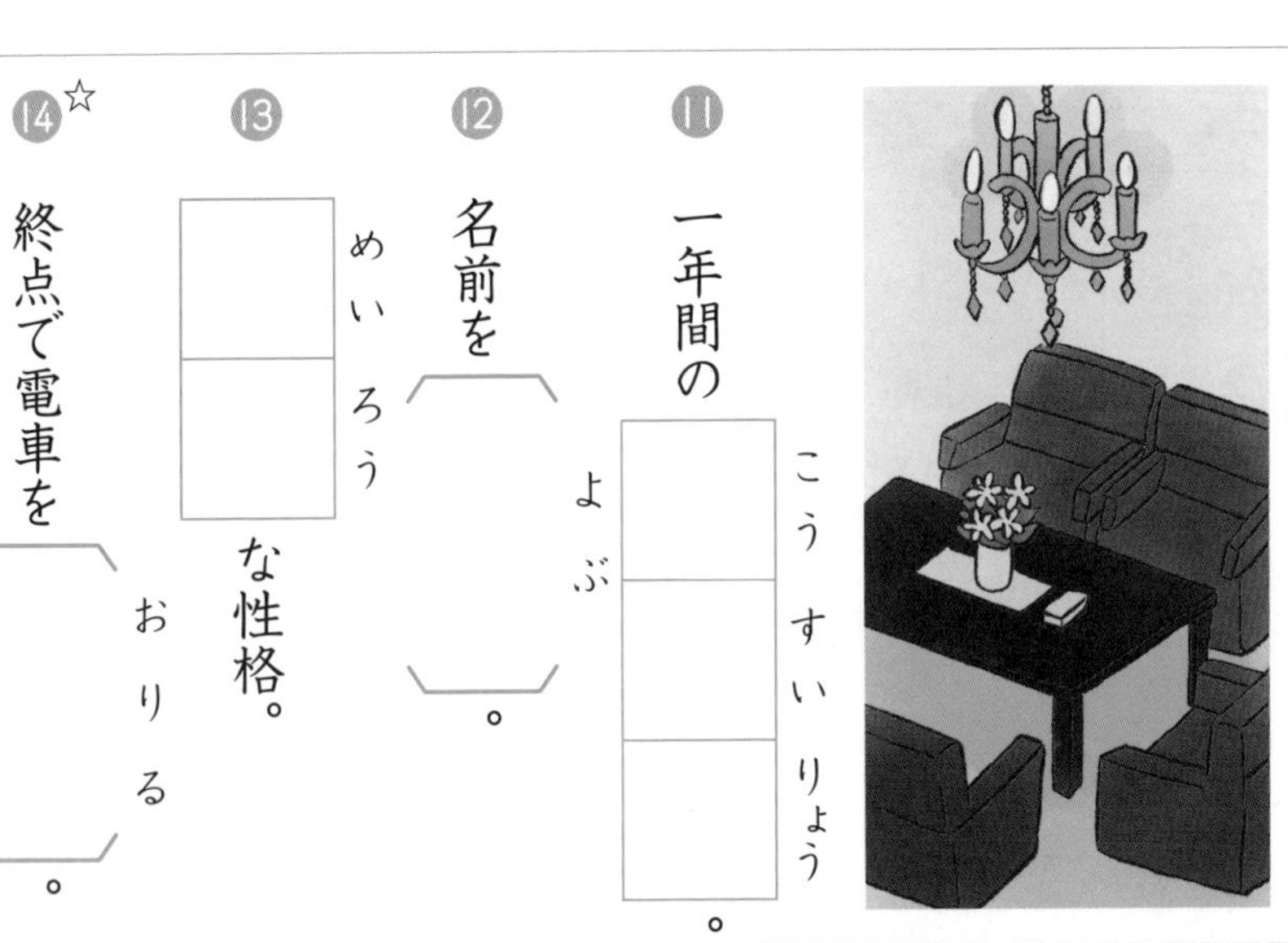

9. くふうして□□(ろうどく)する。
10. 素(す)□(てき)な部屋。

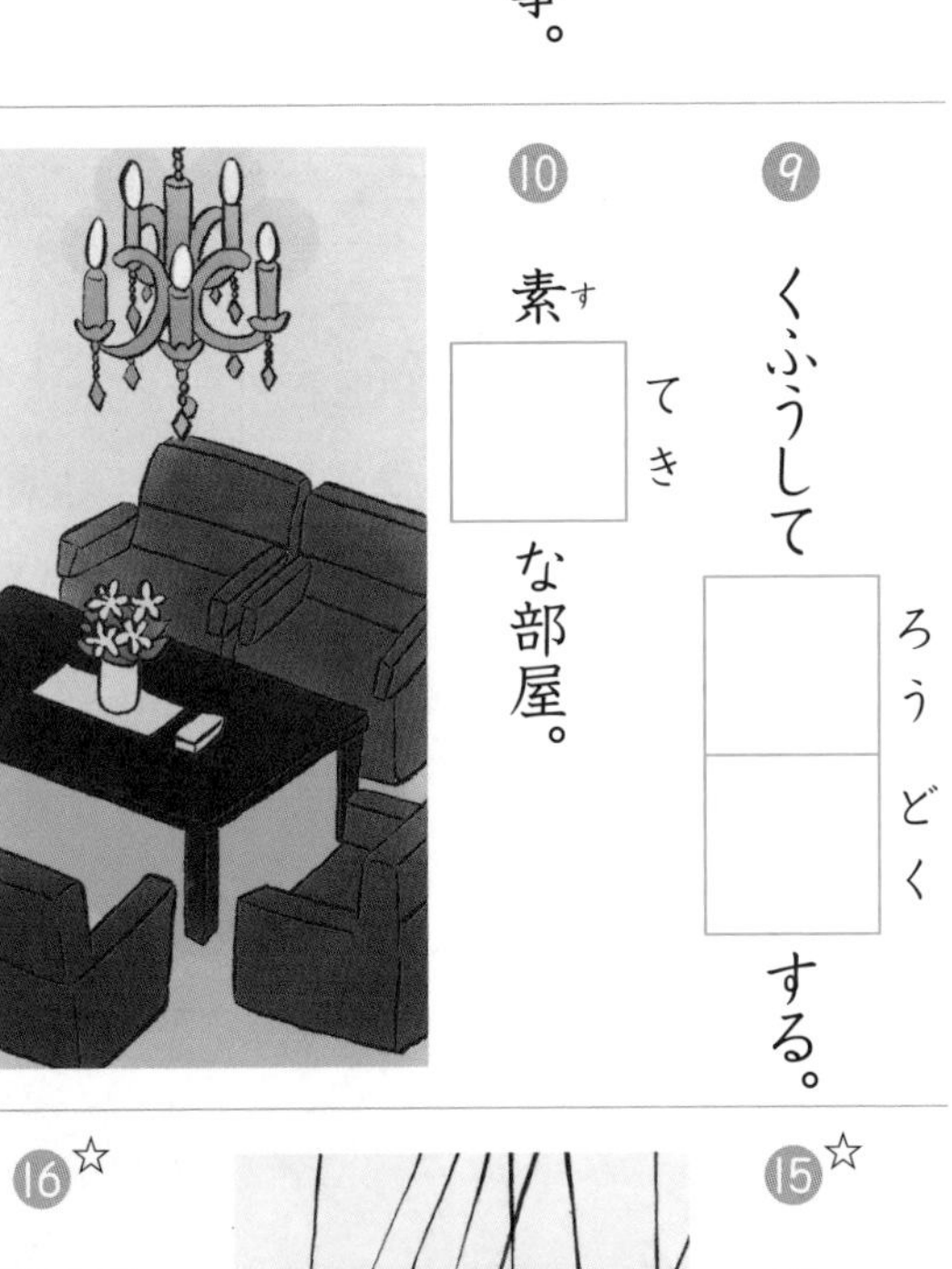

11. 一年間の□□□(こうすいりょう)。
12. 名前を〔　　〕(よぶ)。
13. □□(めいろう)な性格。
14. ☆終点で電車を〔　　〕(おりる)。

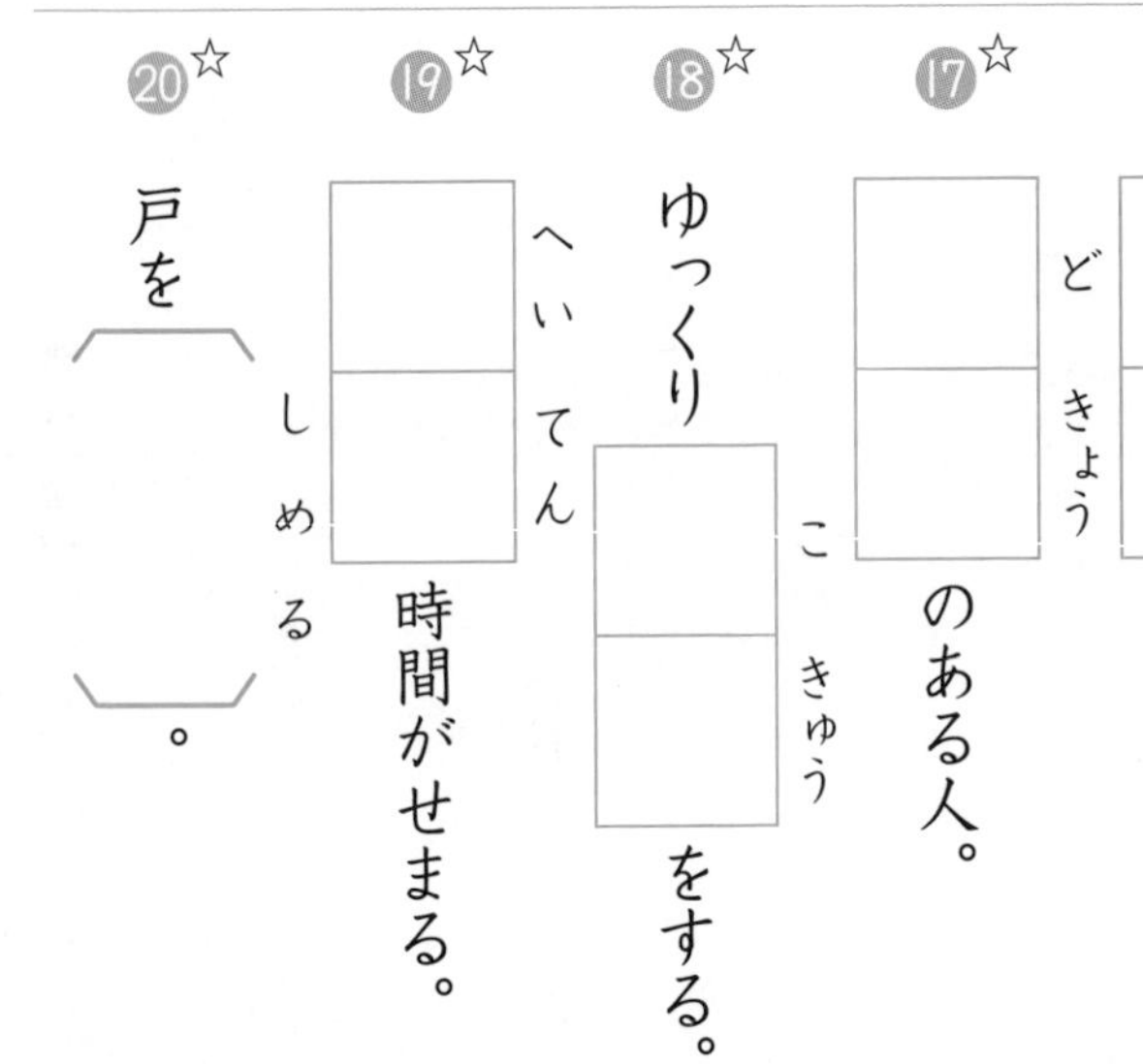

15. ☆雨がしとしと〔　　〕(ふる)。

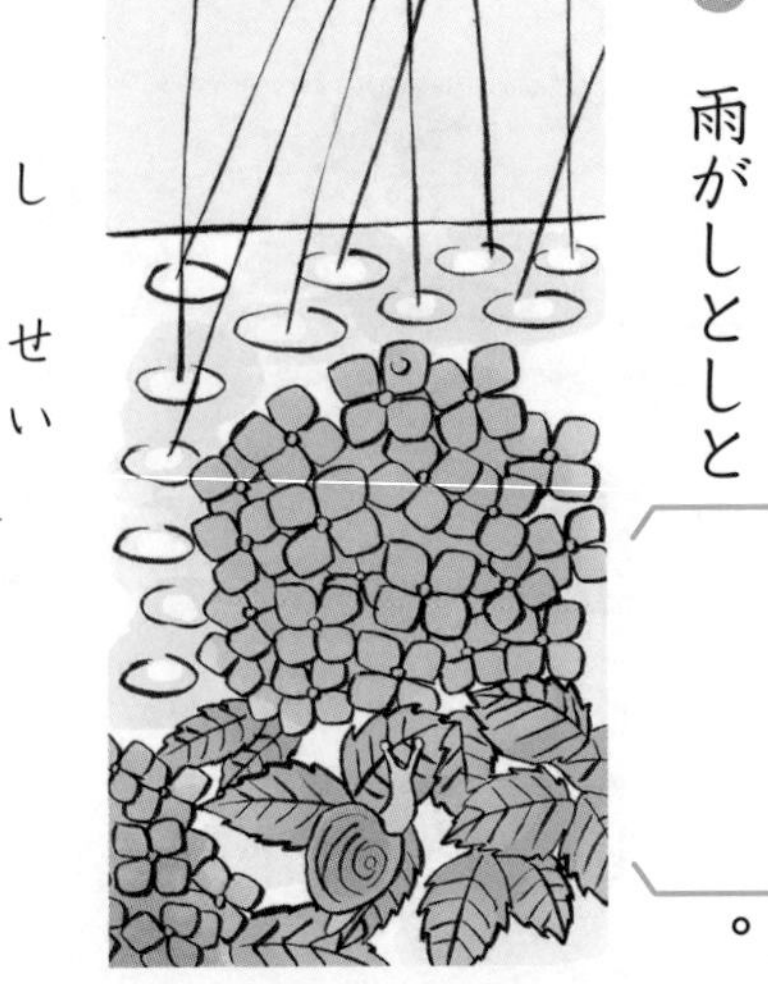

16. ☆□□(しせい)を正す。
17. ☆□□(どきょう)のある人。
18. ☆ゆっくり□□(こきゅう)をする。
19. ☆□□(へいてん)時間がせまる。
20. ☆戸を〔　　〕(しめる)。

漢字を使おう１ (1)

第３回

/20問

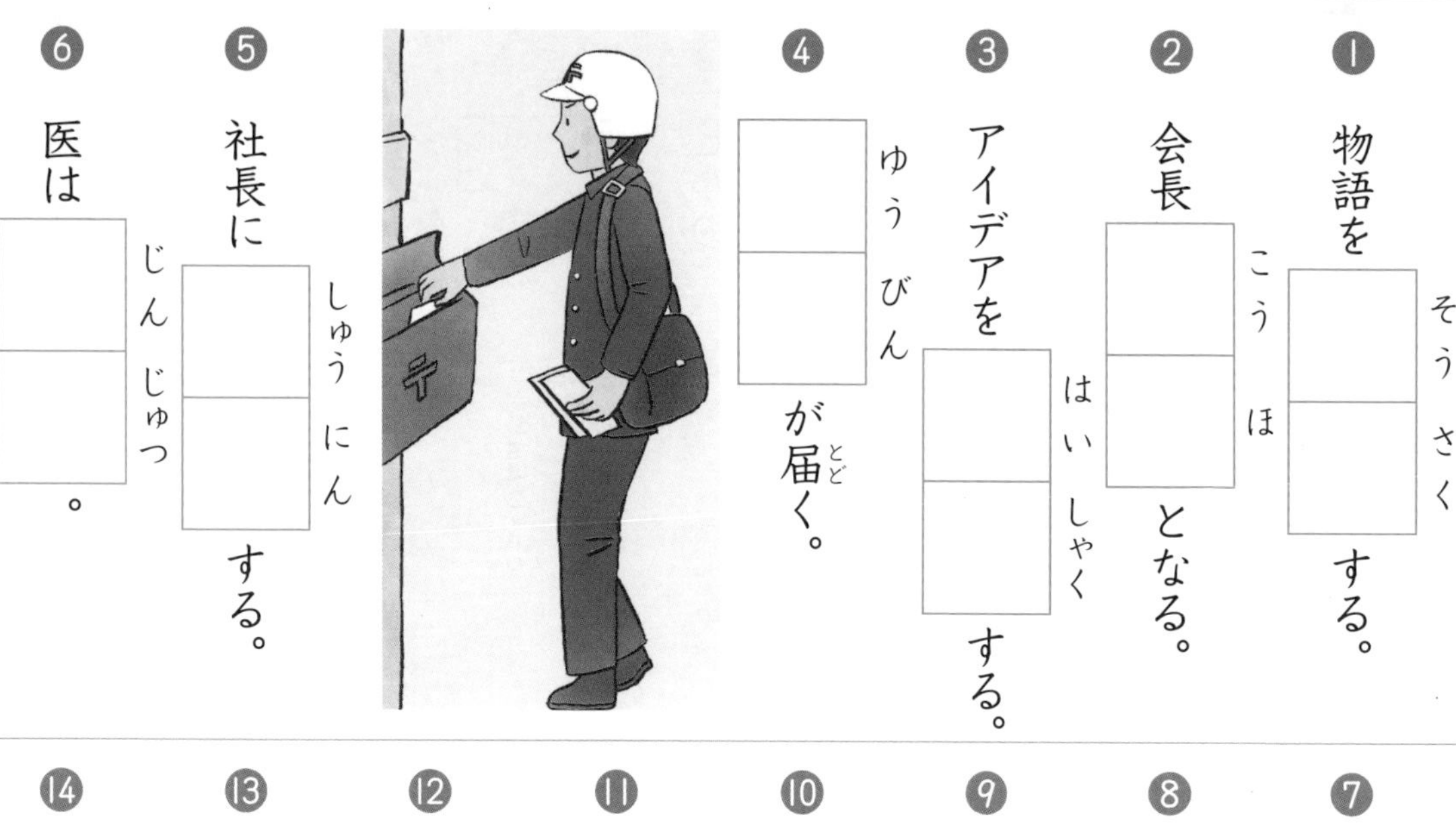

☆ □に漢字を書きましょう。〔　〕には、漢字とひらがなを書きましょう。（☆は、新しい漢字の別の読み方です。）

❶ 物語を□□（そうさく）する。

❷ 会長□□（こうほ）となる。

❸ アイデアを□□（はいしゃく）する。

❹ □□（ゆうびん）が届（とど）く。

❺ 社長に□□（しゅうにん）する。

❻ 医は□□（じんじゅつ）。

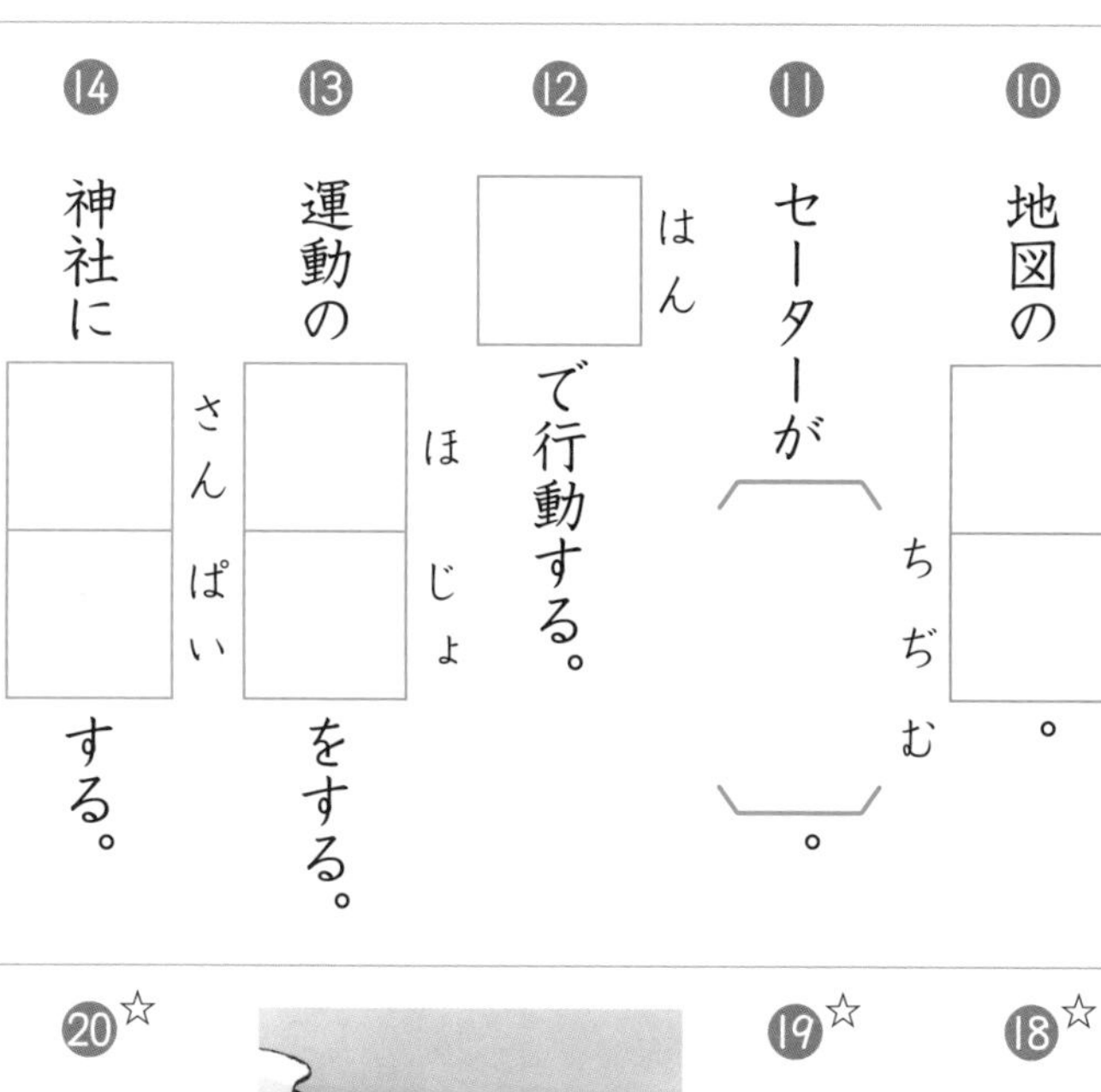

❼ 力士が□□（どひょう）に入る。

❽ □□（こうちゃ）を飲む。

❾ □□（べにばな）から油をとる。

❿ 地図の□□（しゅくしゃく）。

⓫ セーターが〔　　〕（ちぢむ）。

⓬ □（はん）で行動する。

⓭ 運動の□□（ほじょ）をする。

⓮ 神社に□□（さんぱい）する。

⓯ 手紙を□□（ゆうそう）する。

⓰ 兄が□□（たんしゅく）する。

⓱ 時間を□□（おぎなう）する。

⓲☆ 欠員を〔　　〕（おぎなう）。

⓳☆ 手を合わせて〔　　〕（おがむ）。

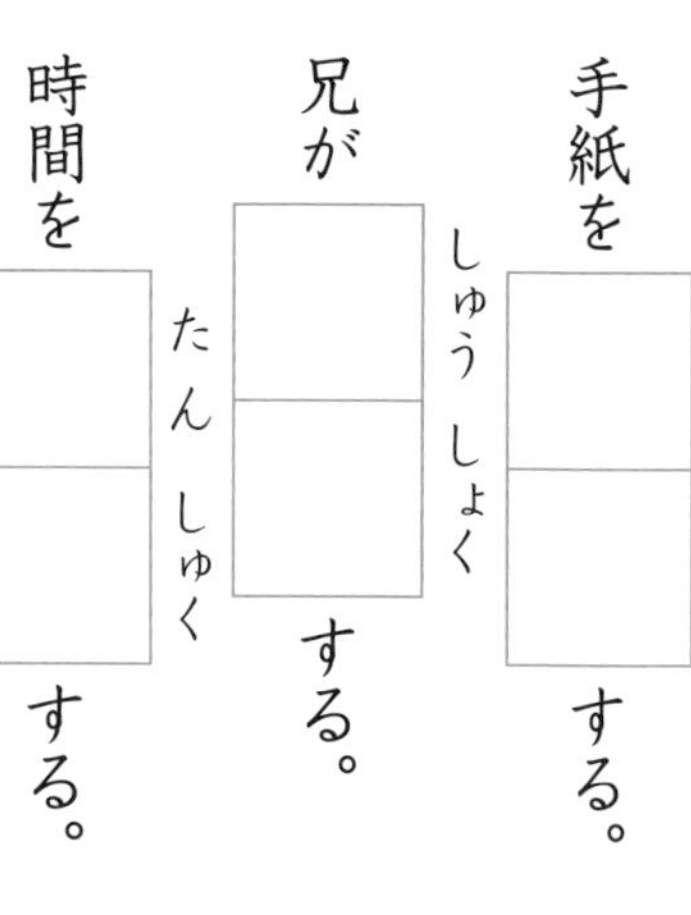

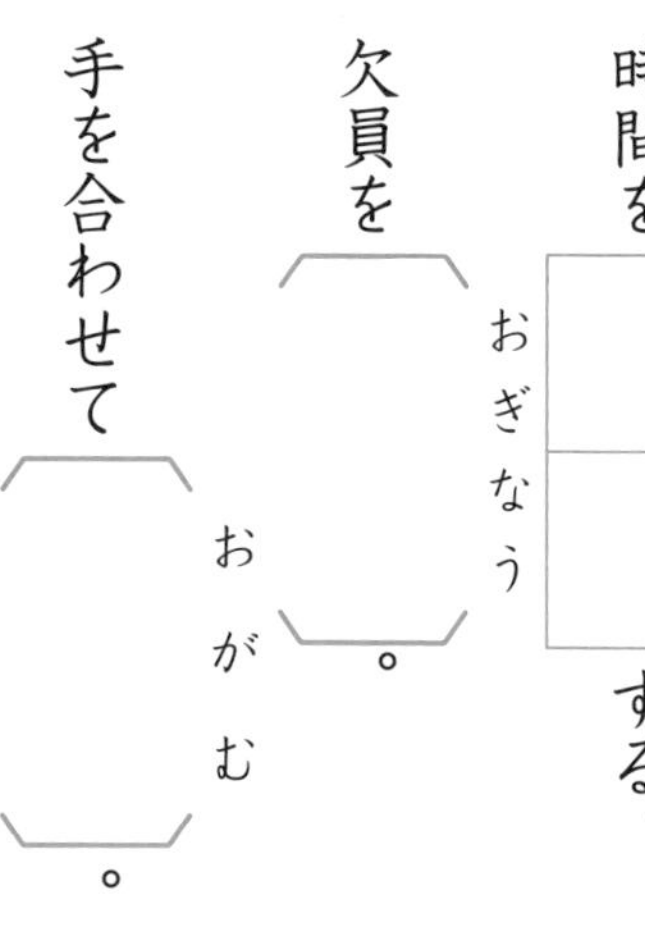

⓴☆ □□（こめだわら）を運ぶ。

漢字を使おう１ (2)

/18問 第4回

☆ □に漢字を書きましょう。〔 〕には、漢字とひらがなを書きましょう。

① □□□(きゅうえきしゃ)の建物。

② 土地を□□(そくりょう)する。

③ □□(うんが)を通る船。

④ ビルの□□(かいしゅう)工事。

⑤ □(さくら)の花のさかり。

⑥ 木の□(えだ)を切る。

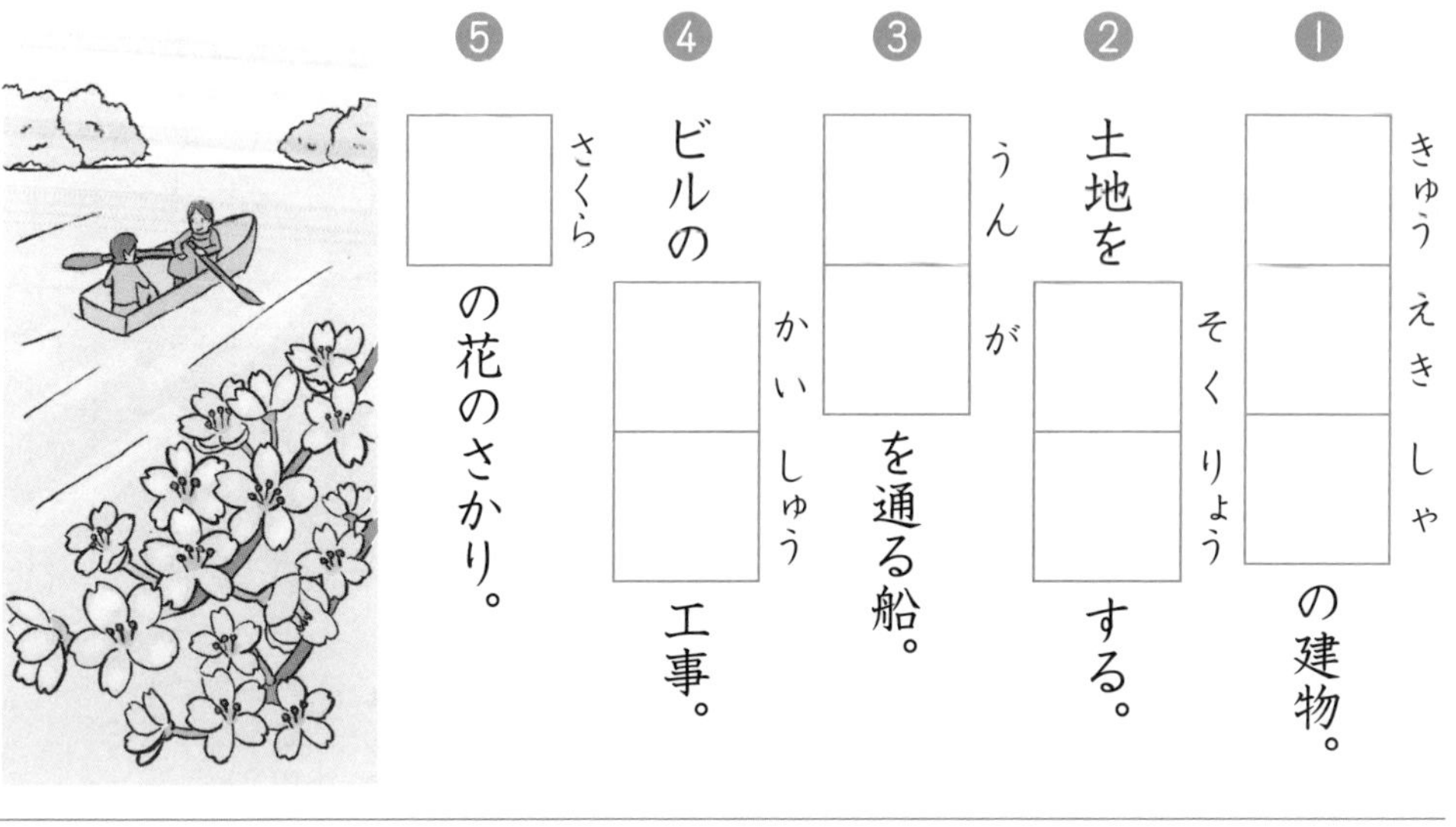

⑦ □□(べんとう)を食べる。

⑧ 木の□(みき)の太さを調べる。

⑨ ごみ箱を□□(せっち)する。

⑩ 〔 〕(かい)犬を散歩させる。

⑪ 破竹の〔 〕(いきおい)を見せる。

⑫ 〔 〕(かこい)の中で遊ぶ。

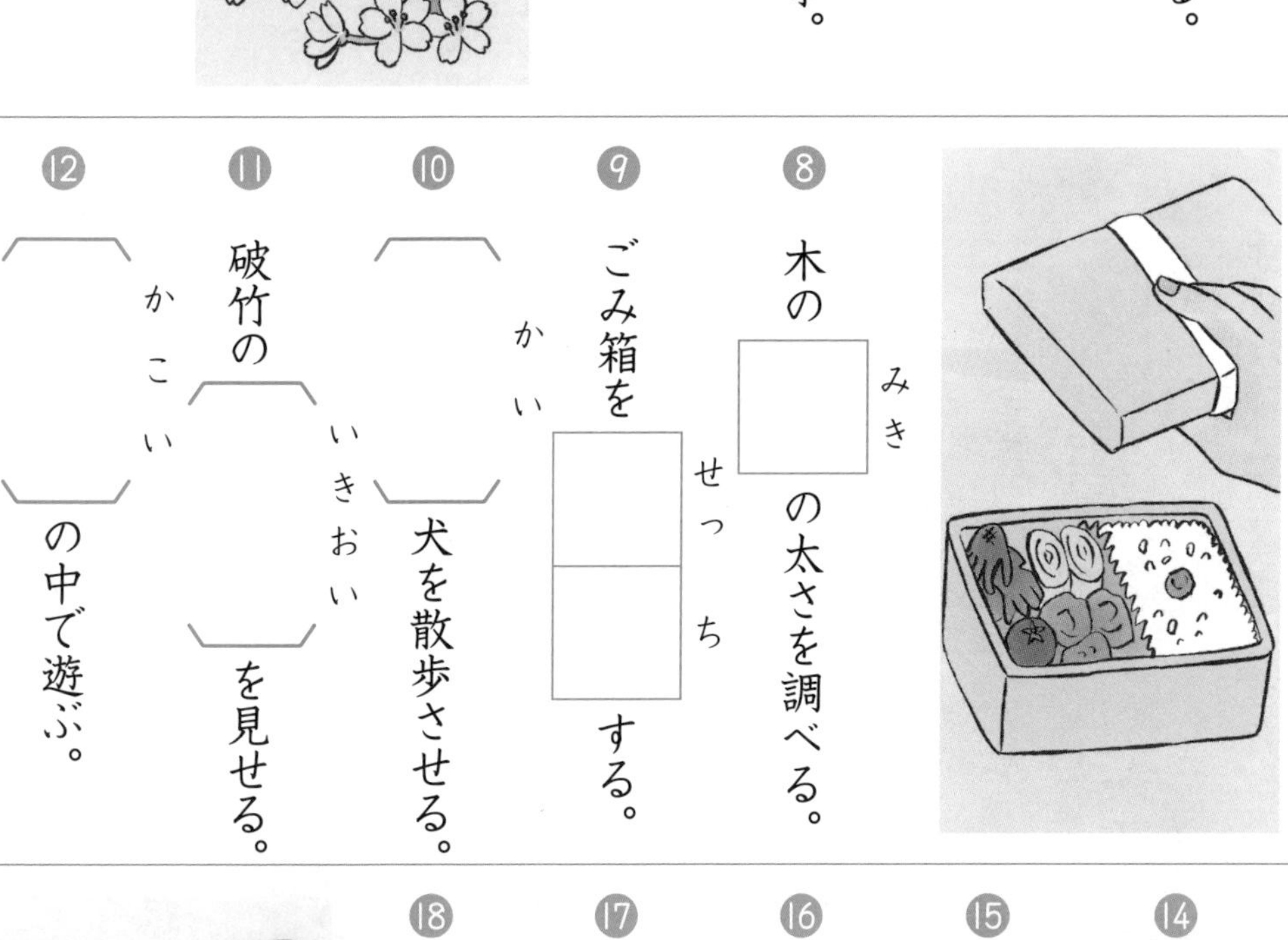

⑬ こん虫□□(さいしゅう)をする。

⑭ 野菜に□□(ひりょう)をやる。

⑮ □□(にわし)が木を植える。

⑯ □□□□(じがじさん)。

⑰ バスの□□□(ていりゅうじょ)。

⑱ みかんが〔 〕(あまる)。

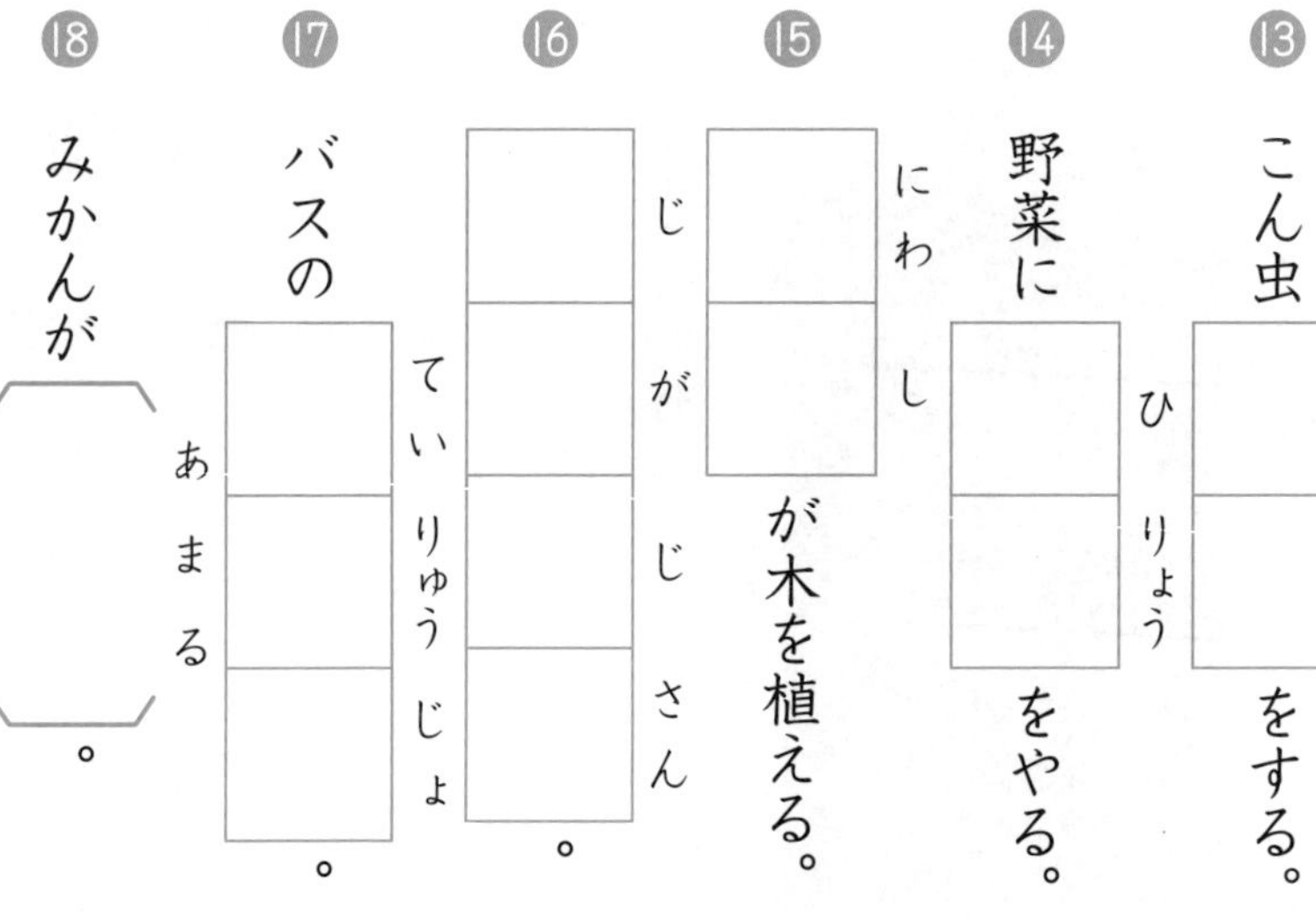

社会教育施設へ行こう
意見を聞いて考えよう
三字以上の熟語の構成　(1)

第5回　/17問

□に漢字を書きましょう。〔　〕には、漢字とひらがなを書きましょう。（☆は、新しい漢字の別のよみ方です。）

社会教育施設へ行こう

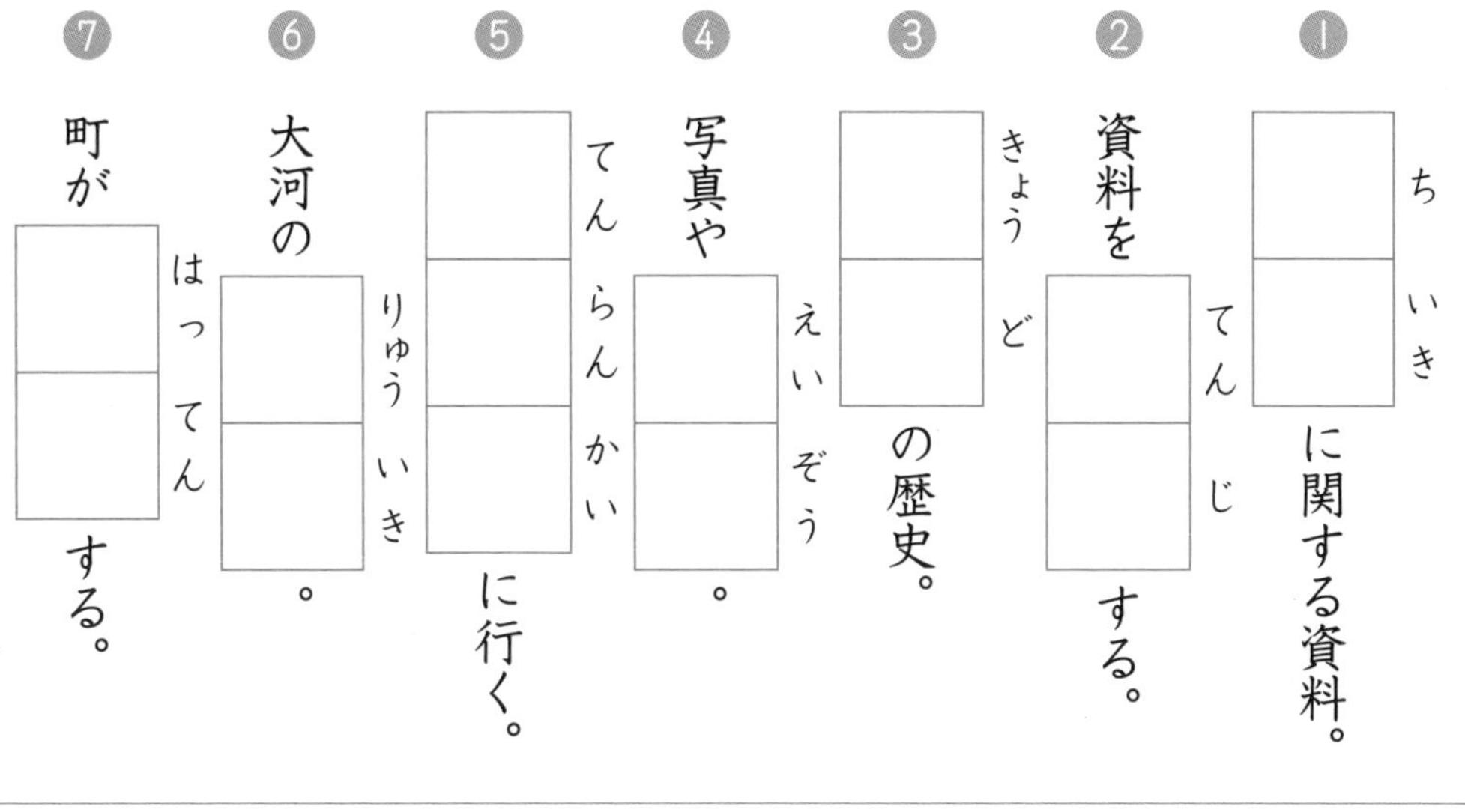

① □□（ちいき）に関する資料。

② 資料を□□（てんじ）する。

③ □□（きょうど）の歴史。

④ 写真や□□（えいぞう）。

⑤ □□□（てんらんかい）に行く。

⑥ 大河の□□（りゅういき）。

⑦ 町が□□（はってん）する。

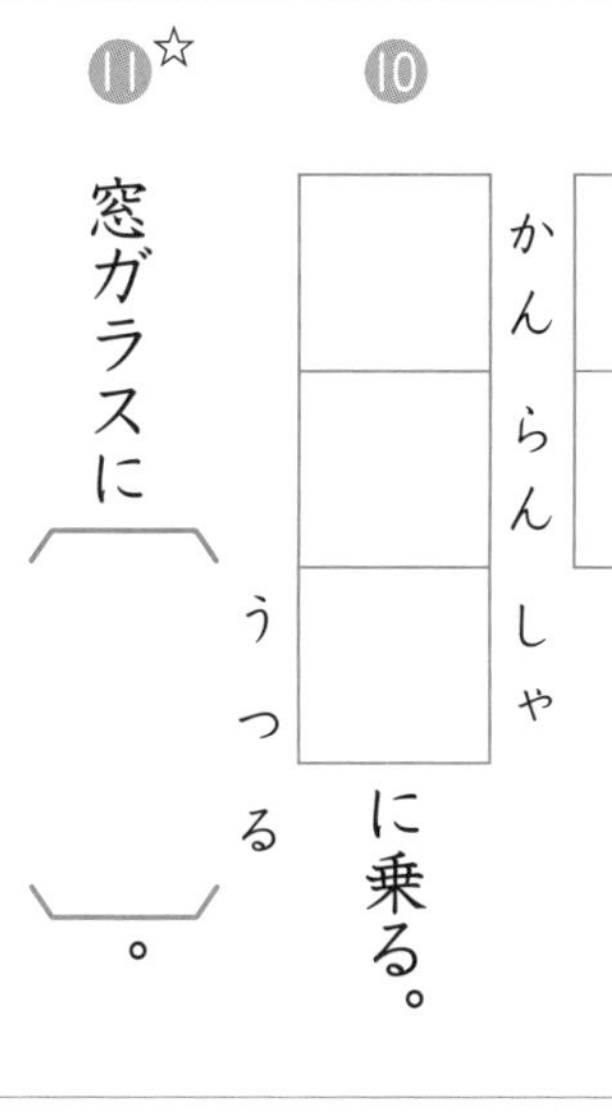

⑧ □□（こきょう）に帰る。

⑨ □□（えいが）を見る。

⑩ □□□（かんらんしゃ）に乗る。

⑪☆ 窓ガラスに〔　　〕（うつる）。

意見を聞いて考えよう

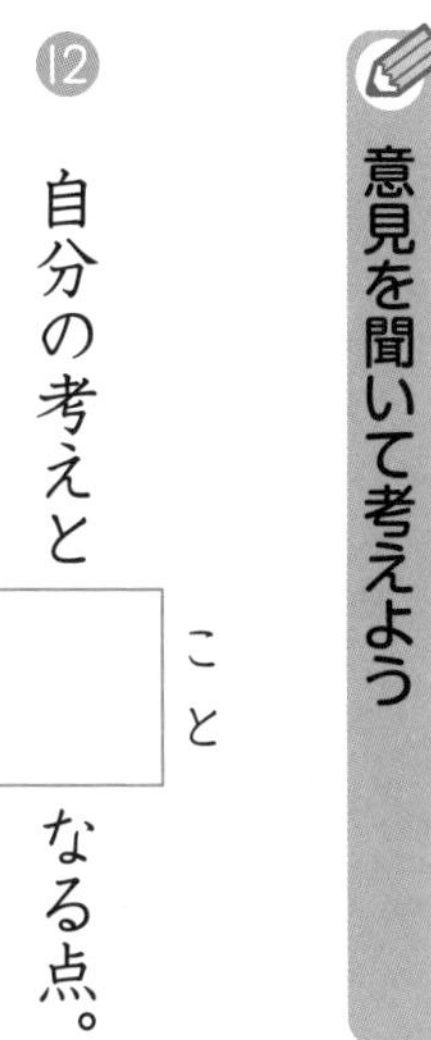

⑫ 自分の考えと□（こと）なる点。

三字以上の熟語の構成　(1)

⑬☆ 今年は□□（いじょう）に暑い。

⑭☆ □□（いぎ）を唱える。

⑮ 漢字三字の□□（じゅくご）。

⑯ □□□（でんしゃちん）をもらう。

⑰ 資料を□□（じゅくどく）する。

三字以上の熟語の構成　(2)

/20問　第6回

✪ □に漢字を書きましょう。〔　〕には、漢字とひらがなを書きましょう。（☆は、新しい漢字の別の読み方です。）

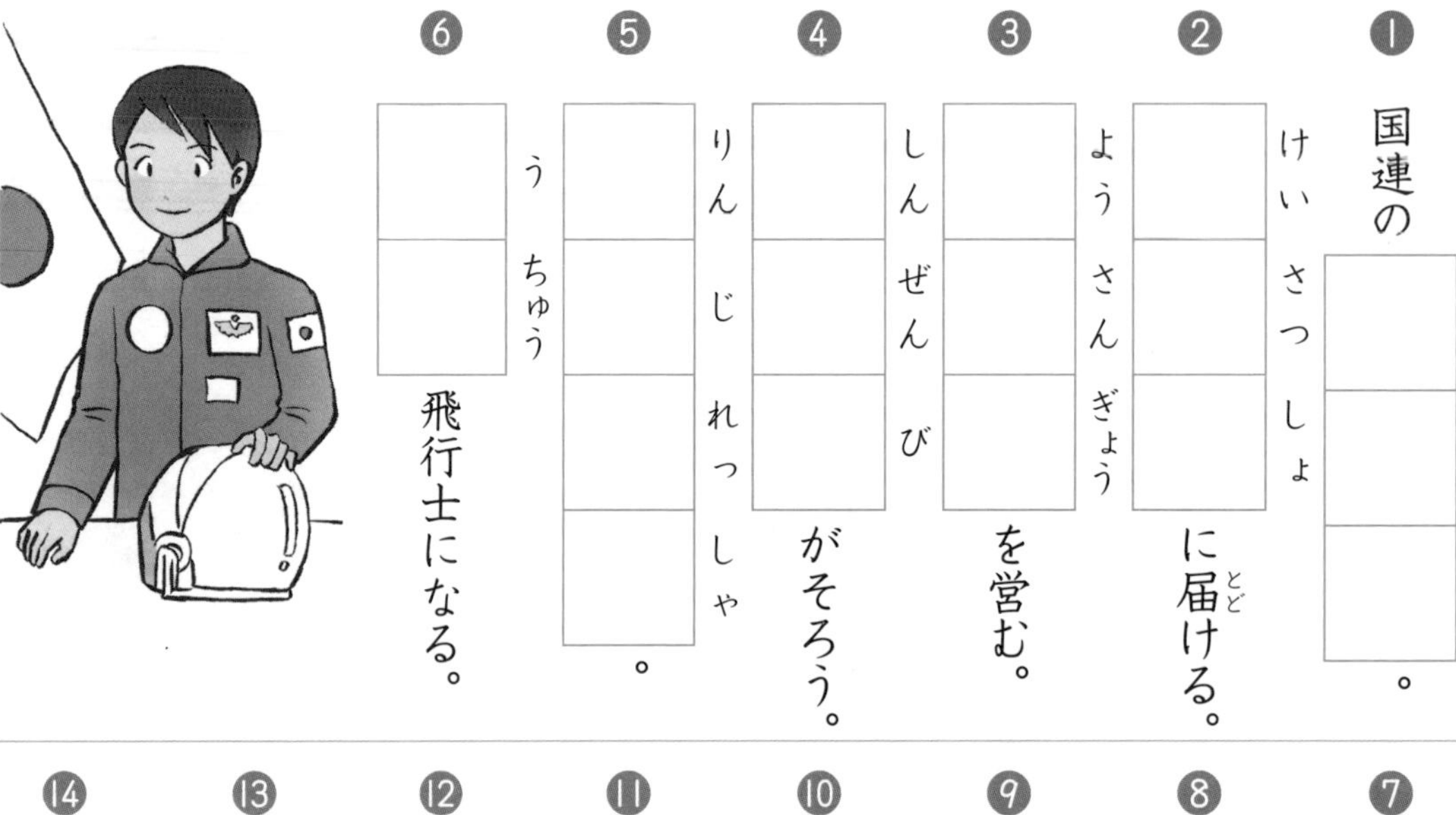

① 国連の［かめいこく］。

② ［けいさつしょ］に届(とど)ける。

③ ［ようさんぎょう］を営む。

④ ［しんぜんび］がそろう。

⑤ ［りんじれっしゃ］。

⑥ ［うちゅう］飛行士になる。

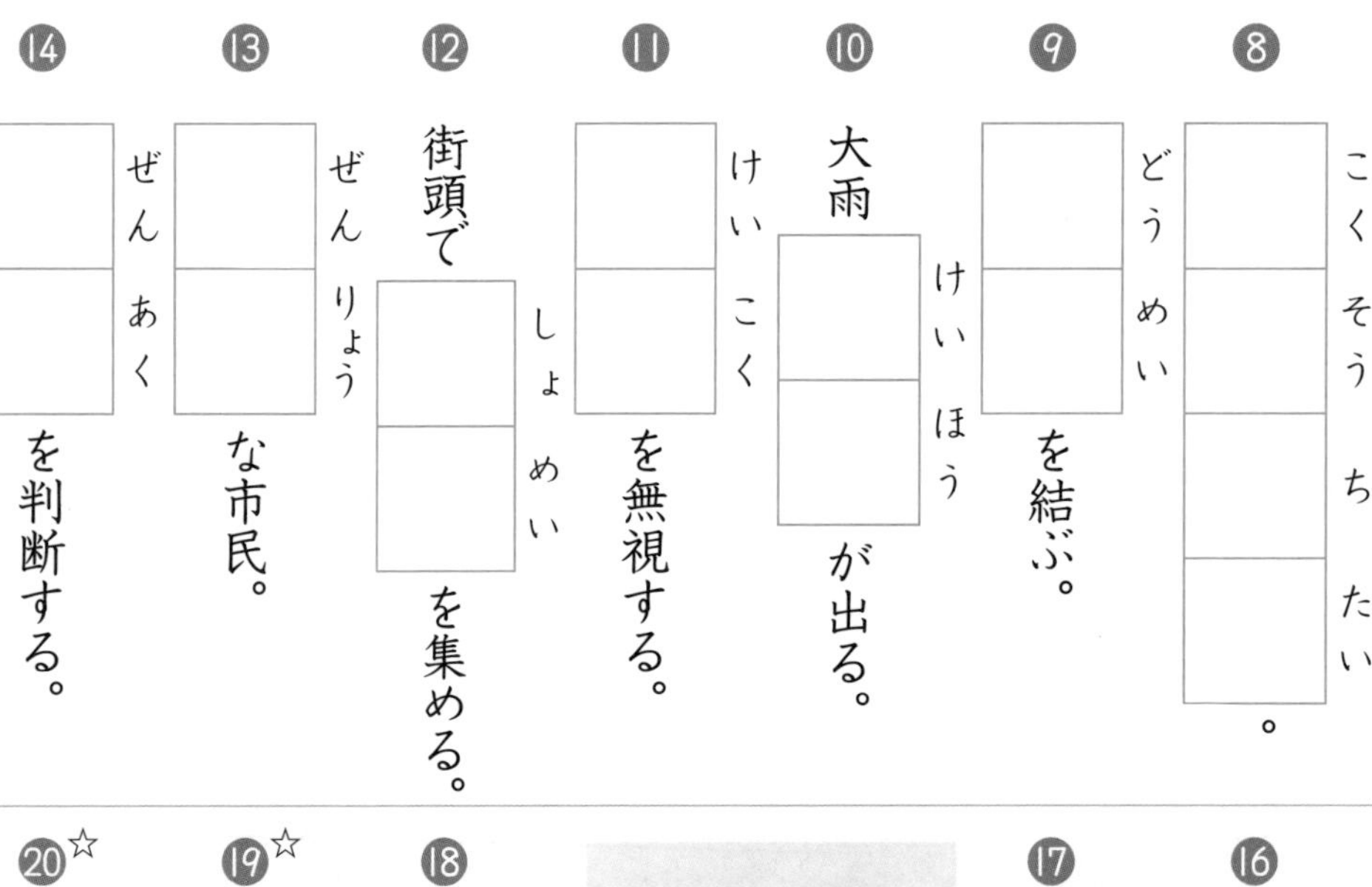

⑦ ［いよくてき］に働く。

⑧ ［こくそうちたい］。

⑨ ［どうめい］を結ぶ。

⑩ 大雨［けいほう］が出る。

⑪ ［けいこく］を無視する。

⑫ 街頭で［しょめい］を集める。

⑬ ［ぜんりょう］な市民。

⑭ ［ぜんあく］を判断する。

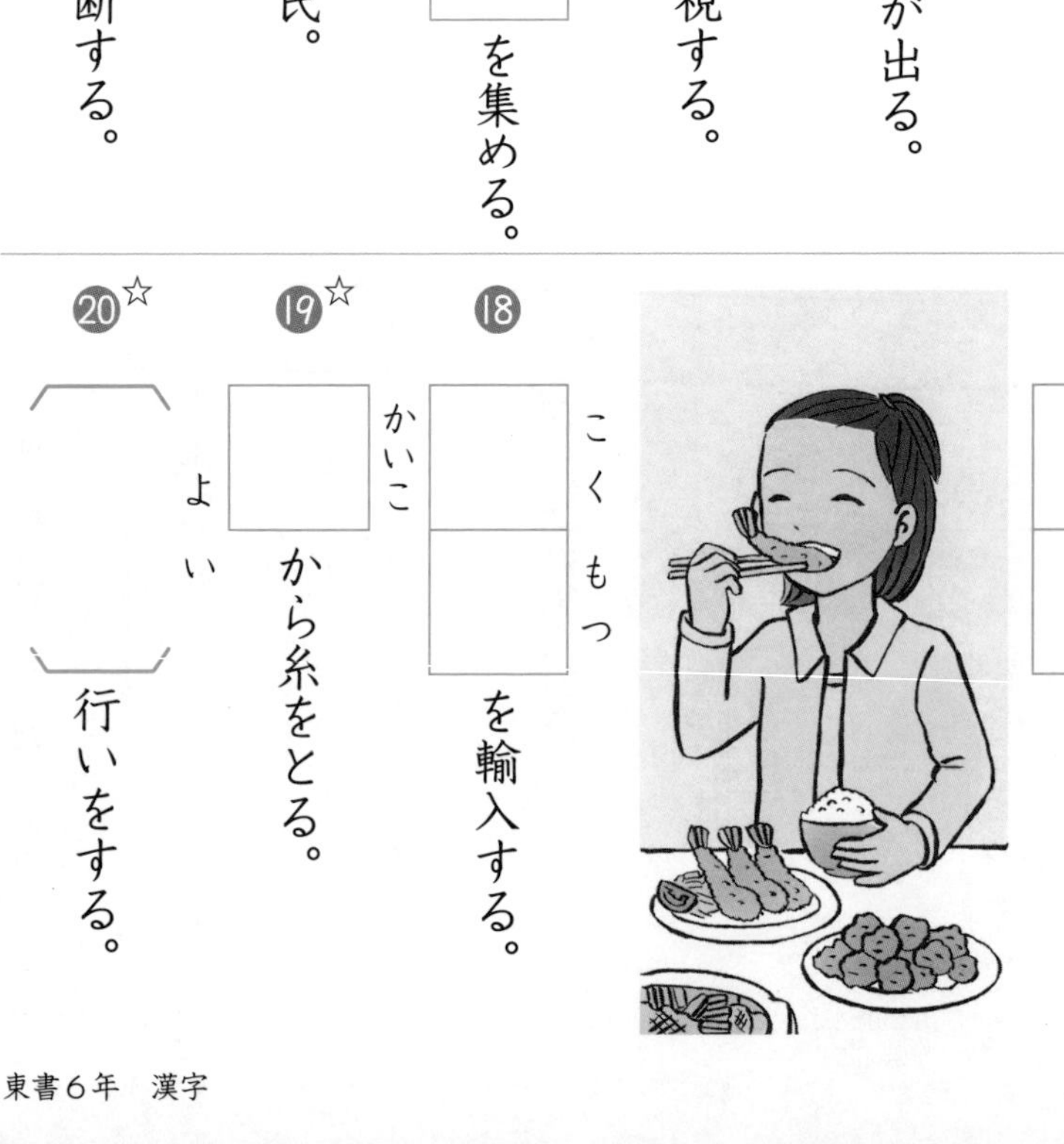

⑮ ［りんかい］地区の開発。

⑯ ［ちゅう］返りをする。

⑰ ［しょくよく］がある。

⑱ ［こくもつ］を輸入する。

⑲☆ ［かいこ］から糸をとる。

⑳☆ 〔よい〕行いをする。

イースター島にはなぜ森林がないのか (1)

第7回　/22問

✪ □に漢字を書きましょう。〔　〕には、漢字とひらがなを書きましょう。（☆は、新しい漢字の別の読み方です。）

① □(い)跡(せき)を調査する。
② ほ□(にゅう)動物が生息する。
③ 森林の□□(じゅもく)を守る。
④ 無尽(じん)□(ぞう)に生息する海鳥(かいちょう)。
⑤ □□(しゅうきょう)的な目的。
⑥ 彫(ちょう)□(こく)をほどこす。

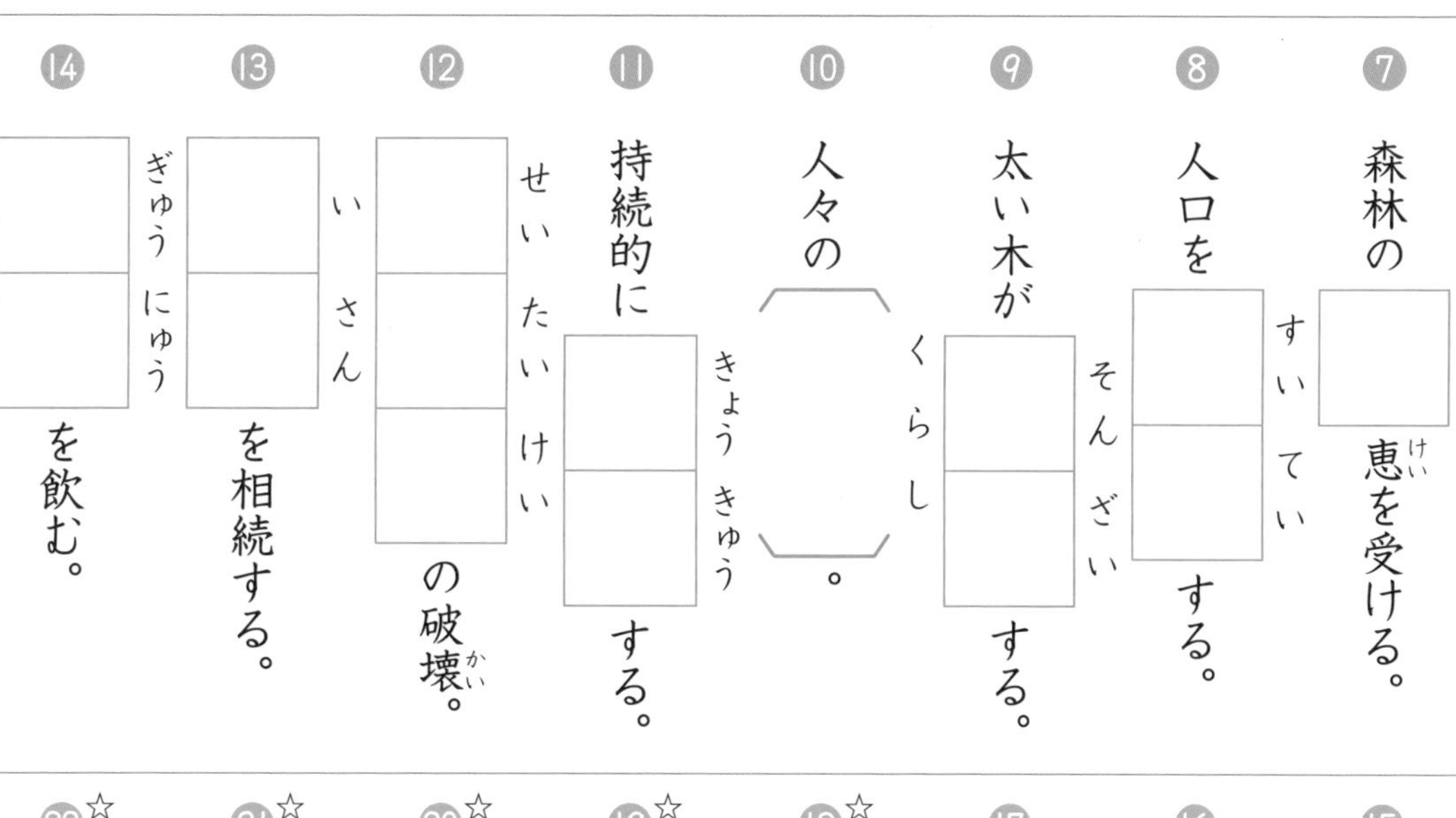

⑦ 森林の□(おん)恵(けい)を受ける。
⑧ 人口を□□(すいてい)する。
⑨ 太い木が□□(そんざい)する。
⑩ 人々の〔　(くらし)　〕。
⑪ 持続的に□□(きょうきゅう)する。
⑫ □□□(せいたいけい)の破壊(かい)。
⑬ □□(いさん)を相続する。
⑭ □□(ぎゅうにゅう)を飲む。

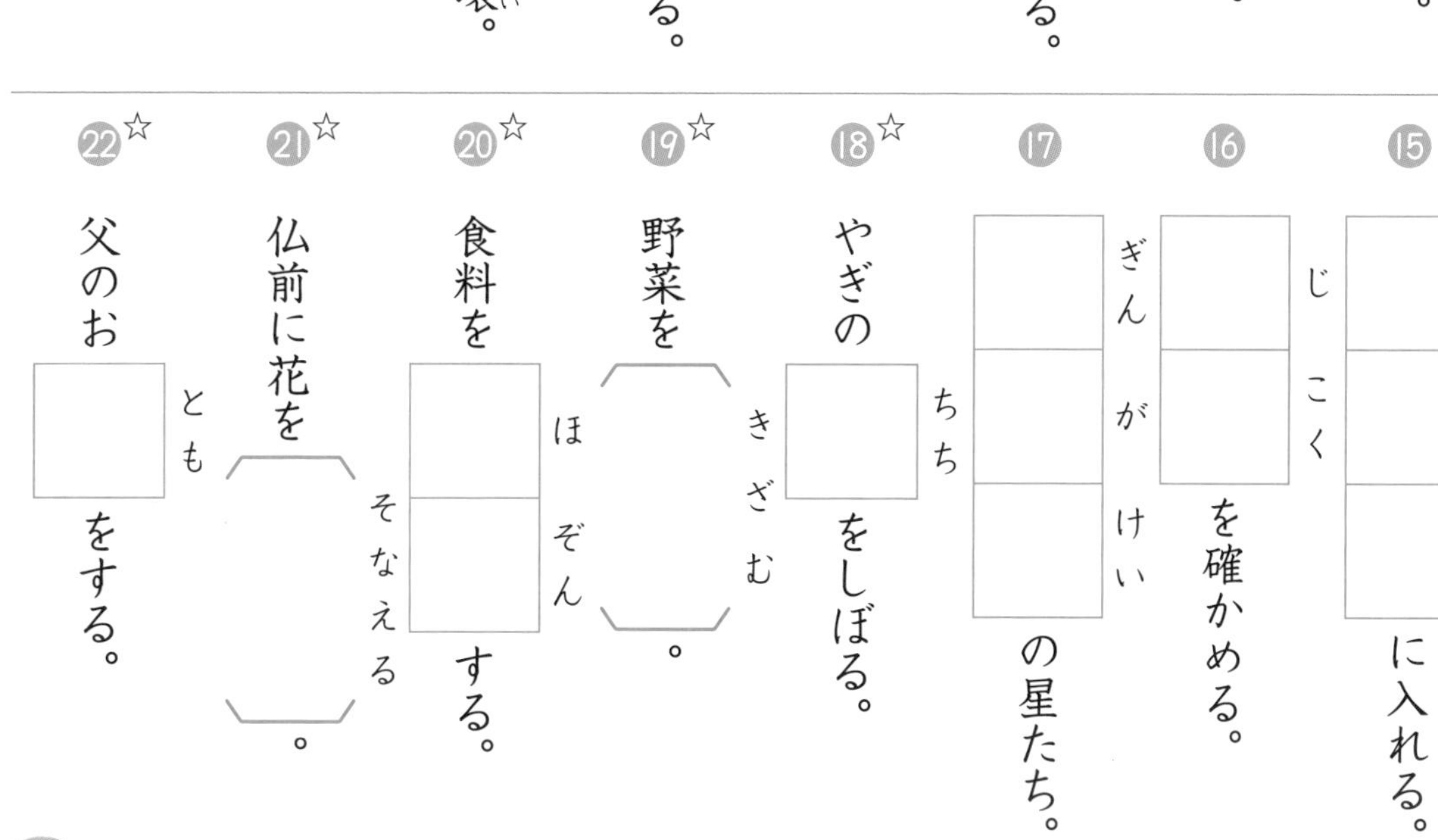

⑮ □□□(れいぞうこ)に入れる。
⑯ □□(じこく)を確かめる。
⑰ □□□(ぎんがけい)の星たち。
⑱☆ やぎの□(ちち)をしぼる。
⑲☆ 野菜を〔　(きざむ)　〕。
⑳☆ 食料を□□(ほぞん)する。
㉑☆ 仏前に花を〔　(そなえる)　〕。
㉒☆ 父のお□(とも)をする。

●勉強した　日　　月　　日

イースター島にはなぜ森林がないのか　(2)
漢字を使おう2　(1)

/20問

第 8 回

☆ □に漢字を書きましょう。〔　〕には、漢字とひらがなを書きましょう。（☆は、新しい漢字の別の読み方です。）

イースター島にはなぜ森林がないのか　(2)

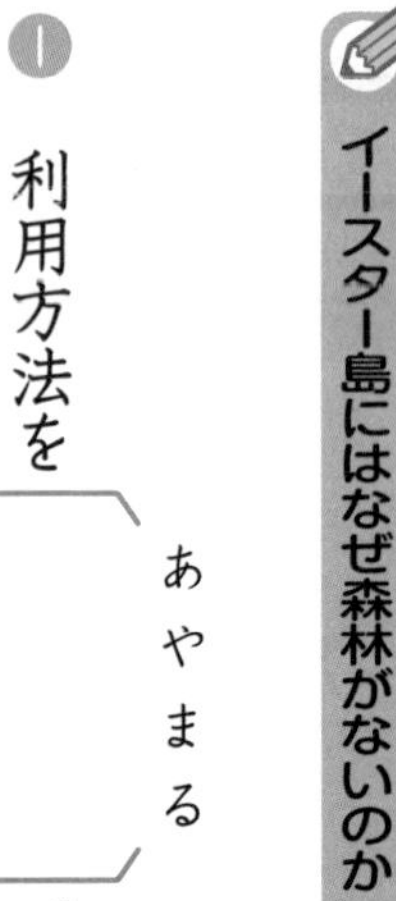

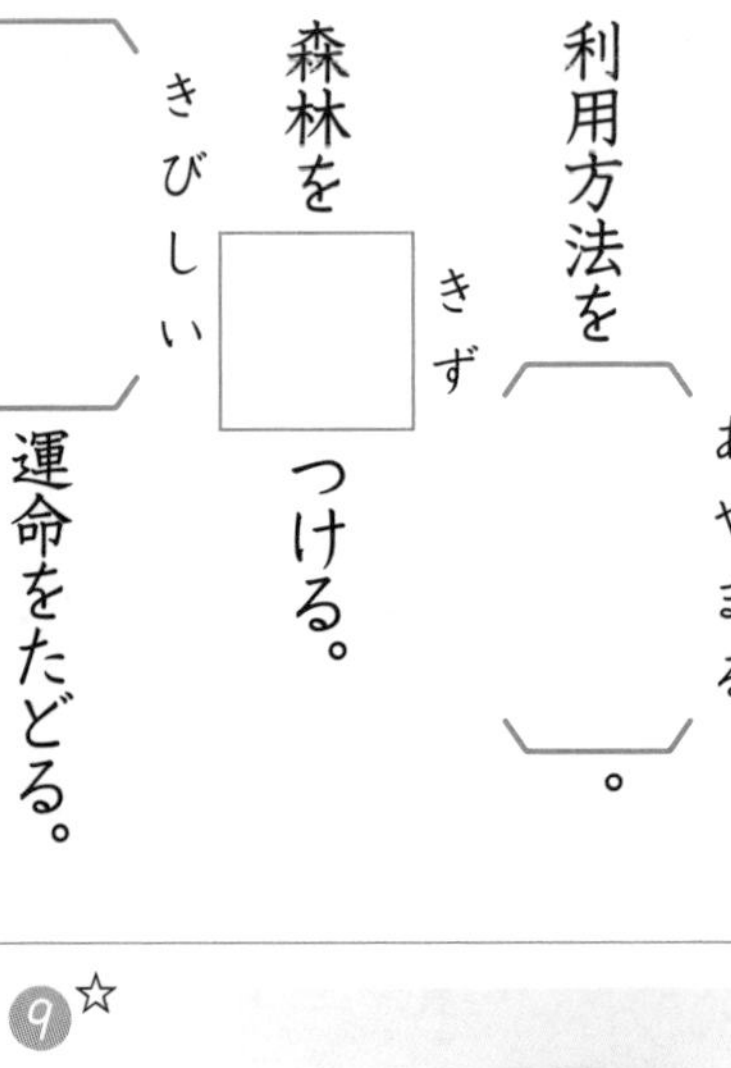

① 利用方法を〔あやまる〕。

② 森林を□（きず）つける。

③ 〔きびしい〕運命をたどる。

④ □（ろん）を進める。

⑤ □□（だんらく）の内容。

⑥ □□（けつろん）を述べる。

⑦ □□（かいだん）を上る。

⑧☆ □□（ごじ）を正す。

⑨☆ 事故で□□（じゅうしょう）を負う。

⑩☆ □□（げんじゅう）な警備。

漢字を使おう2　(1)

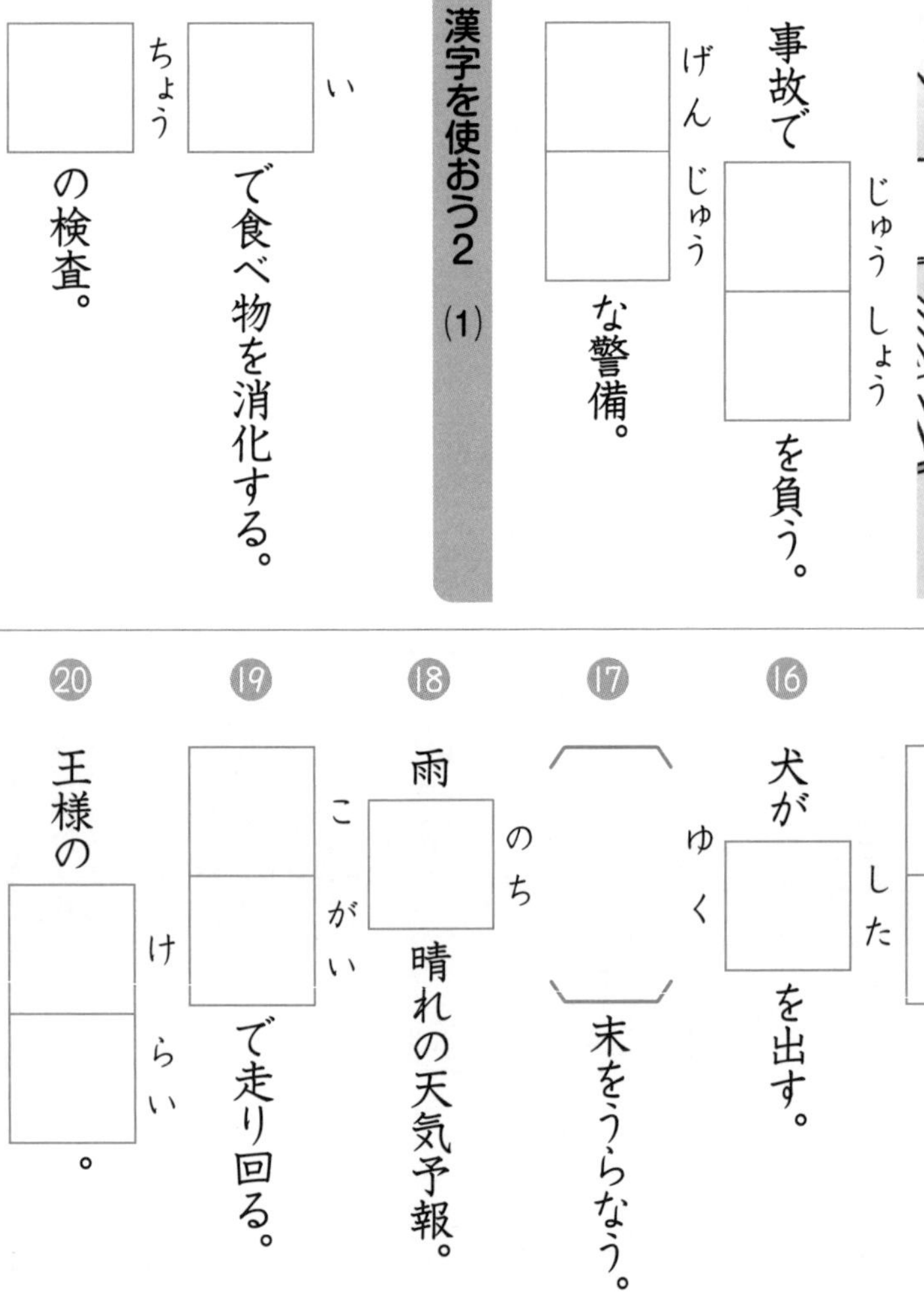

⑪ □（い）で食べ物を消化する。

⑫ □（ちょう）の検査。

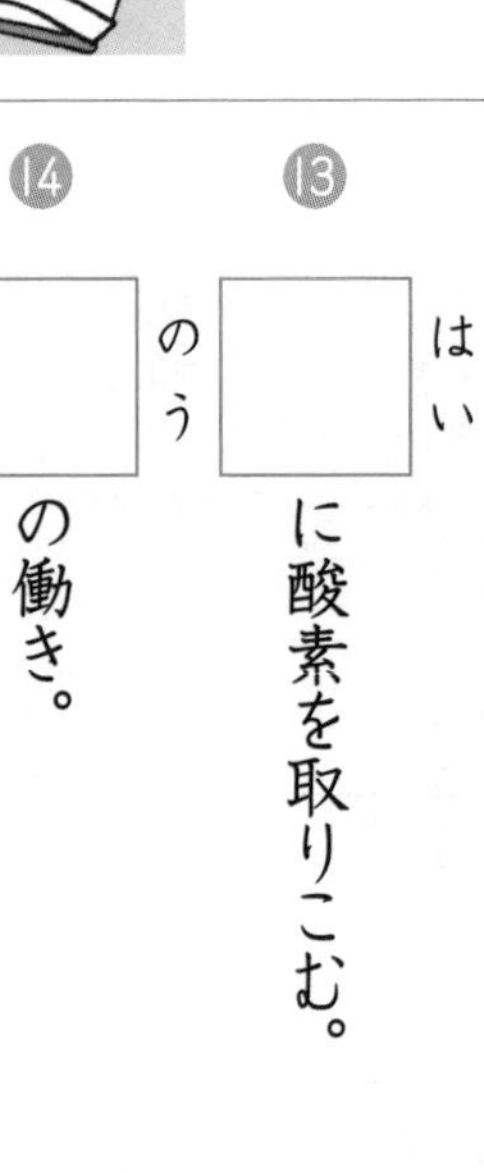

⑬ □（はい）に酸素を取りこむ。

⑭ □（のう）の働き。

⑮ □□（しんぞう）から血液を送る。

⑯ 犬が□（した）を出す。

⑰ 〔ゆく〕末をうらなう。

⑱ 雨□（のち）晴れの天気予報。

⑲ □□（こがい）で走り回る。

⑳ 王様の□□（けらい）。

漢字を使おう2　(2)

/18問　第9回

☆ □に漢字を書きましょう。〔　〕には、漢字とひらがなを書きましょう。

① □□（きしょう）台の予報。

② 電車が□□（せっきん）する。

③ □□□（ぼうふうう）の被（ひ）害。

④ □□（きあつ）の谷が近づく。

⑤ □□（かこ）をふり返る。

⑥ □□（げんざい）の様子。

⑦ 〔　　〕（もえる）ようなお日様。

⑧ □□（ぎょうせい）の仕事。

⑨ □□（ぜいきん）を納（おさ）める。

⑩ 万一に〔　　〕（そなえる）。

⑪ 係員のゆう□（どう）にしたがう。

⑫ □□□（ひじょうしょく）を配る。

⑬ □□（もうふ）をかける。

⑭ □□□（えいせいてき）な部屋。

⑮ □□（かさい）を防ぐ。

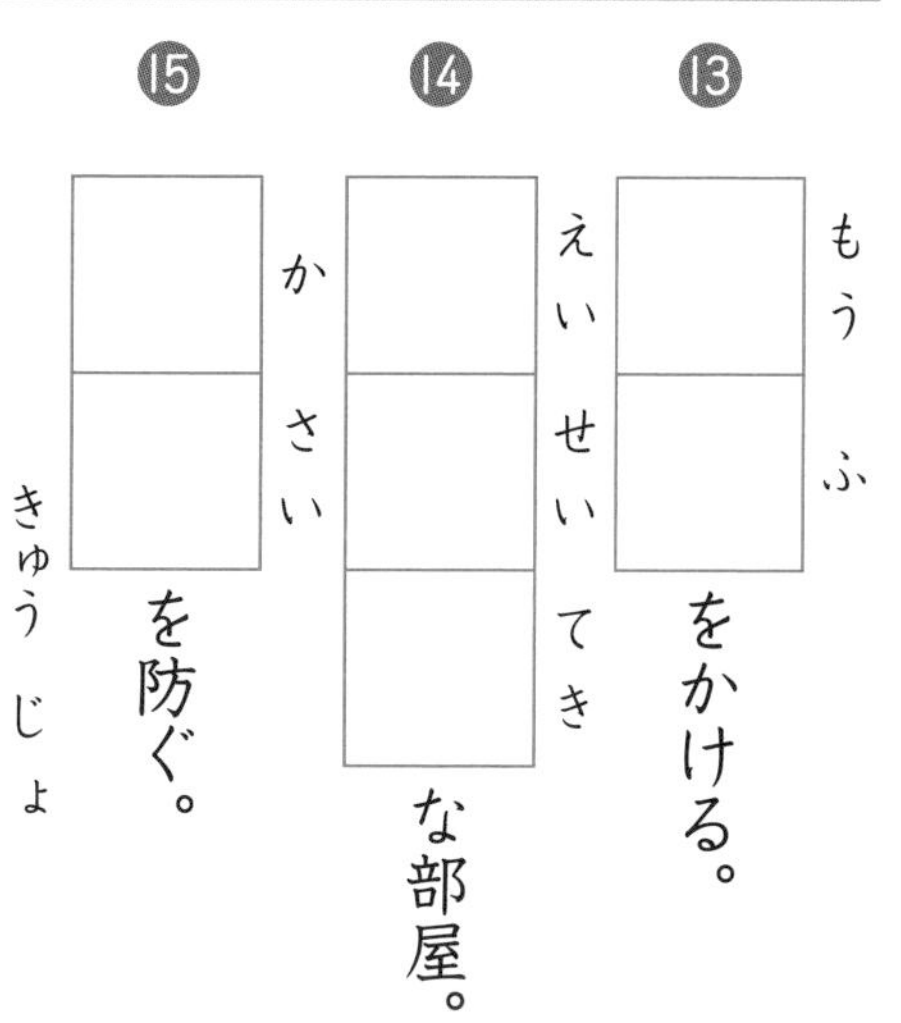

⑯ けが人を□□（きゅうじょ）する。

⑰ □□（さんそ）ボンベをかつぐ。

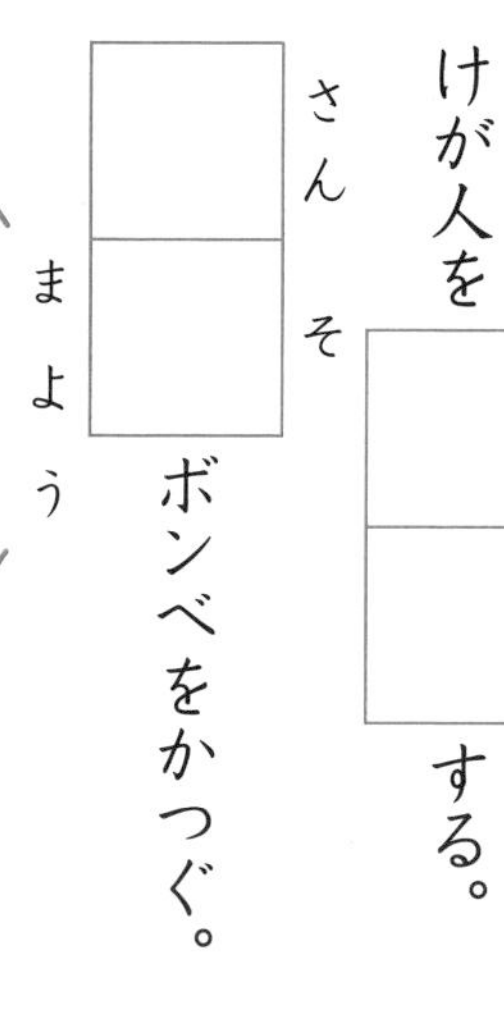

⑱ 道に〔　　〕（まよう）。

いざというときのために
文と文とのつながり
漢文に親しもう

/17問　第10回

□に漢字を書きましょう。〔　〕には、漢字とひらがなを書きましょう。（☆は、新しい漢字の別の読み方です。）

いざというときのために

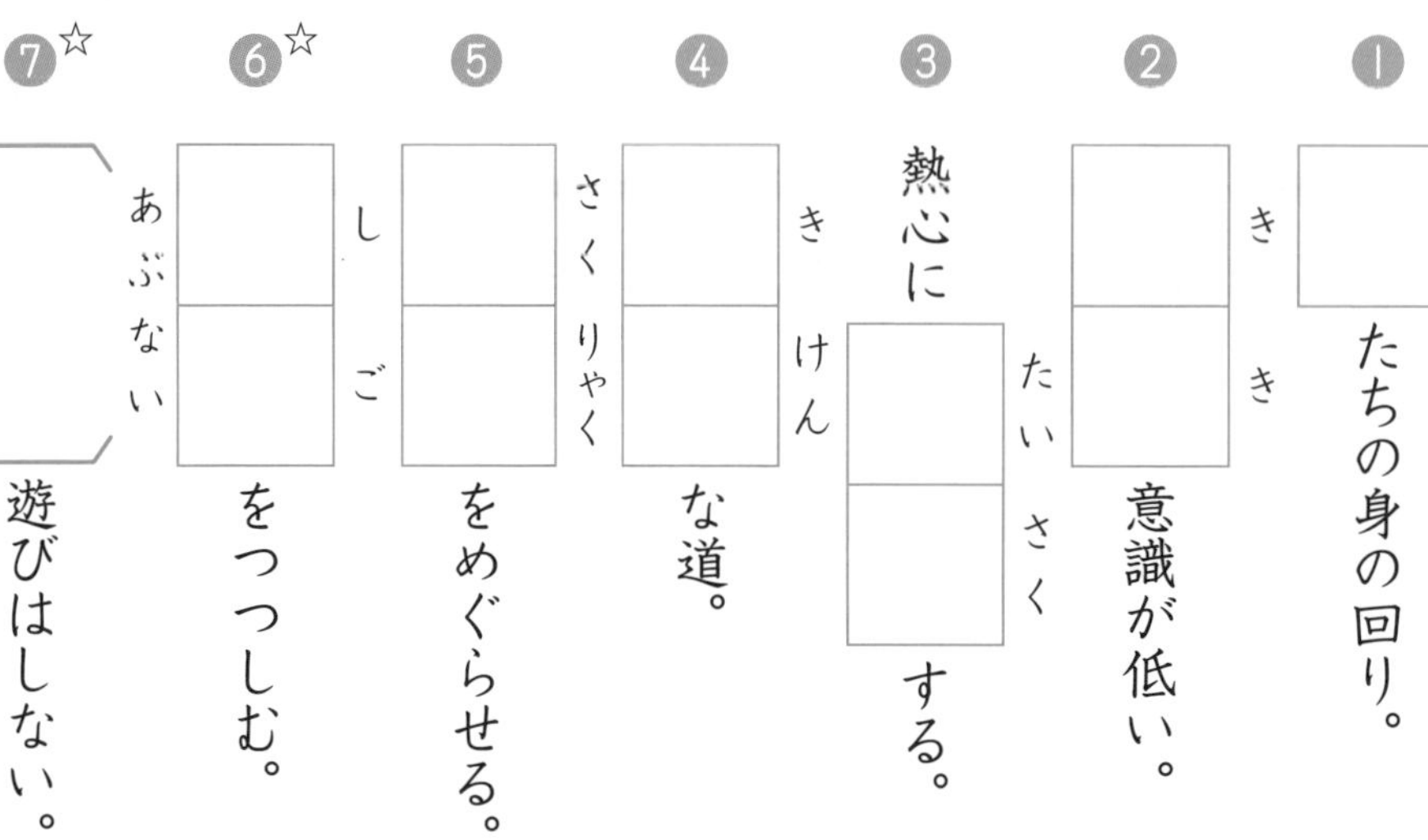
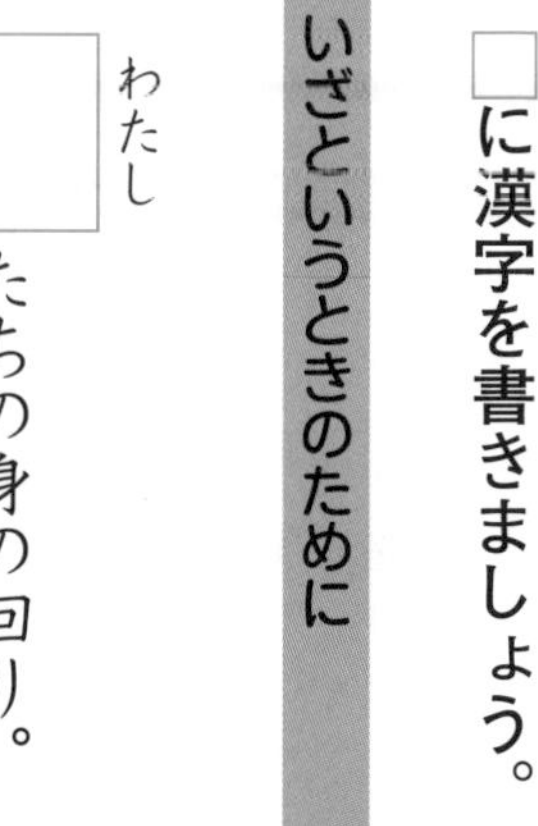

① □（わたし）たちの身の回り。
② □□（きき）意識が低い。
③ 熱心に□□（たいさく）する。
④ □□（きけん）な道。
⑤ □□（さくりゃく）をめぐらせる。
⑥☆ □□（しご）をつつしむ。
⑦☆ 〔　（あぶない）　〕遊びはしない。

文と文とのつながり

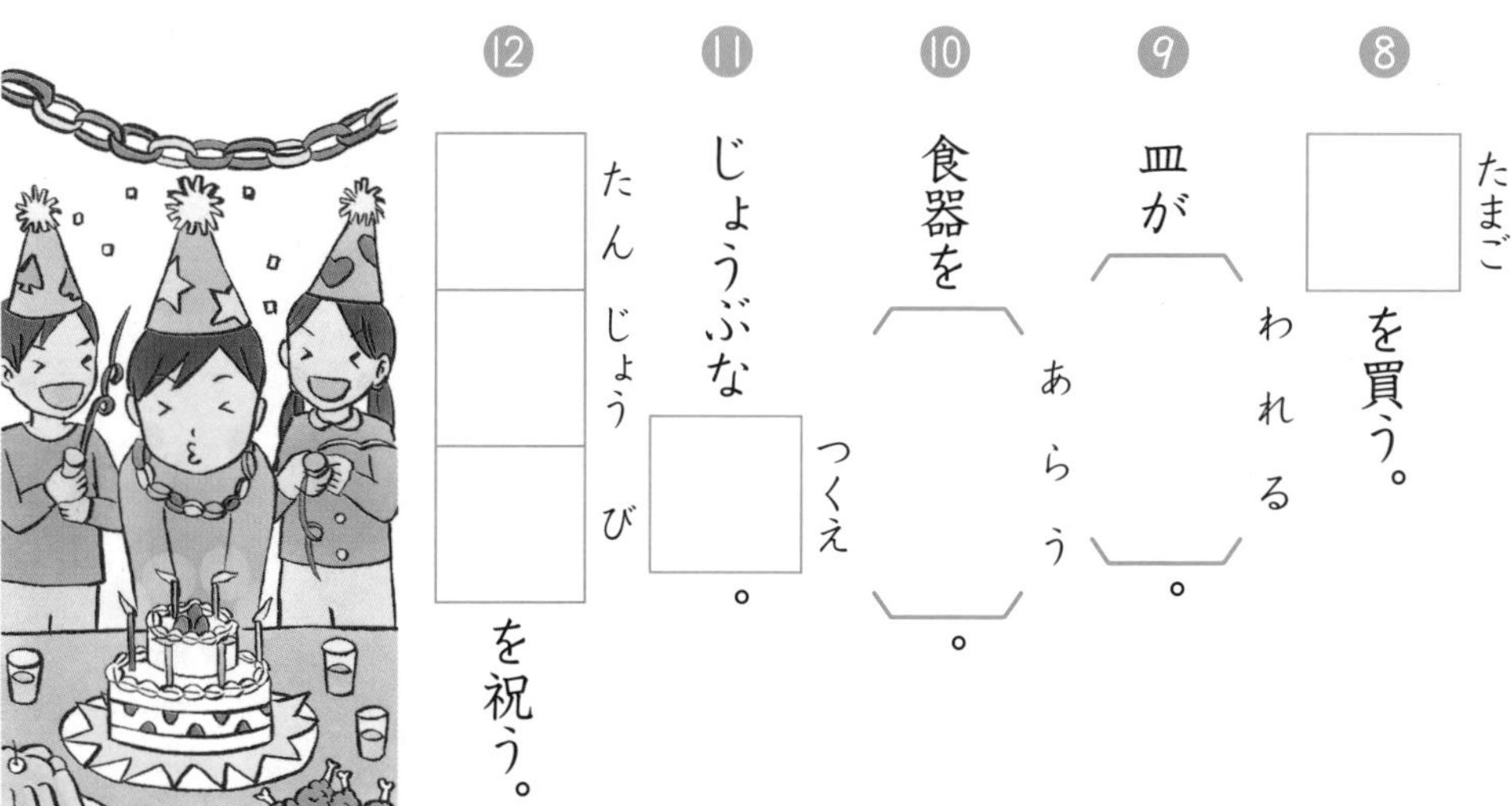

⑧ □（たまご）を買う。
⑨ 皿が〔　（われる）　〕。
⑩ 食器を〔　（あらう）　〕。
⑪ じょうぶな□（つくえ）。
⑫ □□□（たんじょうび）を祝う。

⑬ □□（さとう）を使わない。
⑭☆ 石けんで□□（せんがん）する。

⑮☆ □□（すなば）で遊ぶ。

漢文に親しもう

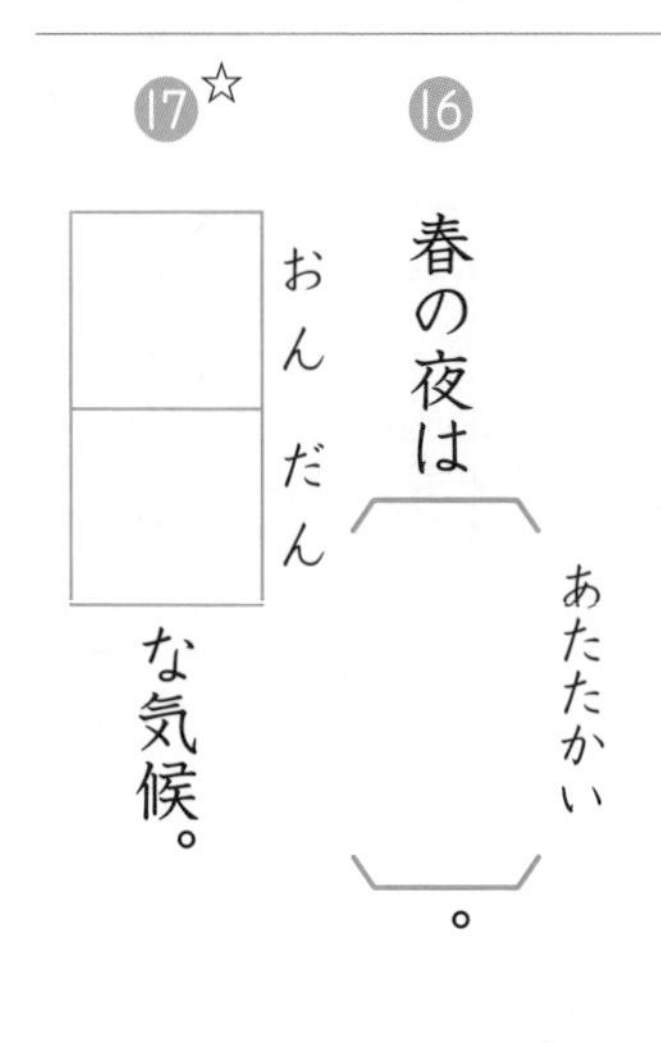

⑯ 春の夜は〔　（あたたかい）　〕。
⑰☆ □□（おんだん）な気候。

風切るつばさ
漢字を使おう３ （１）

/20問

第11回

☆ □に漢字を書きましょう。〔 〕には、漢字とひらがなを書きましょう。（☆は、新しい漢字の別の読み方です。）

風切るつばさ

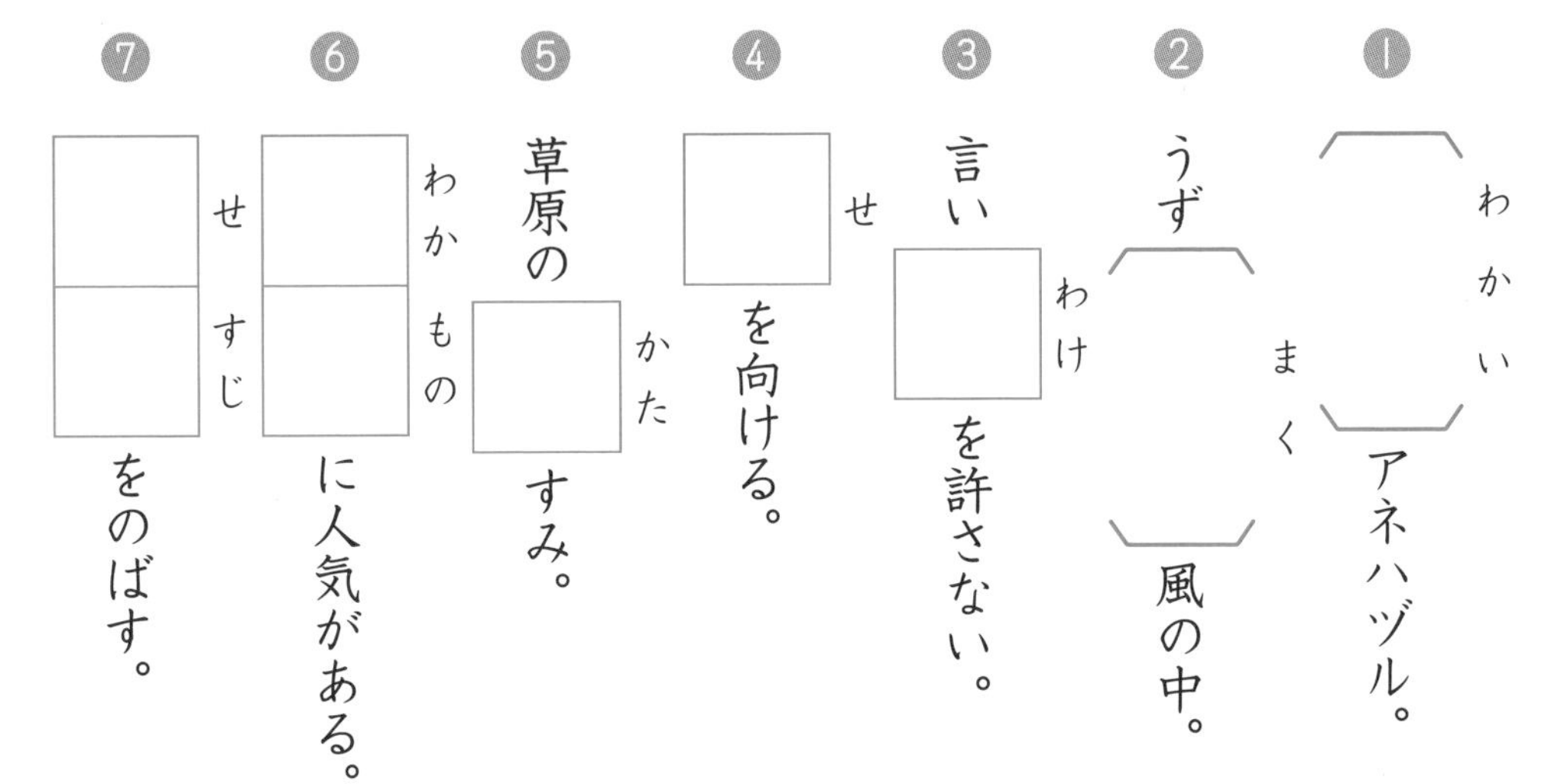

① 〔わかい〕アネハヅル。

② うず〔まく〕風の中。

③ 言い□（わけ）を許さない。

④ □（せ）を向ける。

⑤ 草原の□（かた）すみ。

⑥ □□（わかもの）に人気がある。

⑦ □□（せすじ）をのばす。

⑧ □□（かたて）で荷物を持つ。

⑨☆ □□（かんまつ）の付録。

⑩☆ 古い物語の□□（えまき）。

⑪☆ □□（つうやく）を務める。

⑫☆ 物語の□□（はいけい）。

⑬☆ 柱の前で□（せい）比べをする。

漢字を使おう３ （１）

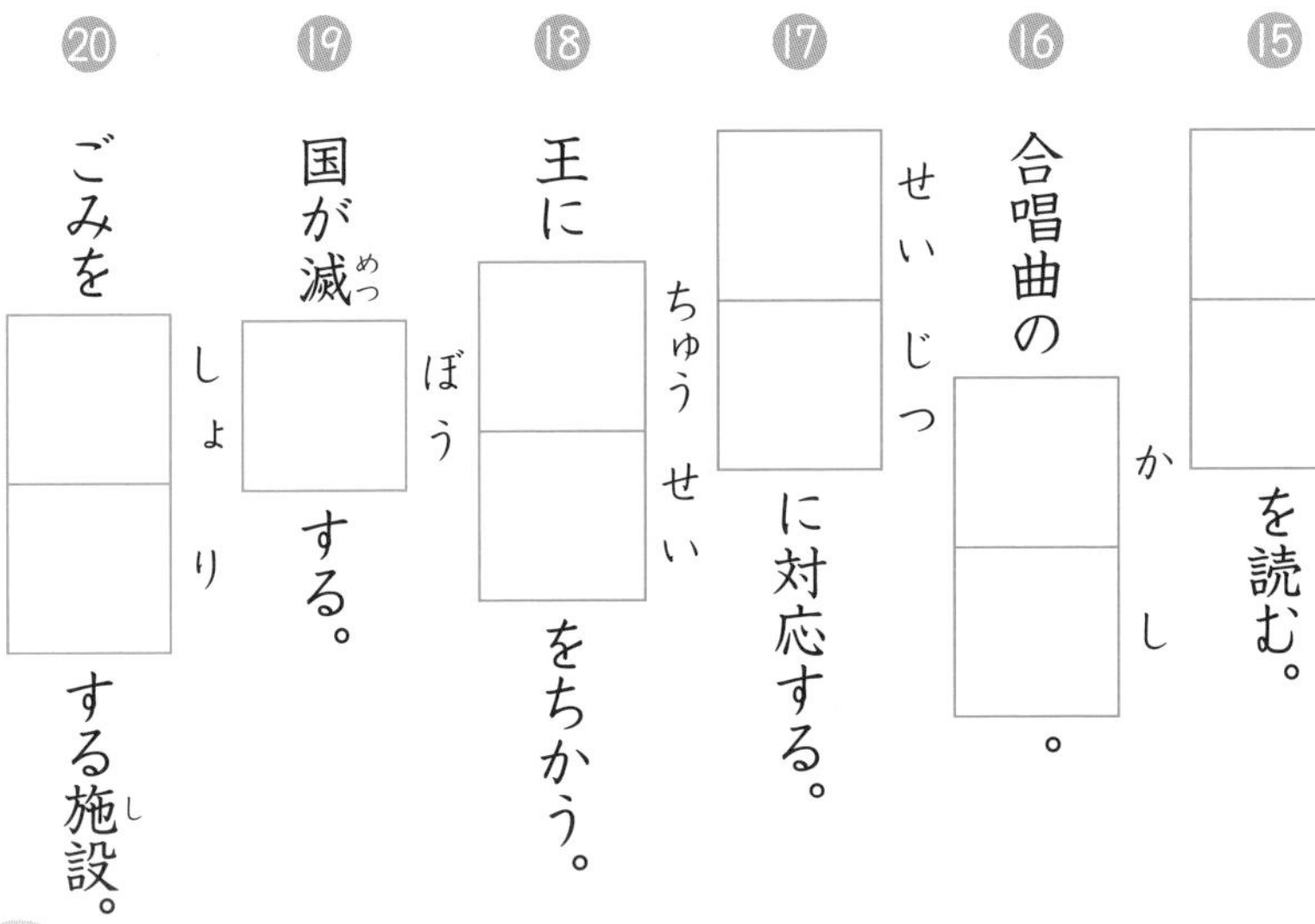

⑭ □□□□（おうきゅうしょち）。

⑮ □□（ざっし）を読む。

⑯ 合唱曲の□□（かし）。

⑰ □□（せいじつ）に対応する。

⑱ 王に□□（ちゅうせい）をちかう。

⑲ 国が滅（めつ）□（ぼう）する。

⑳ ごみを□□（しょり）する施（し）設。

漢字を使おう３ (2)
インターネットの投稿を読み比べよう

/20問

第12回

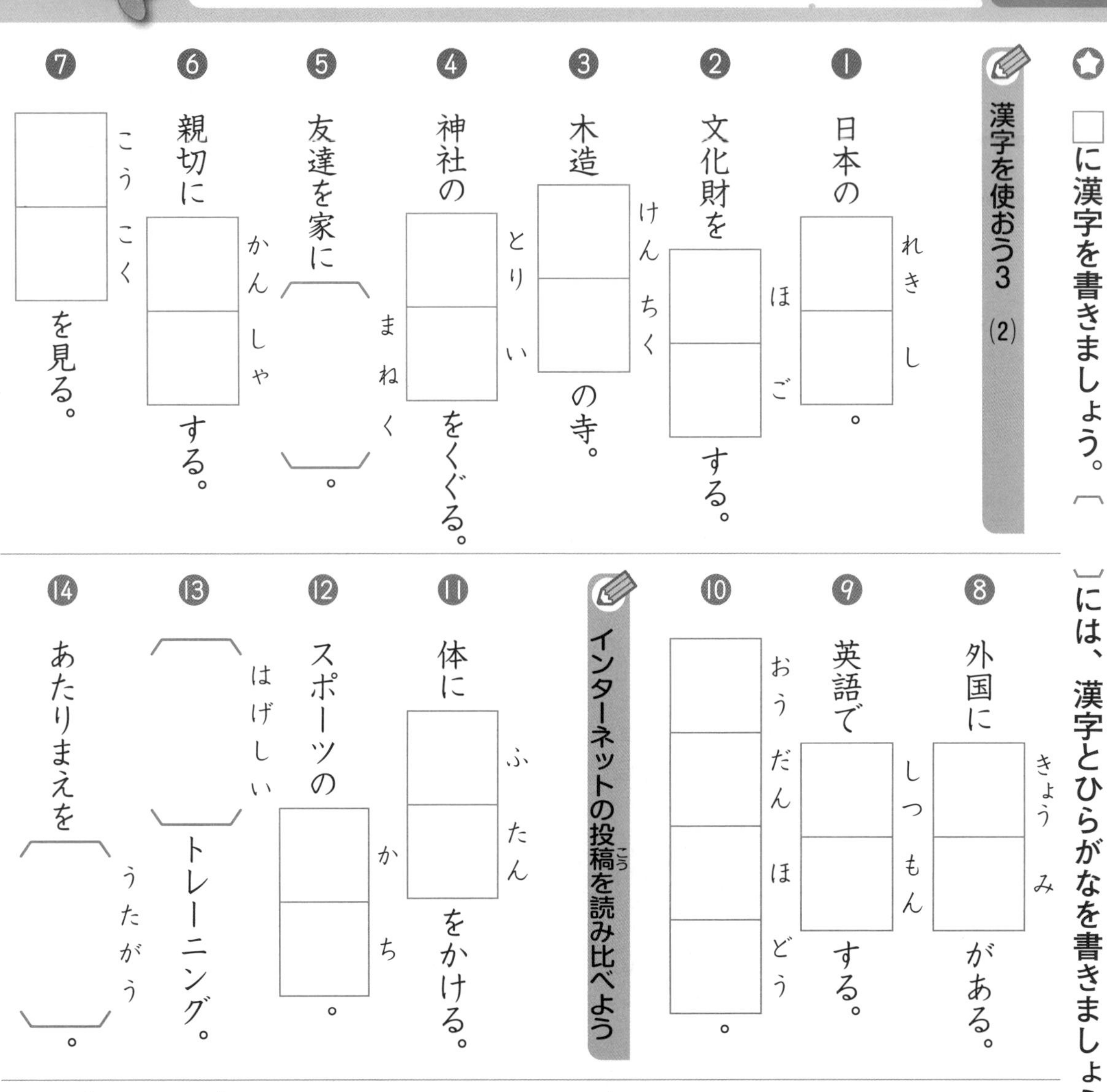

☆ □に漢字を書きましょう。〔　〕には、漢字とひらがなを書きましょう。（☆は、新しい漢字の別の読み方です。）

漢字を使おう３ (2)

1. 日本の［れきし］。
2. 文化財を［ほご］する。
3. 木造［けんちく］の寺。
4. 神社の［とりい］をくぐる。
5. 友達を家に〔まねく〕。
6. 親切に［かんしゃ］する。
7. ［こうこく］を見る。

インターネットの投稿を読み比べよう

8. 外国に［きょうみ］がある。
9. 英語で［しつもん］する。
10. ［おうだんほどう］。
11. 体に［ふたん］をかける。
12. スポーツの［かち］。
13. 〔はげしい〕トレーニング。
14. あたりまえを〔うたがう〕。

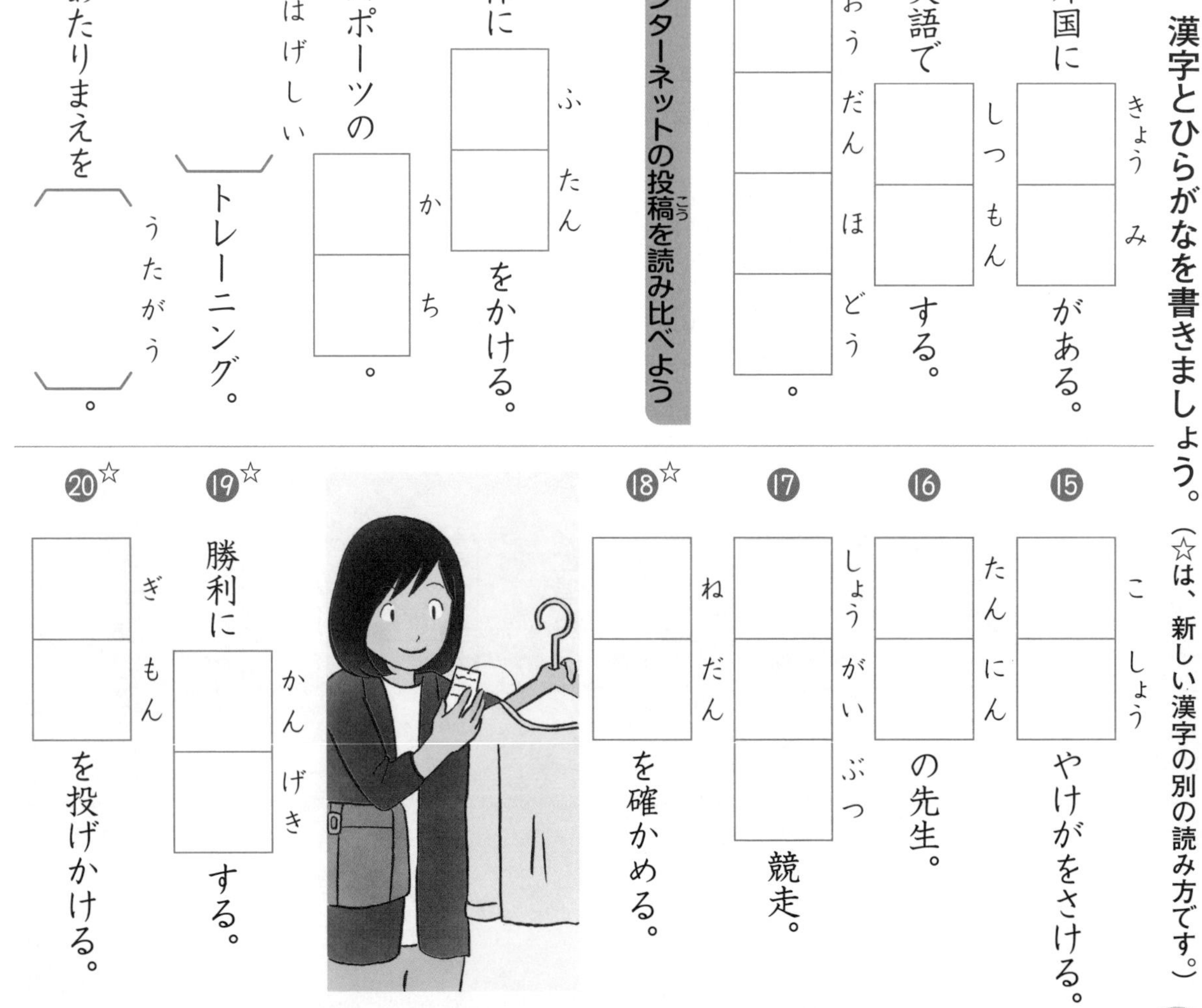

15. ［こしょう］やけがをさける。
16. ［たんにん］の先生。
17. ［しょうがいぶつ］競走。
18. ☆ ［ねだん］を確かめる。
19. ☆ 勝利に［かんげき］する。
20. ☆ ［ぎもん］を投げかける。

心の動きを俳句で表そう
話し合って考えを深めよう
漢字を使おう４　(1)

第13回　/19問

☆ □に漢字を書きましょう。〔　〕には、漢字とひらがなを書きましょう。（☆は、新しい漢字の別のよみ方です。）

心の動きを俳句で表そう

1. □□（はいく）を作る。

2. よい言葉を〔さがす〕。
3. ☆ 町の中を□□（たんけん）する。

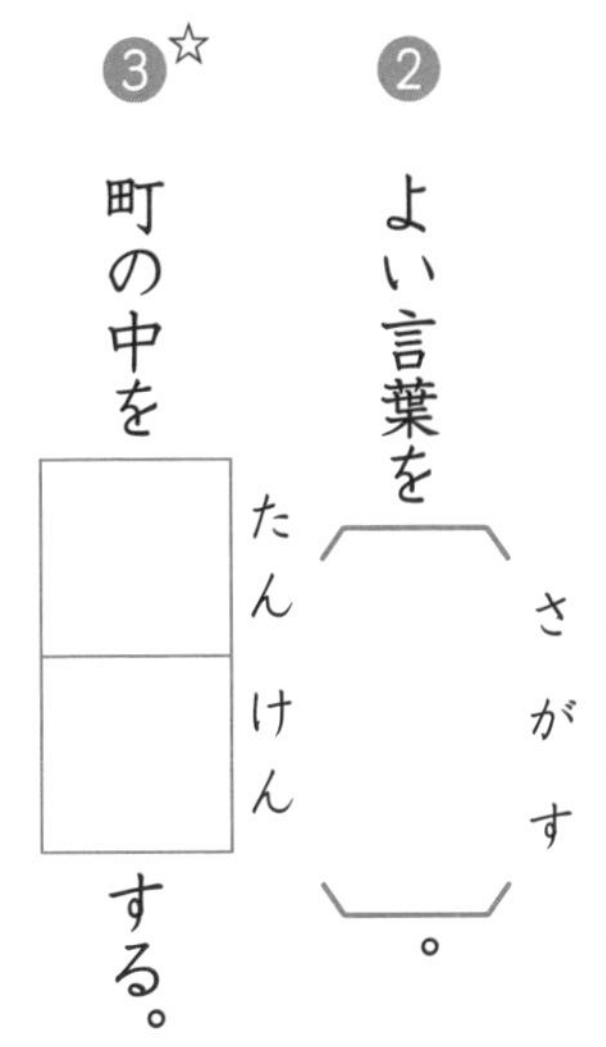

話し合って考えを深めよう

4. 計画に〔そう〕。

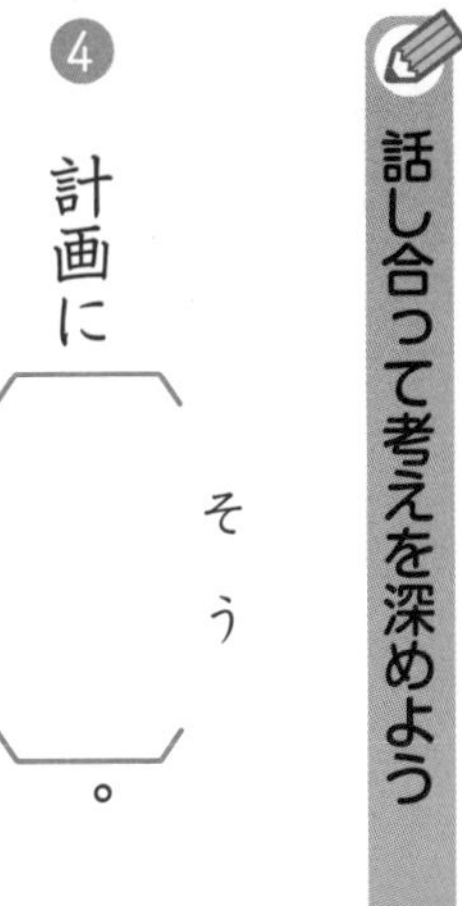

漢字を使おう４　(1)

5. 電子メールが〔とどく〕。
6. ☆ 地下鉄の□□（えんせん）。
7. 切り□（かぶ）にすわる。
8. お店の□□（かんばん）。
9. 夏の□□（せいざ）。
10. 祭りを〔もり〕上げる。
11. きっぷの□□（はっけん）機。

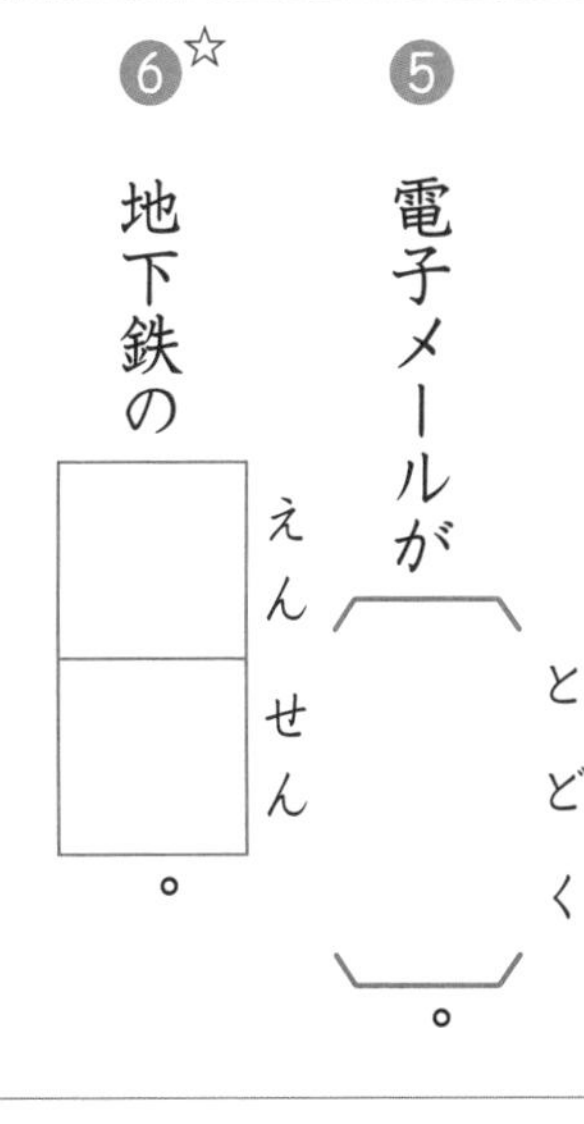
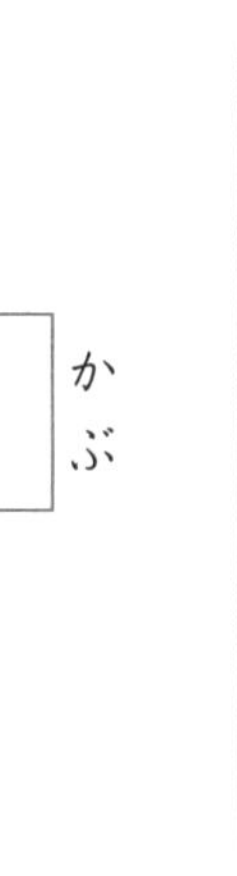

12. 婦人服□□（せんもん）の店。
13. 王が□□（ぎょくざ）に着く。
14. □□（とくほん）は昔の教科書だ。
15. □□□□（かぶしきがいしゃ）。
16. □□□（かんごし）を目指す。
17. ゆかに□□（せいざ）する。
18. □□□（じょうしゃけん）を買う。
19. 自分□□（せんよう）のゲーム機。

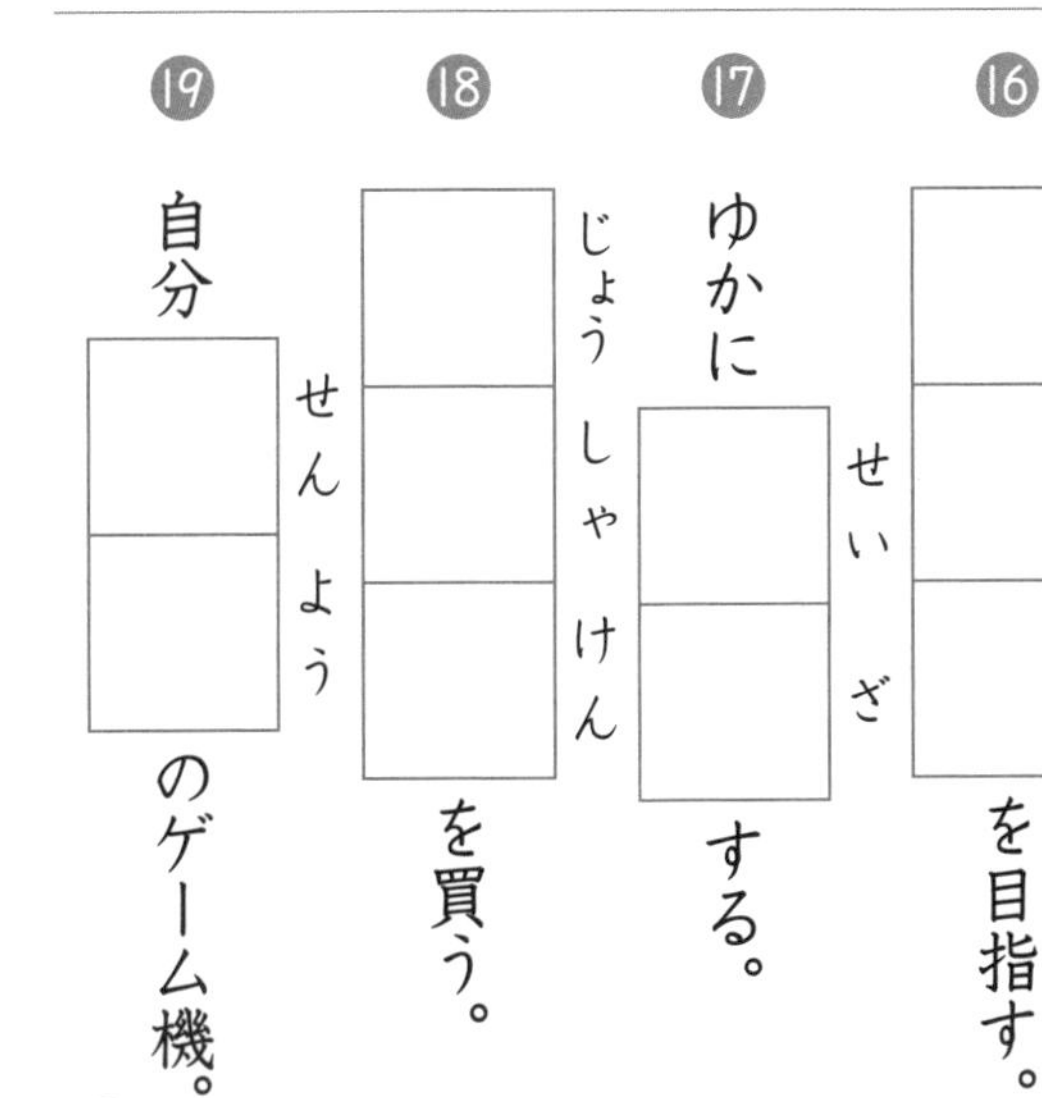

漢字を使おう４　(2)

第14回

/18問

☆　□に漢字を書きましょう。〔　〕には、漢字とひらがなを書きましょう。

① 金額を〔くらべる〕。

② □□(りょひ)をはらう。

③ □□(おうふく)きっぷを買う。

④ 合宿の□□(にってい)。

⑤ □□(じゅんじょ)よく並ぶ。

⑥ □□(ちょきん)が増える。

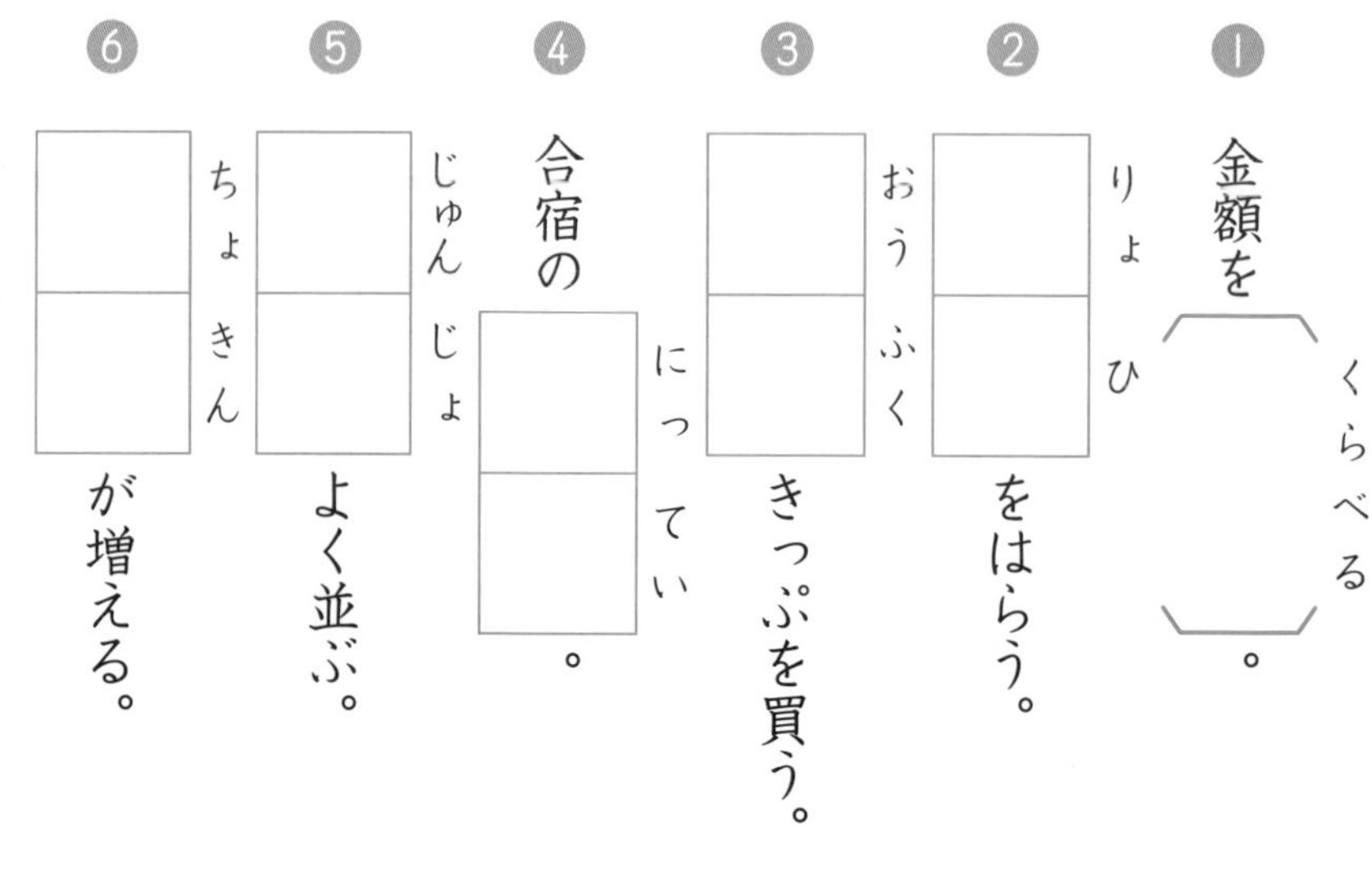

⑦ 太平洋(たいへいよう)を□□(こうかい)する。

⑧ □□(へんきょう)で暮らす。

⑨ 楽しい□(ゆめ)を見る。

⑩ □□(かいてき)な住まい。

⑪ □□□(きこうぶん)を書く。

⑫ □□(えいぎょう)を始める。

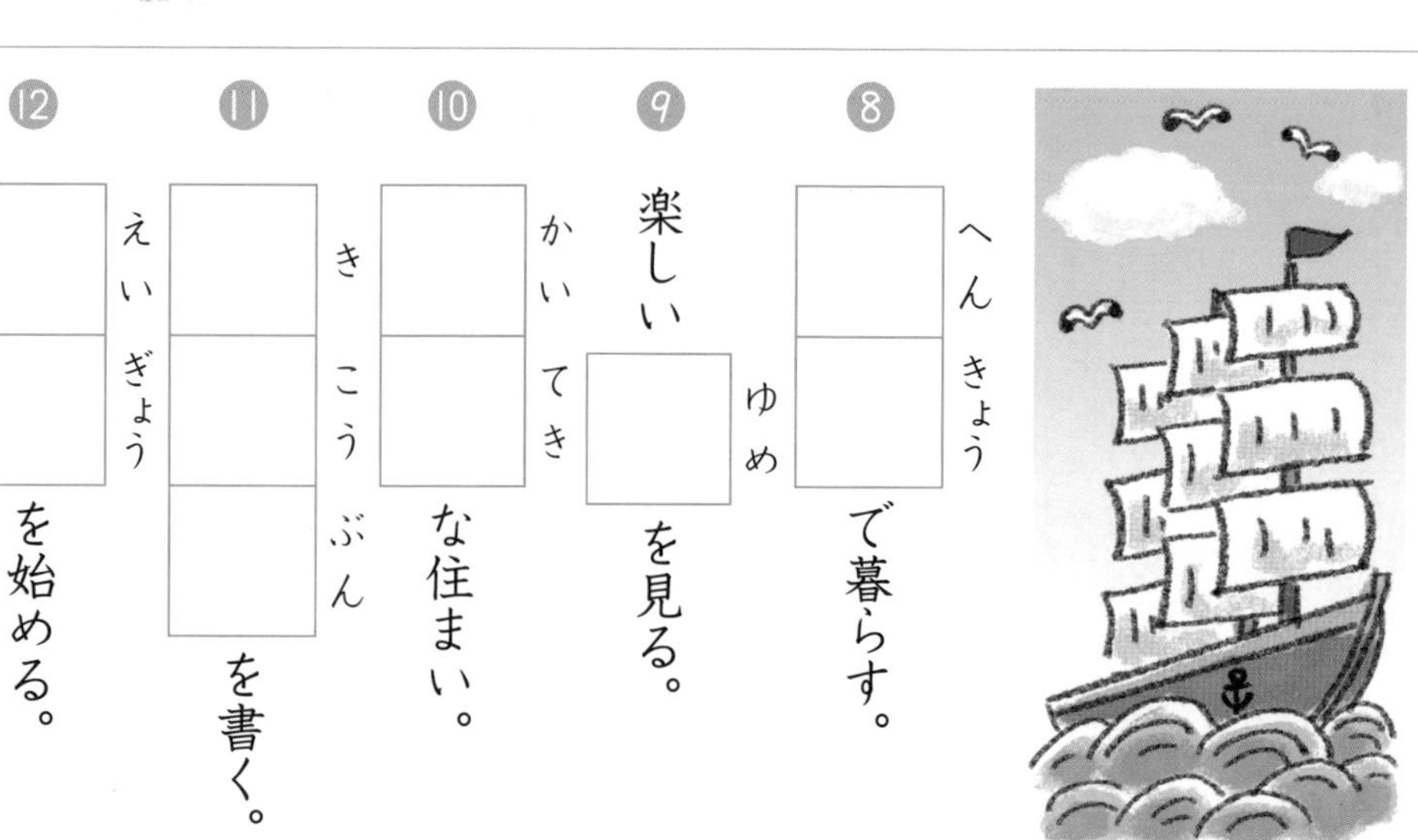

⑬ □□□□(たんどくこうどう)。

⑭ 洋服の□□(かかく)。

⑮ □□□(にがおえ)をかく。

⑯ □□(ふさい)で参加する。

⑰ プラスチックの□□(ようき)。

⑱ 席を□□(いどう)する。

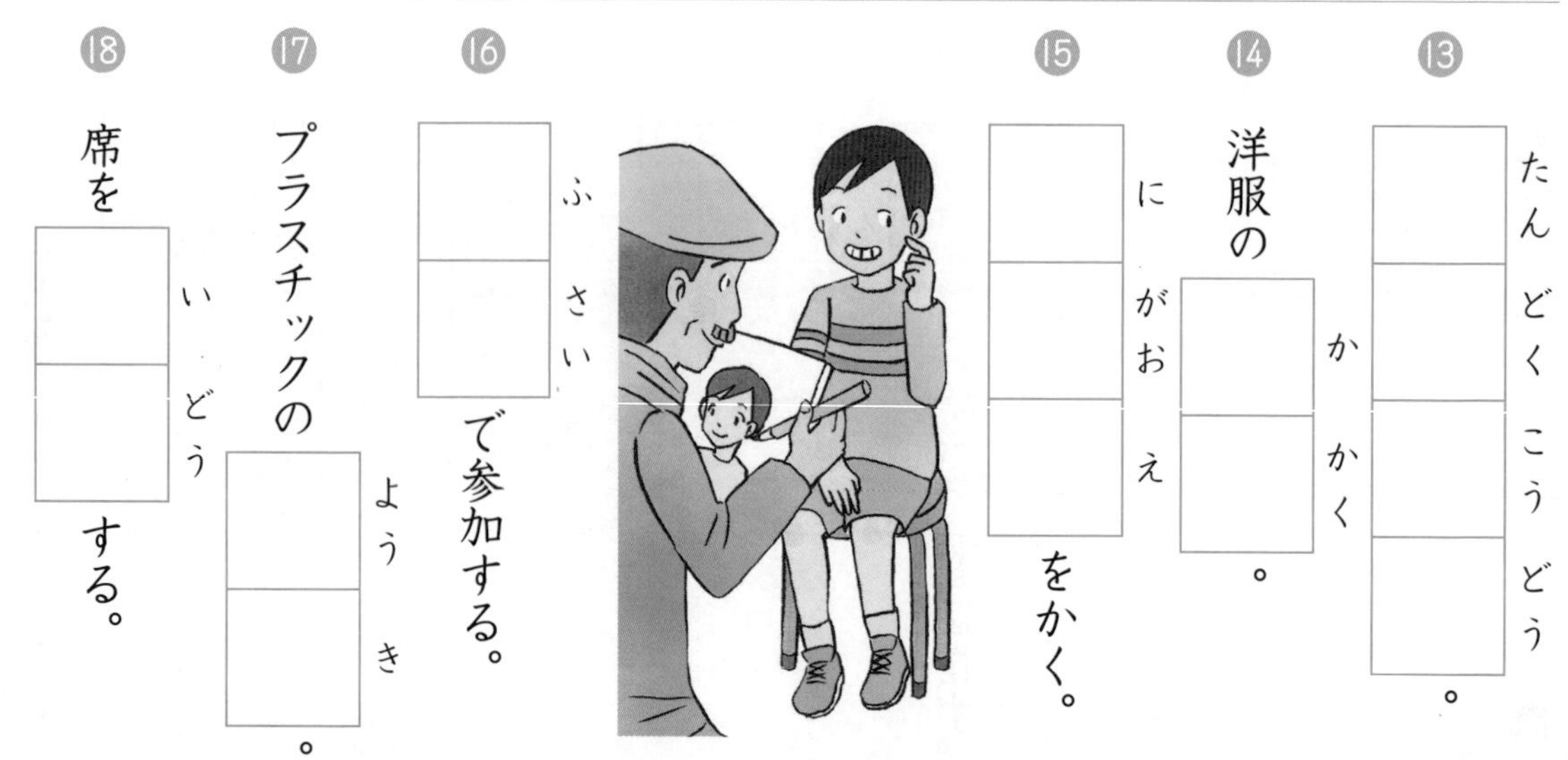

●勉強した日　月　日

模型のまち

第15回

/20問

☆□に漢字を書きましょう。〔　〕には、漢字とひらがなを書きましょう。（☆は、新しい漢字の別の読み方です。）

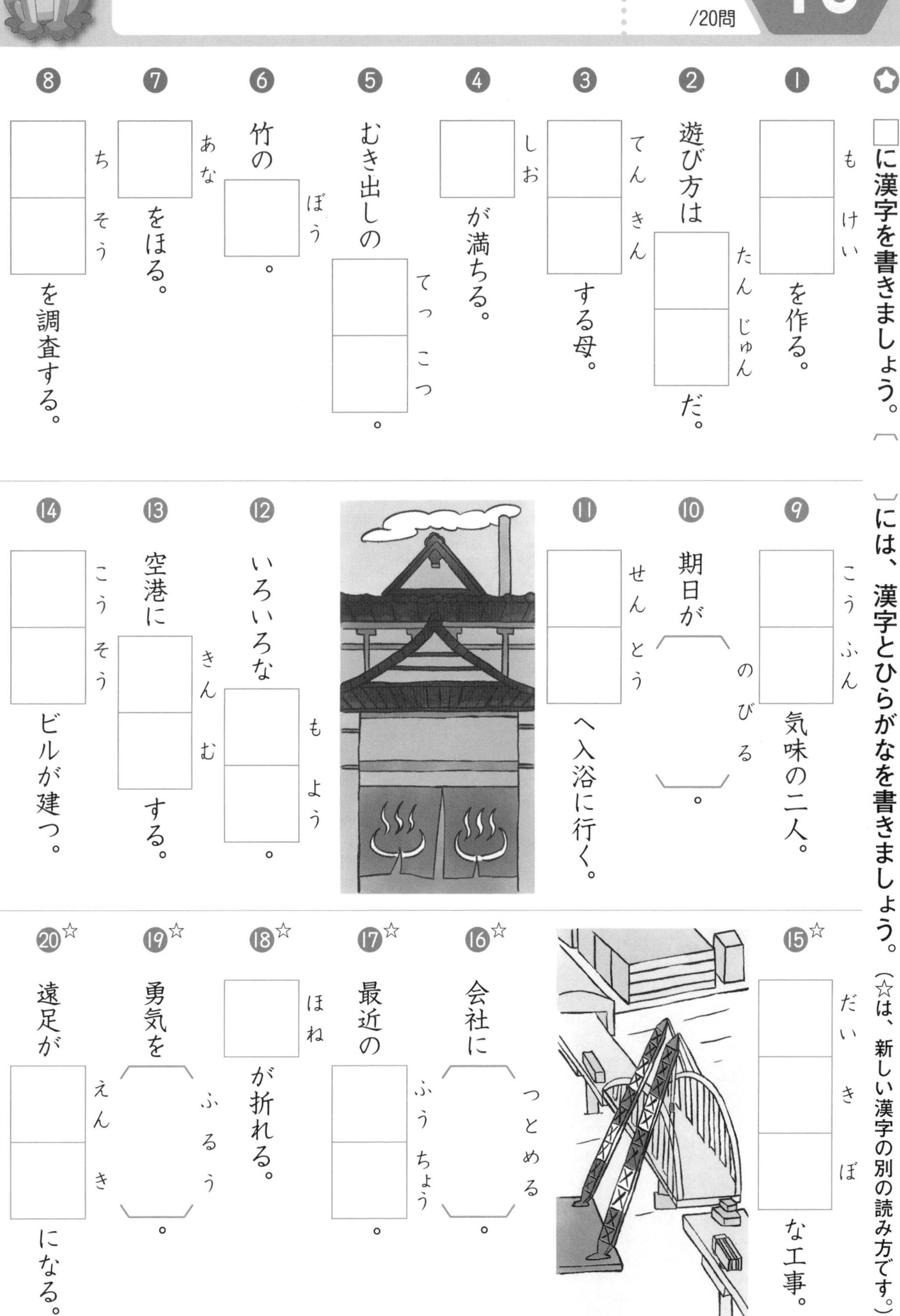

1. □□（もけい）を作る。
2. 遊び方は□□（たんじゅん）だ。
3. □□（てんきん）する母。
4. □（しお）が満ちる。
5. むき出しの□□（てっこつ）。
6. 竹の□（ぼう）。
7. □（あな）をほる。
8. □□（ちそう）を調査する。
9. □□（こうふん）気味の二人。
10. 期日が〔　　〕（のびる）。
11. □□（せんとう）へ入浴に行く。
12. いろいろな□□（もよう）。
13. 空港に□□（きんむ）する。
14. □□（こうそう）ビルが建つ。
15. ☆□□□（だいきぼ）な工事。
16. ☆会社に〔　　〕（つとめる）。
17. ☆最近の□□（ふうちょう）。
18. ☆□（ほね）が折れる。
19. ☆勇気を〔　　〕（ふるう）。
20. ☆遠足が□□（えんき）になる。

漢字を使おう５

第16回　/21問

★ □に漢字を書きましょう。〔 〕には、漢字とひらがなを書きましょう。

① □□□（てっこうぎょう）を営む。

② 発言が□□（ひはん）される。

③ ハンドルを□□（そうさ）する。

④ 〔（みっ）〕どもえの戦い。

⑤ □□（むつき）目に入る。

⑥ 〔（むっ）〕切りの画用紙。

⑦ 〔（やつ）〕当たりをする。

⑧ □□□□（じゅうにんといろ）。

⑨ ラジオ□□（たいそう）をする。

⑩ □□□（こくさいか）への道筋。

⑪ □□□（こむぎこ）の料理。

⑫ 商売で□□（りえき）を出す。

⑬ 合計□□（きんがく）を計算する。

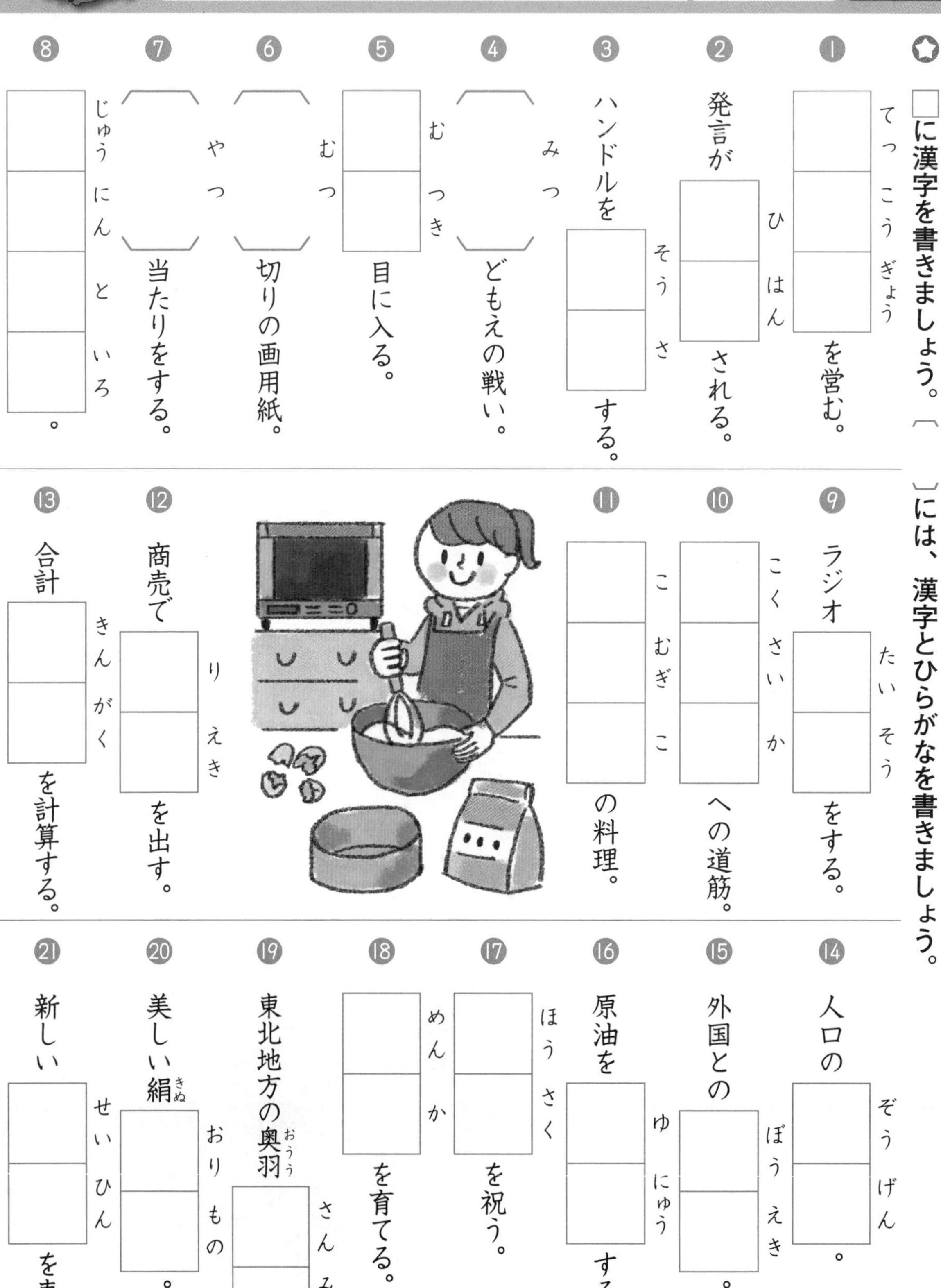

⑭ 人口の□□（ぞうげん）。

⑮ 外国との□□（ぼうえき）。

⑯ 原油を□□（ゆにゅう）する。

⑰ □□（ほうさく）を祝う。

⑱ □□（めんか）を育てる。

⑲ 東北地方の奥羽（おうう）□□（さんみゃく）。

⑳ 美しい絹（きぬ）□□（おりもの）。

㉑ 新しい□□（せいひん）を売る。

「永遠のごみ」プラスチック　情報のとびら　情報の信頼(らい)性と著作権

/20問　第17回

★ □に漢字を書きましょう。〔　〕には、漢字とひらがなを書きましょう。（☆は、新しい漢字の別の読み方です。）

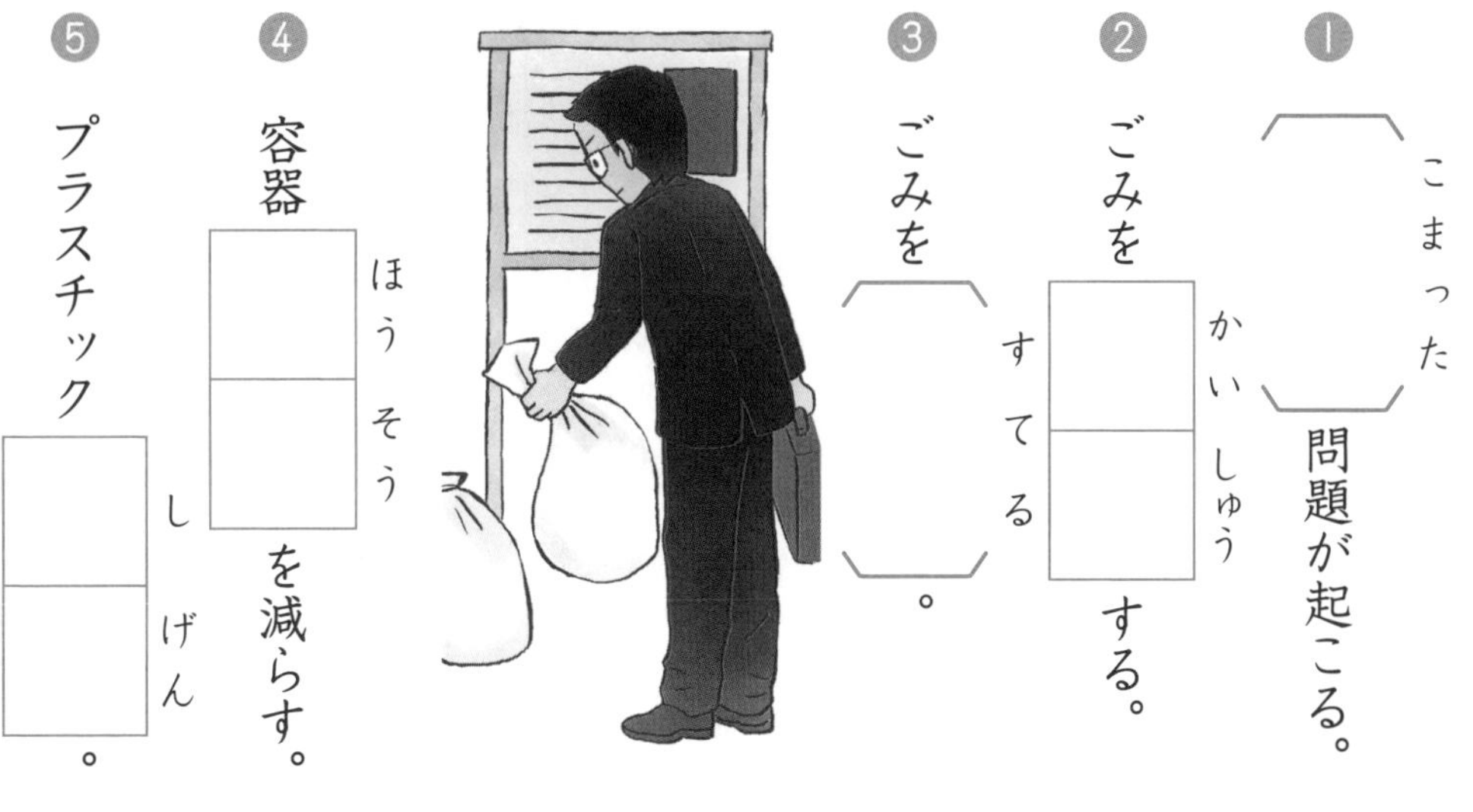

「永遠のごみ」プラスチック

1. 〔こまった〕問題が起こる。
2. ごみを□□(かいしゅう)する。
3. ごみを〔すてる〕。
4. 容器□□(ほうそう)を減らす。
5. プラスチック□□(しげん)。

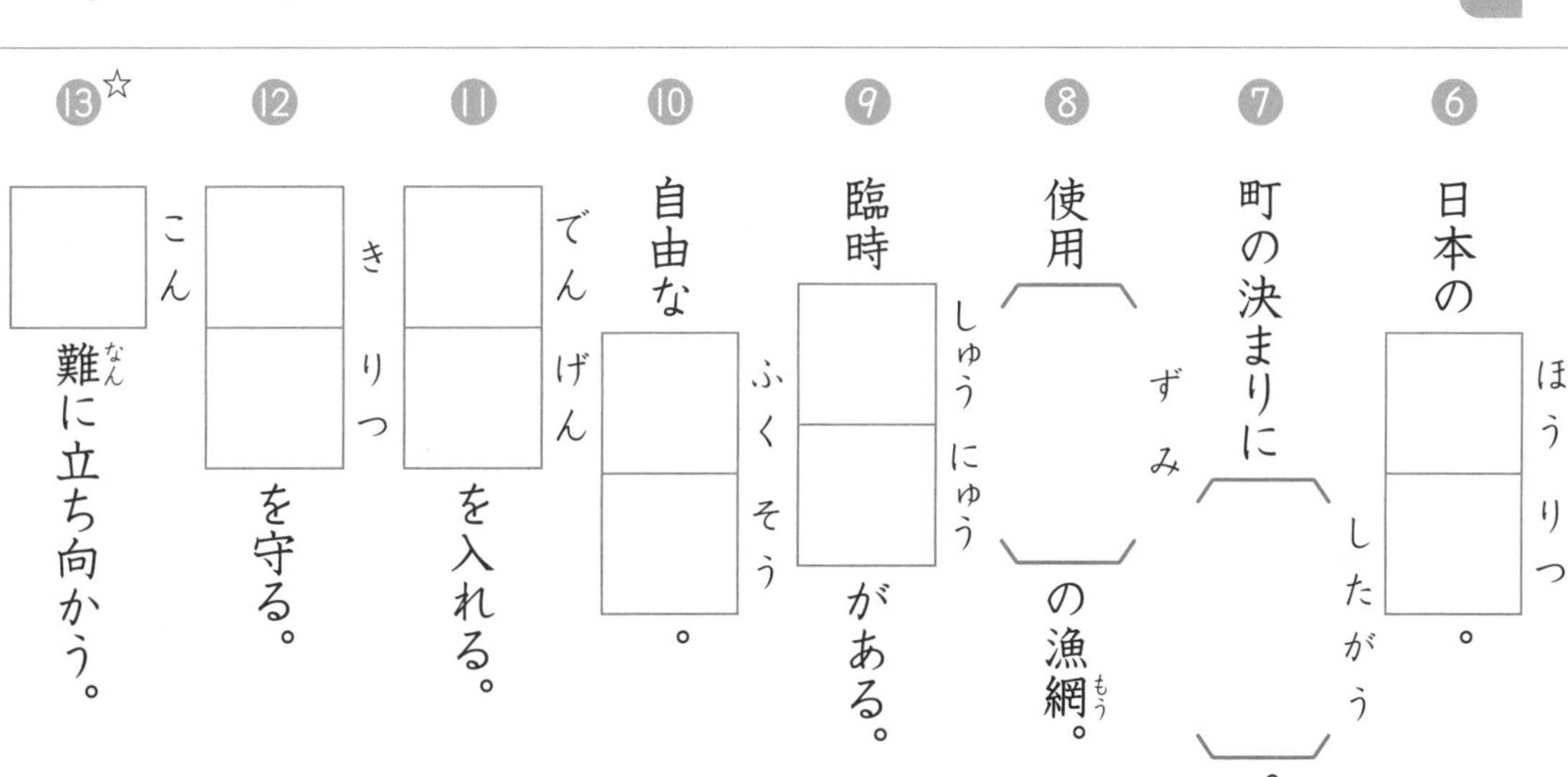

6. 日本の□□(ほうりつ)。
7. 町の決まりに〔したがう〕。
8. 使用〔ずみ〕の漁網(もう)。
9. 臨時□□(しゅうにゅう)がある。
10. 自由な□□(ふくそう)。
11. □□(でんげん)を入れる。
12. □□(きりつ)を守る。
13. ☆ □(こん)難(なん)に立ち向かう。

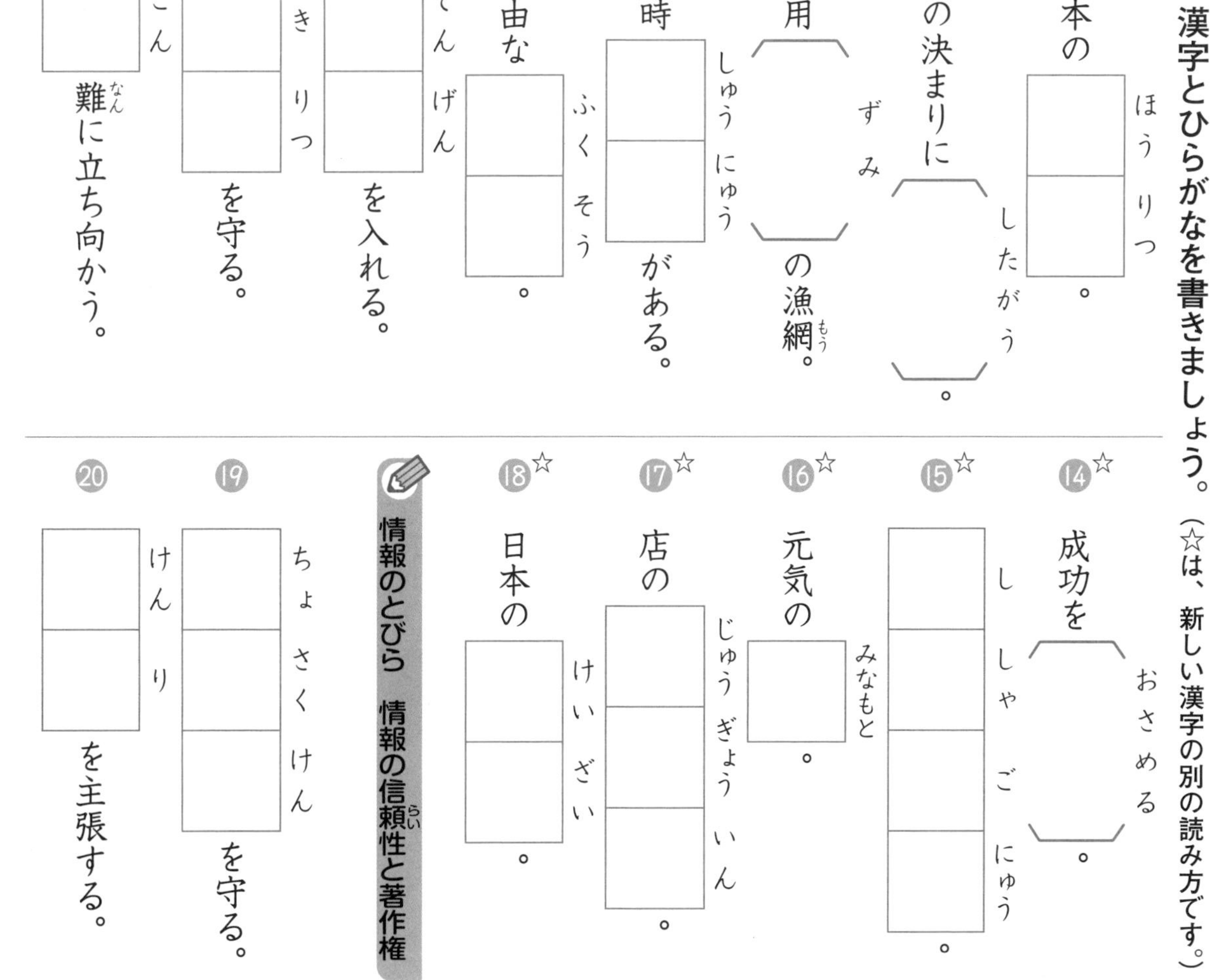

14. ☆ 成功を〔おさめる〕。
15. ☆ □□□□(ししゃごにゅう)。
16. ☆ 元気の□(みなもと)。
17. ☆ 店の□□□(じゅうぎょういん)。
18. ☆ 日本の□□(けいざい)。

情報のとびら　情報の信頼(らい)性と著作権

19. □□□(ちょさくけん)を守る。
20. □□(けんり)を主張する。

発信しよう、私たちのSDGs　漢字を使おう６　(1)

第18回　/18問

☆ □に漢字を書きましょう。〔　〕には、漢字とひらがなを書きましょう。（☆は、新しい漢字の別の読み方です。）

発信しよう、私たちのSDGs

1. □□（いっさつ）にまとめる。

漢字を使おう6　(1)

2. □□（ふくぶ）に違和感がある。
3. 日本列島を□□（じゅうだん）する。
4. 会費を〔　　〕（おさめる）。
5. □□（ひみつ）の場所。
6. 茶道の□□（りゅうは）。
7. □□（げんせん）からお湯を引く。
8. □□（まんぷく）になる。

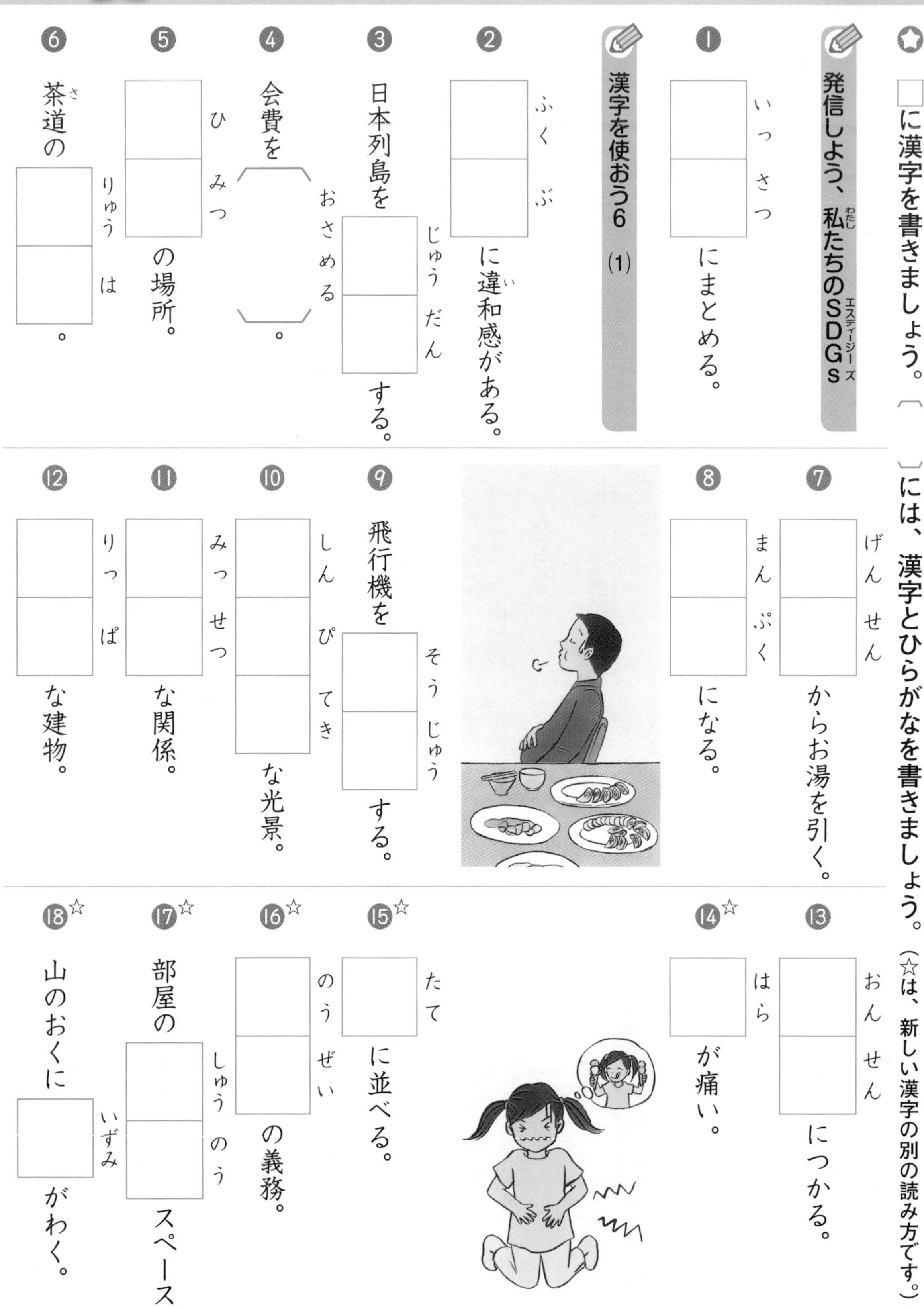

9. 飛行機を□□（そうじゅう）する。
10. □□□（しんぴてき）な光景。
11. □□（みっせつ）な関係。
12. □□（りっぱ）な建物。
13. □□（おんせん）につかる。
14. ☆ □（はら）が痛い。

15. ☆ □（たて）に並べる。
16. ☆ □□（のうぜい）の義務。
17. ☆ 部屋の□□（しゅうのう）スペース。
18. ☆ 山のおくに□（いずみ）がわく。

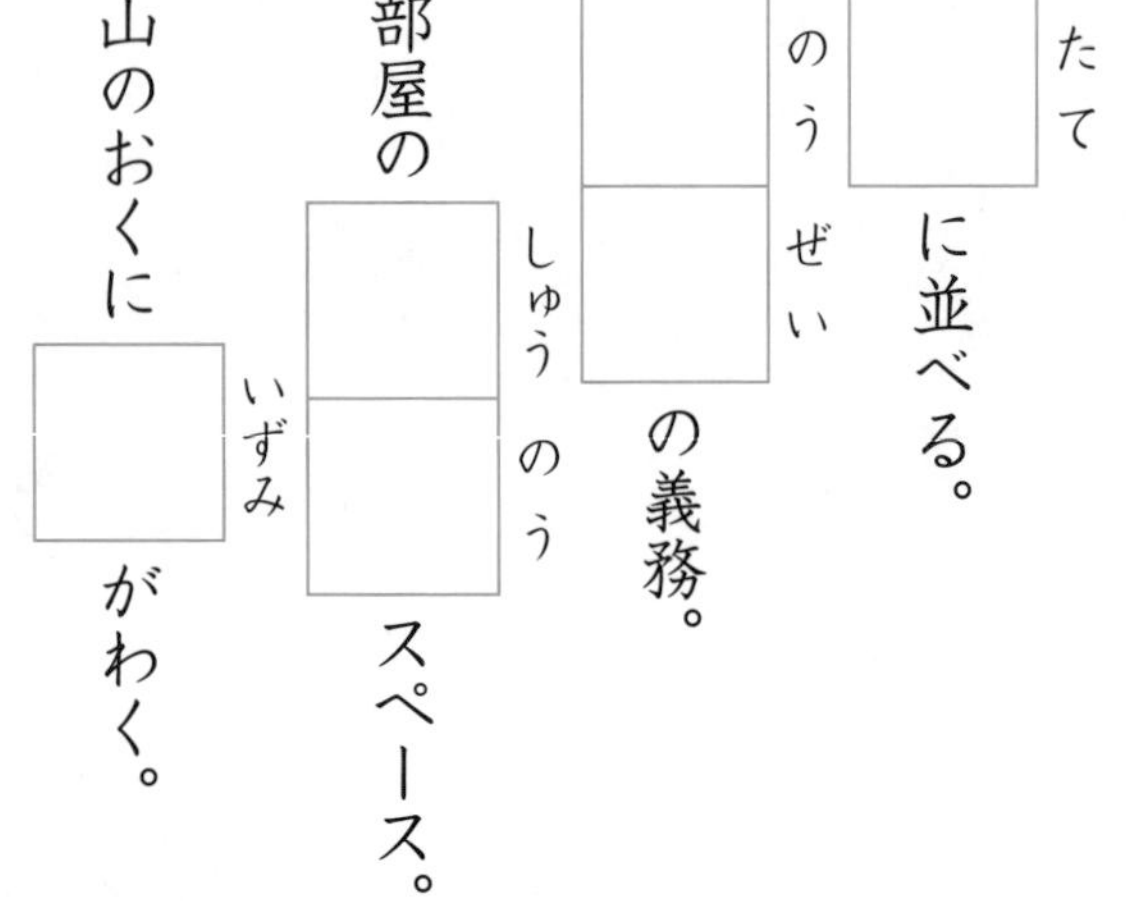

漢字を使おう６ (2)

/18問

第19回

☆ □に漢字を書きましょう。〔 〕には、漢字とひらがなを書きましょう。

① 〔まずしい〕暮らし。

② □□（こうりつ）のよいやり方。

③ 家電製品の□□（きのう）。

④ 無実を□□（しょうめい）する。

⑤ パソコンが□□（こしょう）する。

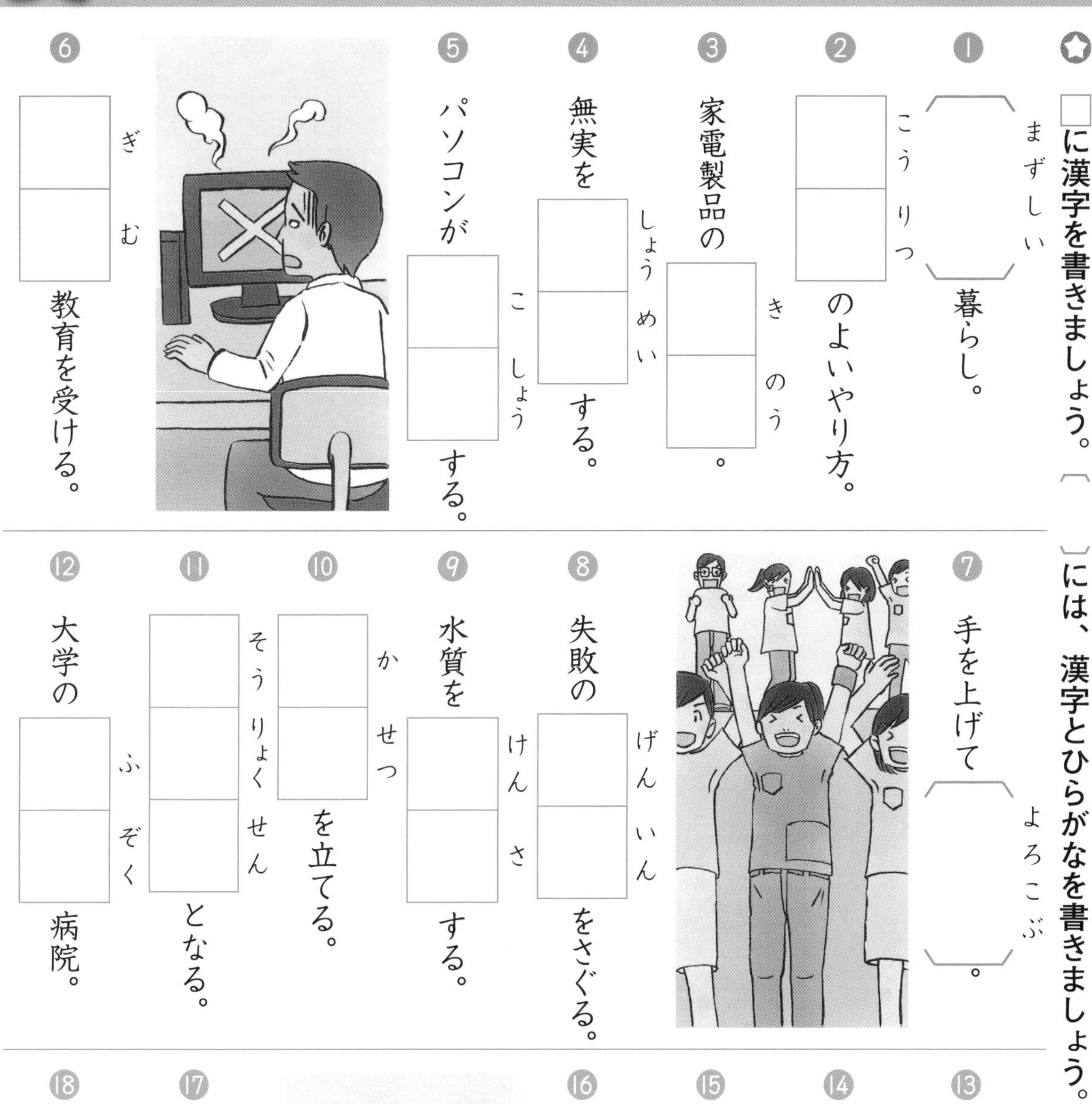

⑥ □□（ぎむ）教育を受ける。

⑦ 手を上げて〔よろこぶ〕。

⑧ 失敗の□□（げんいん）をさぐる。

⑨ 水質を□□（けんさ）する。

⑩ □□（かせつ）を立てる。

⑪ □□□（そうりょくせん）となる。

⑫ 大学の□□（ふぞく）病院。

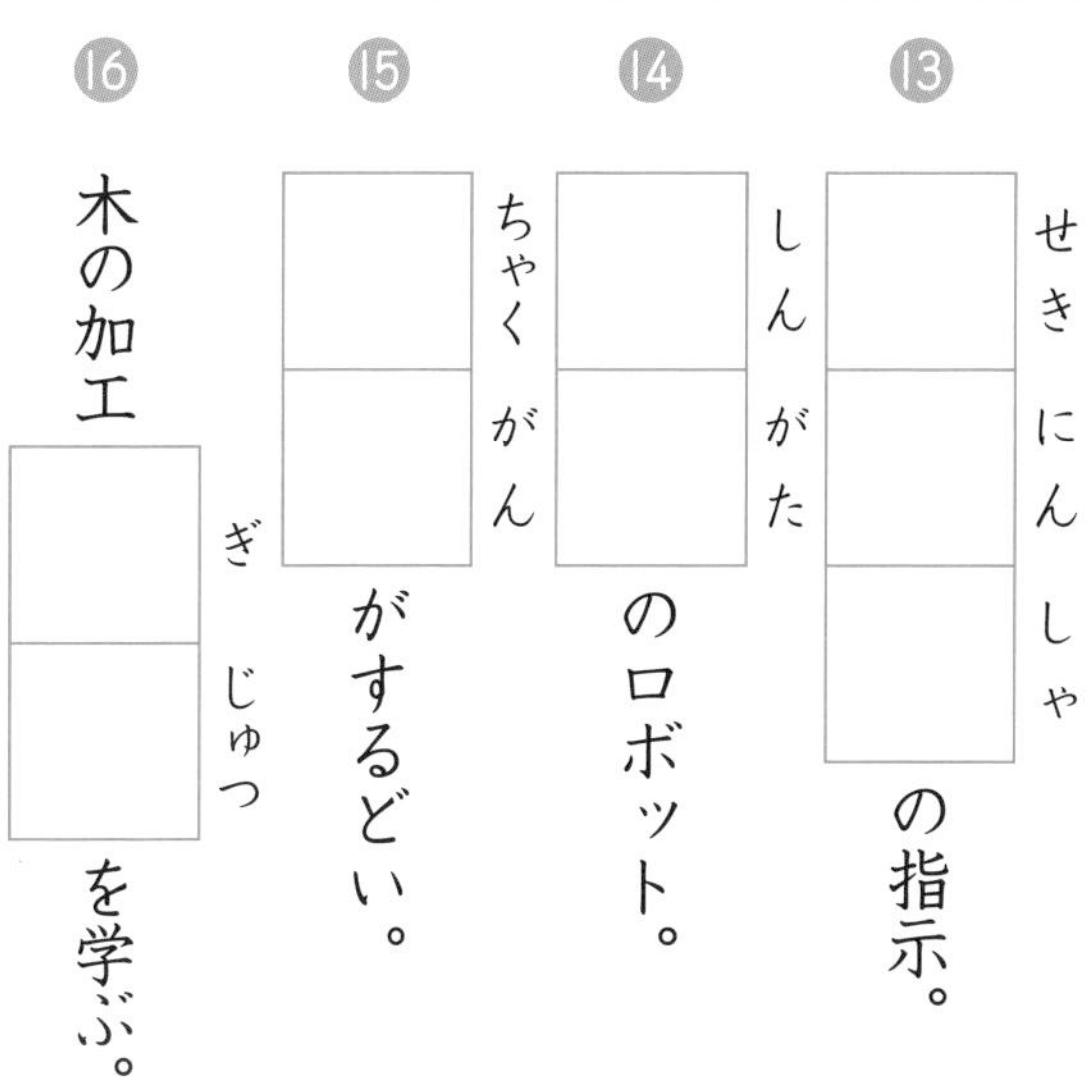

⑬ □□□（せきにんしゃ）の指示。

⑭ □□（しんがた）のロボット。

⑮ □□（ちゃくがん）がするどい。

⑯ 木の加工□□（ぎじゅつ）を学ぶ。

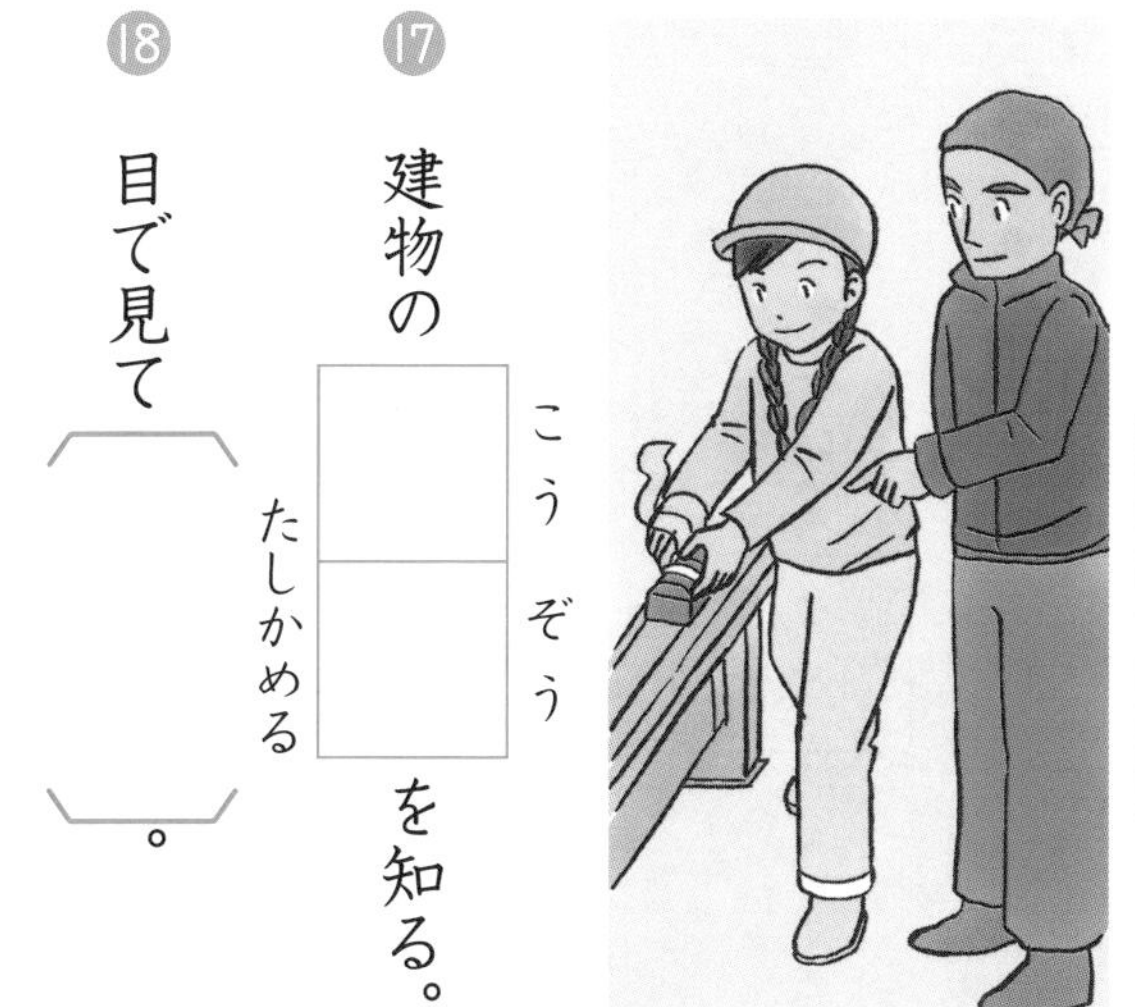

⑰ 建物の□□（こうぞう）を知る。

⑱ 目で見て〔たしかめる〕。

第20回

複合語
海のいのち

/20問

☆ □に漢字をかきましょう。〔　〕には、漢字とひらがなをかきましょう。（☆は、新しい漢字の別の読み方です。）

複合語

① □□□□（かていほうもん）。

② □□（きぬいと）でししゅうする。

③ ごみを取り〔　　〕（のぞく）。

④ □□□（たくはいびん）が届く。

⑤ □□（じょうき）機関車に乗る。

⑥ □□（せいか）リレーの様子。

⑦ □□（じたく）までの道順。

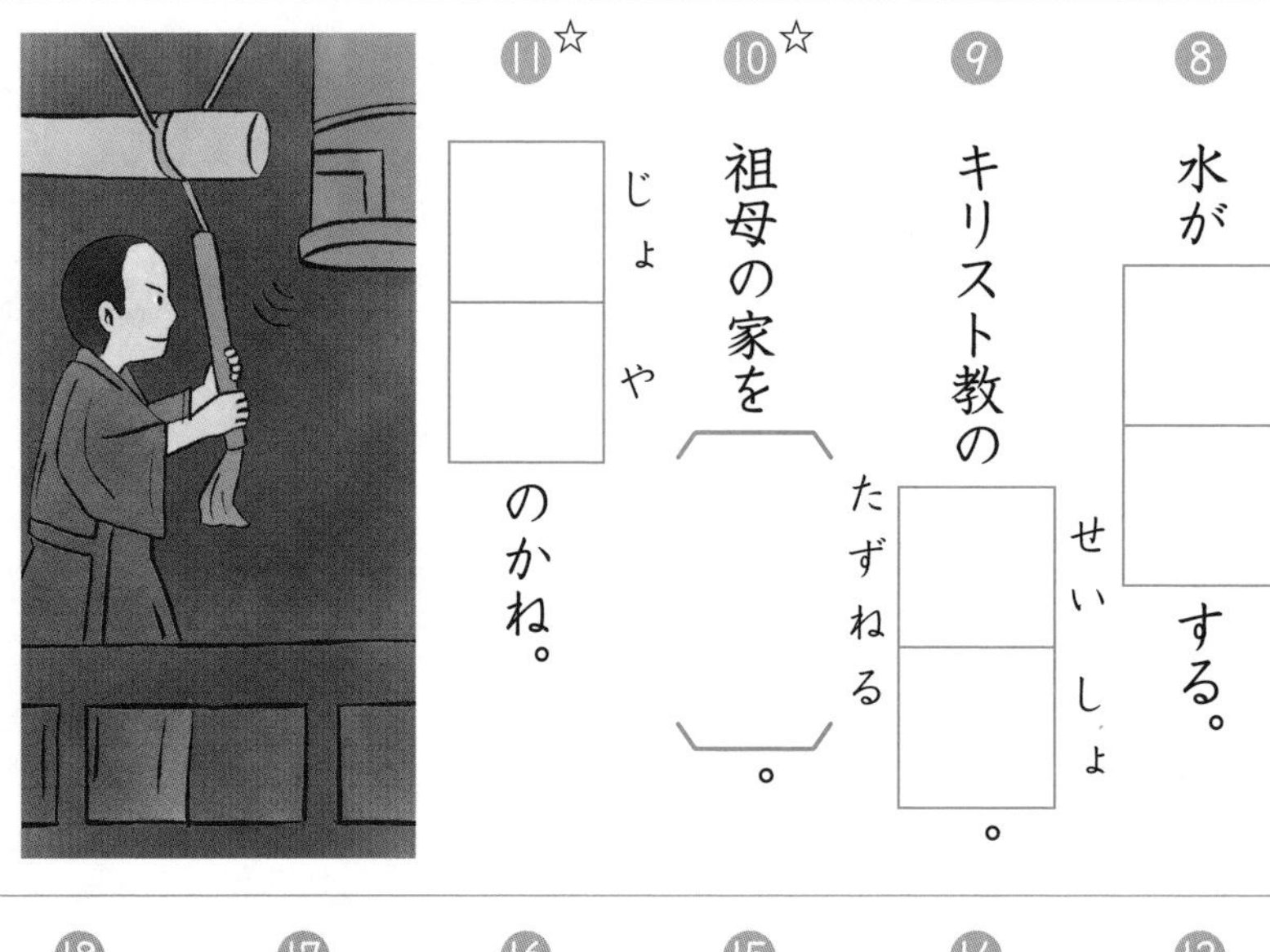

⑧ 水が□□（じょうはつ）する。

⑨ キリスト教の□□（せいしょ）。

⑩☆ 祖母の家を〔　　〕（たずねる）。

⑪☆ □□（じょや）のかね。

海のいのち

⑫ つり□（ばり）にえさを付ける。

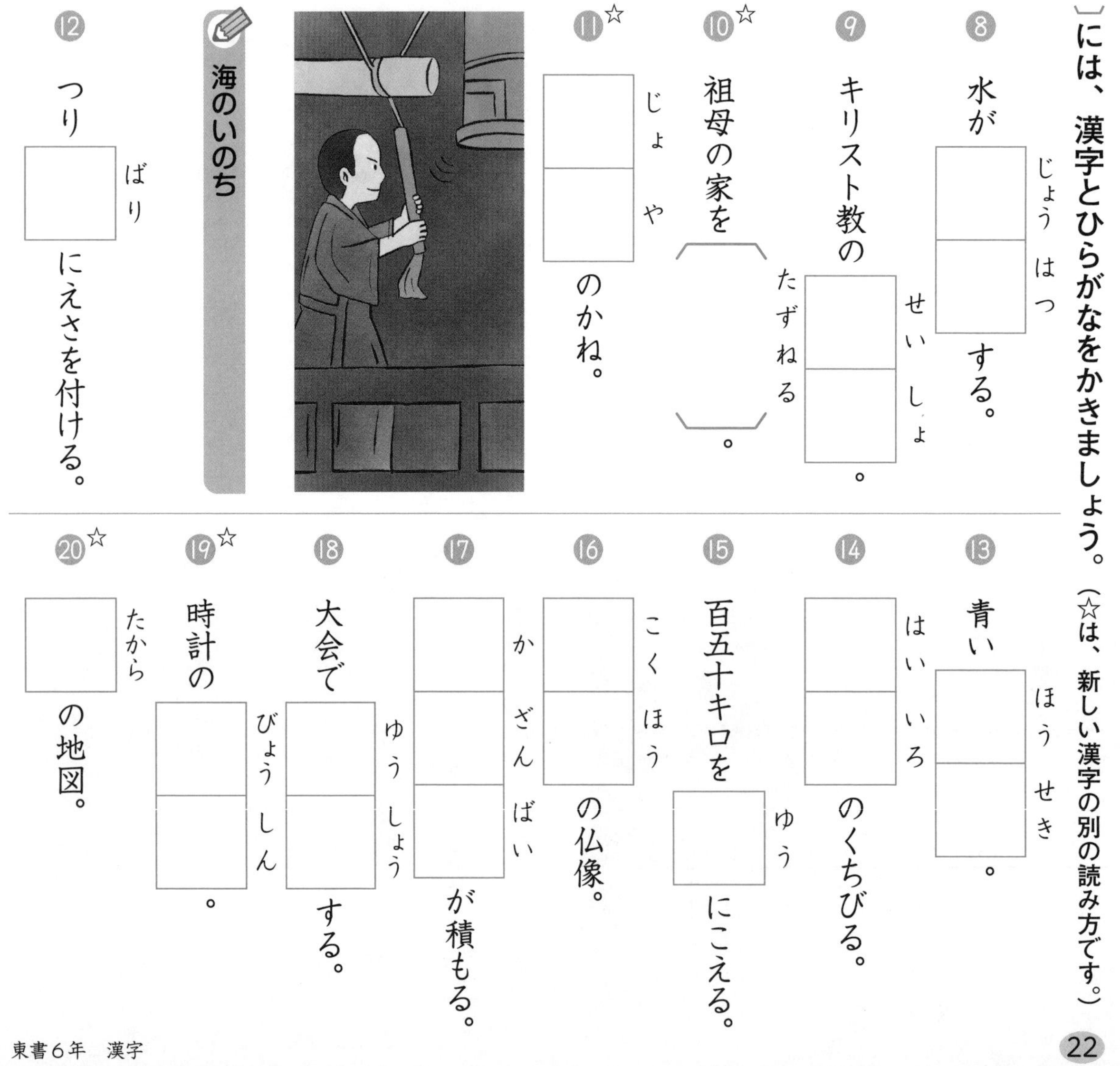

⑬ 青い□□（ほうせき）。

⑭ □□（はいいろ）のくちびる。

⑮ 百五十キロを□（ゆう）にこえる。

⑯ □□（こくほう）の仏像。

⑰ □□□（かざんばい）が積もる。

⑱ 大会で□□（ゆうしょう）する。

⑲☆ 時計の□□（びょうしん）。

⑳☆ □（たから）の地図。

漢字を使おう7

/22問

第21回

✪ □に漢字を書きましょう。〔　〕には、漢字とひらがなを書きましょう。（☆は、新しい漢字の別の読み方です。）

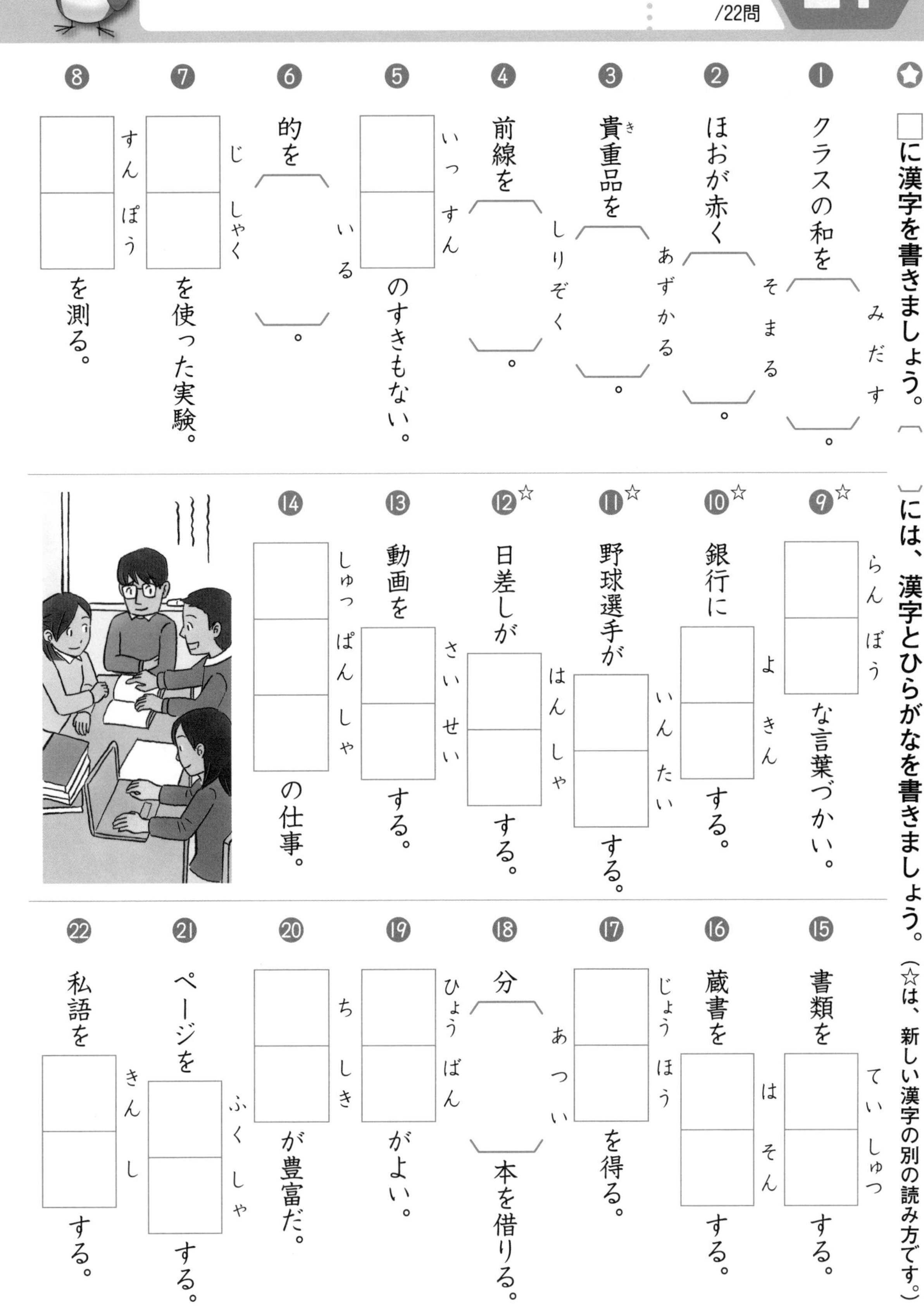

1. クラスの和を〔みだす〕。
2. ほおが赤く〔そまる〕。
3. 貴（き）重品を〔あずかる〕。
4. 前線を〔しりぞく〕。
5. □□（いっすん）のすきもない。
6. 的を〔いる〕。
7. □□（じしゃく）を使った実験。
8. □□（すんぽう）を測る。
9. ☆ □□（らんぼう）な言葉づかい。
10. ☆ 銀行に□□（よきん）する。
11. ☆ 野球選手が□□（いんたい）する。
12. ☆ 日差しが□□（はんしゃ）する。
13. 動画を□□（さいせい）する。
14. □□□（しゅっぱんしゃ）の仕事。
15. 書類を□□（ていしゅつ）する。
16. 蔵書を□□（はそん）する。
17. □□（じょうほう）を得る。
18. 分〔あつい〕本を借りる。
19. □□（ひょうばん）がよい。
20. □□（ちしき）が豊富だ。
21. ページを□□（ふくしゃ）する。
22. 私語を□□（きんし）する。

漢字を使おう８　(1)

/20問　第22回

☆ □に漢字を書きましょう。〔　〕には、漢字とひらがなを書きましょう。（☆は、新しい漢字の別の読み方です。）

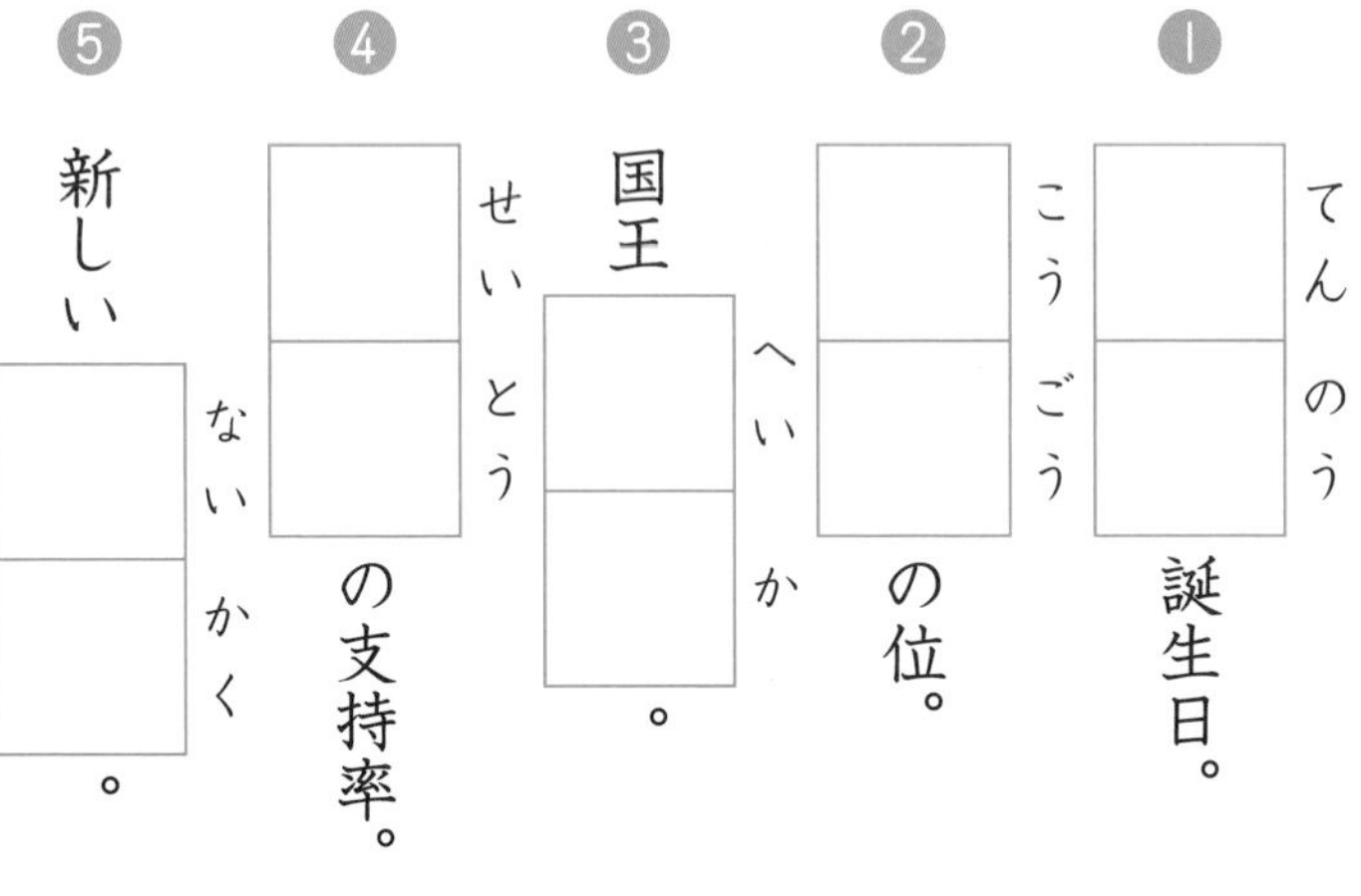

① □□（てんのう）誕生日。

② □□（こうごう）の位。

③ 国王□□（へいか）。

④ □□（せいとう）の支持率。

⑤ 新しい□□（ないかく）。

⑥ 各□□（しょうちょう）の役割。

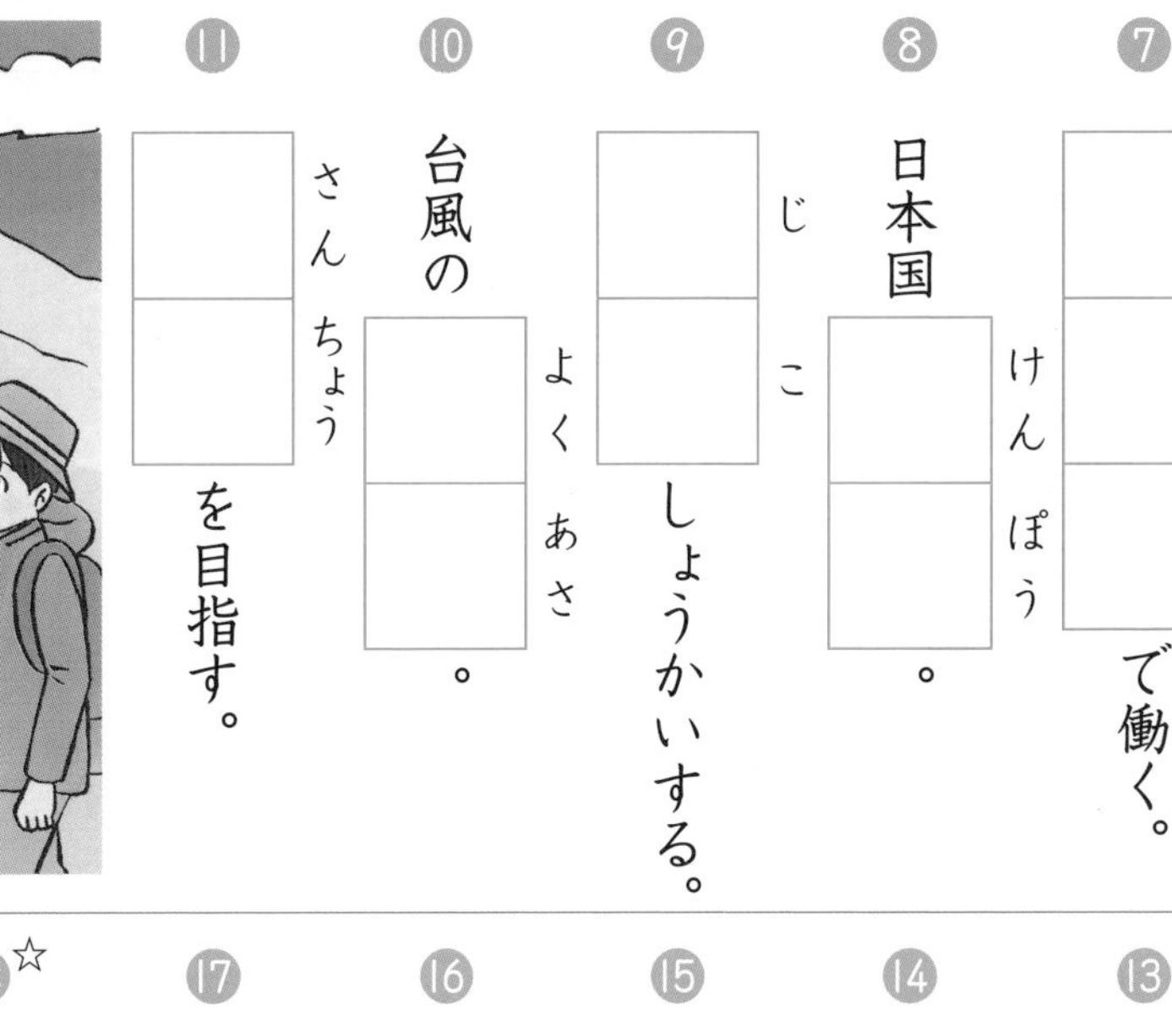

⑦ □□□（さいばんしょ）で働く。

⑧ 日本国□□（けんぽう）。

⑨ □□（じこ）しょうかいする。

⑩ 台風の□□（よくあさ）。

⑪ □□（さんちょう）を目指す。

⑫ □□（こうきょ）の周りを歩く。

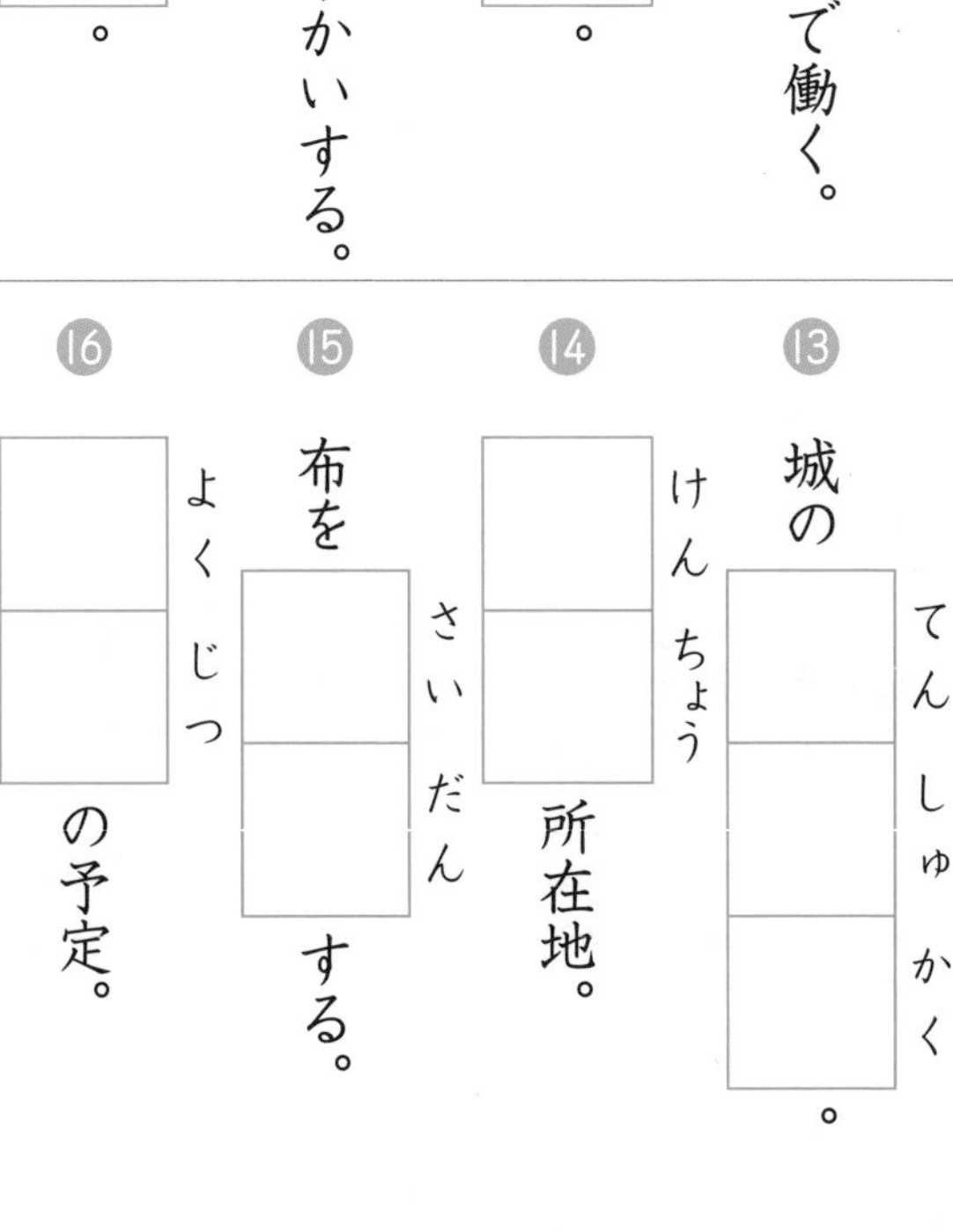

⑬ 城の□□□（てんしゅかく）。

⑭ □□（けんちょう）所在地。

⑮ 布を□□（さいだん）する。

⑯ □□（よくじつ）の予定。

⑰ 三角形の□□（ちょうてん）。

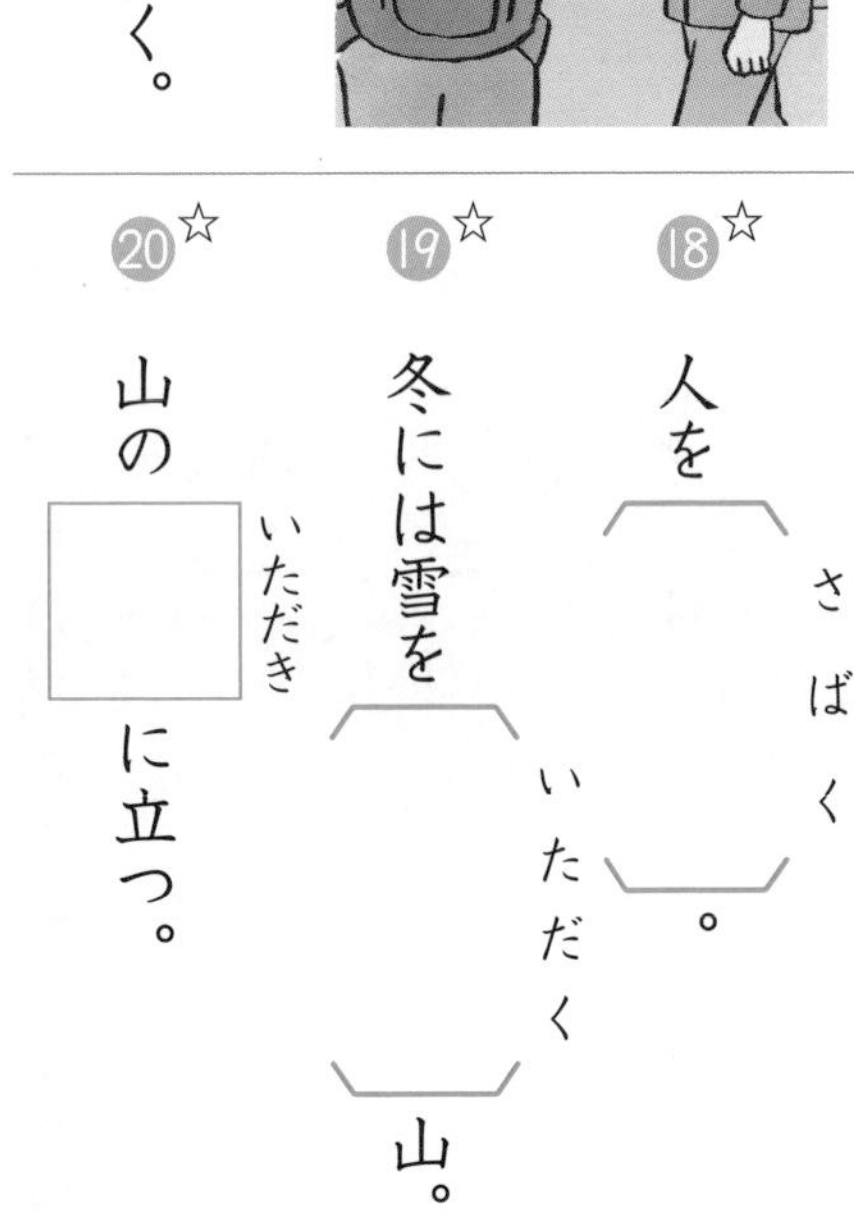

⑱☆ 人を〔　　〕（さばく）。

⑲☆ 冬には雪を〔　　〕（いただく）山。

⑳☆ 山の□（いただき）に立つ。

漢字を使おう８　(2)

/18問

第23回

☆ □に漢字を書きましょう。〔　〕には、漢字とひらがなを書きましょう。（☆は、新しい漢字の別の読み方です。）

① 今日に〔いたる〕。

②☆ □□（しきゅう）の呼び出し。

③ □□（ぶし）と町人。

④ 父の□□（しょくぎょう）。

⑤ □□（はんざい）のない町づくり。

⑥ 事故を□□（ぼうし）する。

⑦ □□□（さっぷうけい）な部屋。

⑧ □□（どうぞう）が建つ。

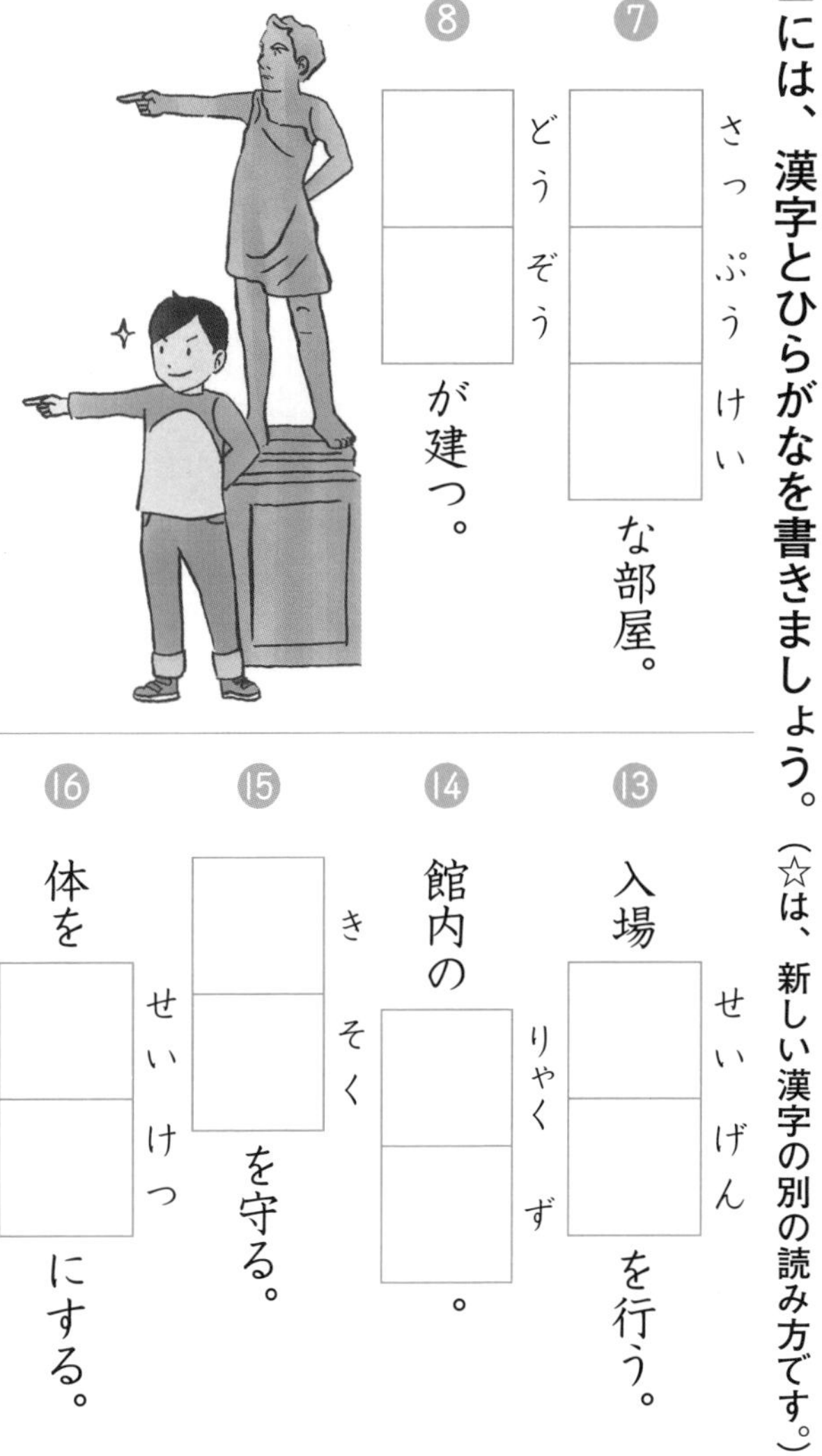

⑨ 政治家の□□（こうえん）を聞く。

⑩ □□（げいじゅつ）をかん賞する。

⑪ □□（ざいさん）を受けつぐ。

⑫ 駅が□□（こんざつ）する。

⑬ 入場□□（せいげん）を行う。

⑭ 館内の□□（りゃくず）。

⑮ □□（きそく）を守る。

⑯ 体を□□（せいけつ）にする。

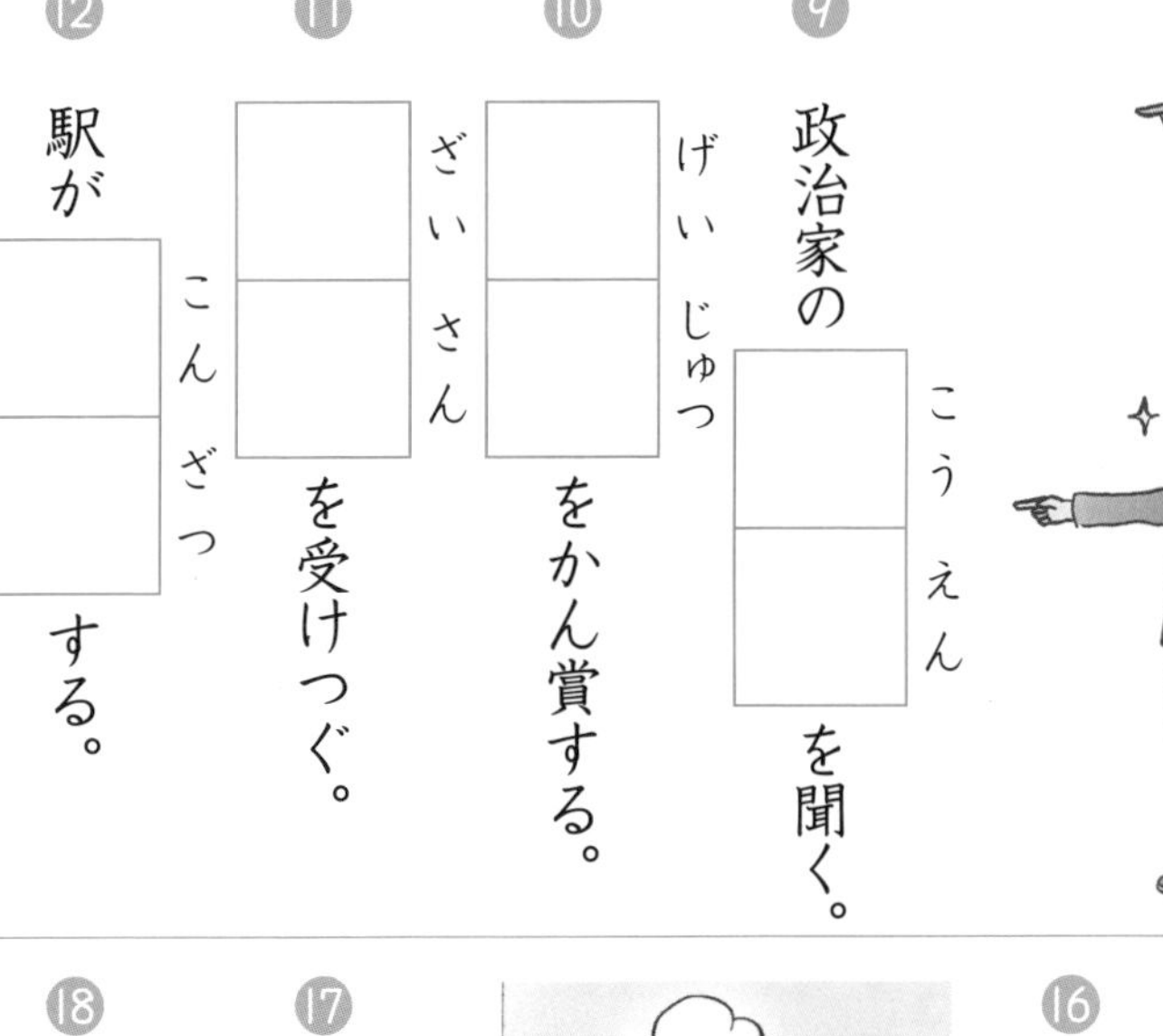

⑰ 順路□□（ひょうじ）に従う。

⑱ □□□（しょうどくえき）を使う。

古典芸能への招待状
宇宙への思い (1)

第24回　/18問

☆ □に漢字を書きましょう。〔　〕には、漢字とひらがなを書きましょう。（☆は、新しい漢字の別の読み方です。）

古典芸能への招待状

1. □□（えんげき）やダンス。
2. 楽器の□□（えんそう）。
3. 力を□□（はっき）する。
4. □□（かんしゅう）を喜ばせる。
5. 古典芸能を継（けい）□（しょう）する。

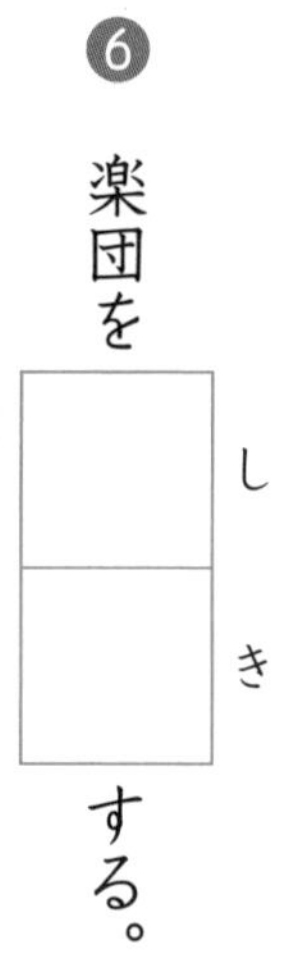

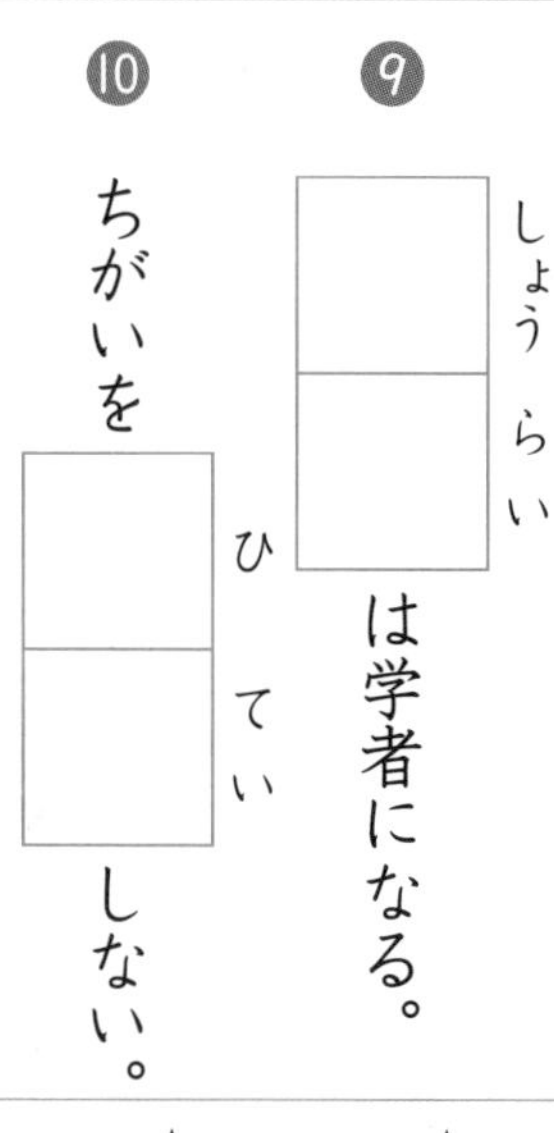

6. 楽団を□□（しき）する。
7. □□□（しゅうぎいん）の解散。
8. 危険を□□（しょうち）で行く。

宇宙への思い (1)

9. □□（しょうらい）は学者になる。
10. ちがいを□□（ひてい）しない。

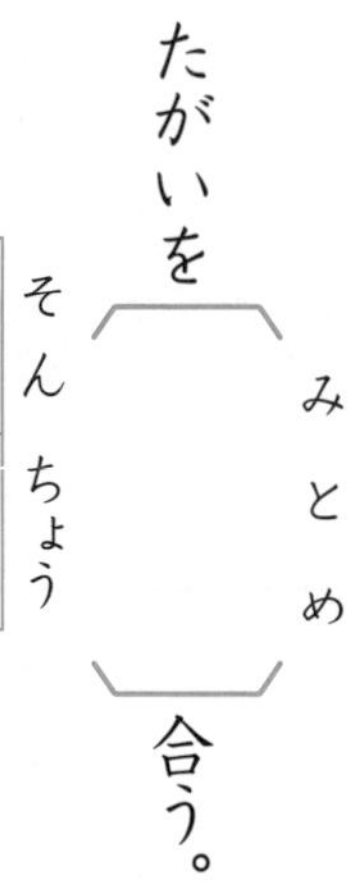

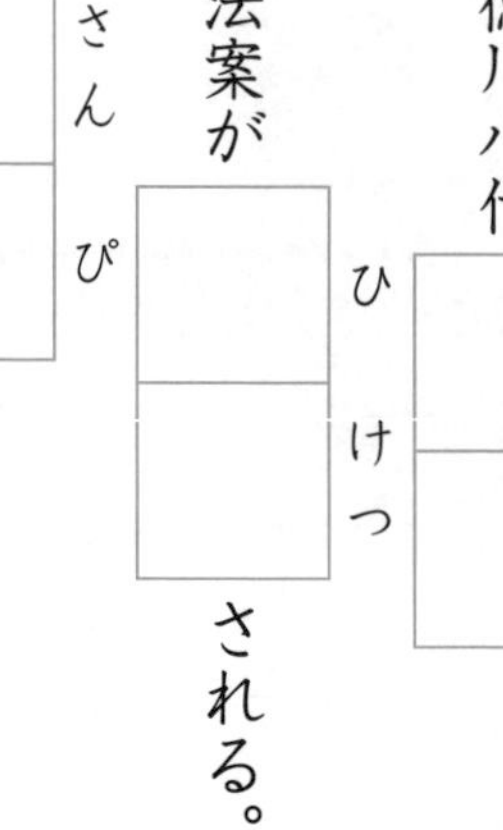

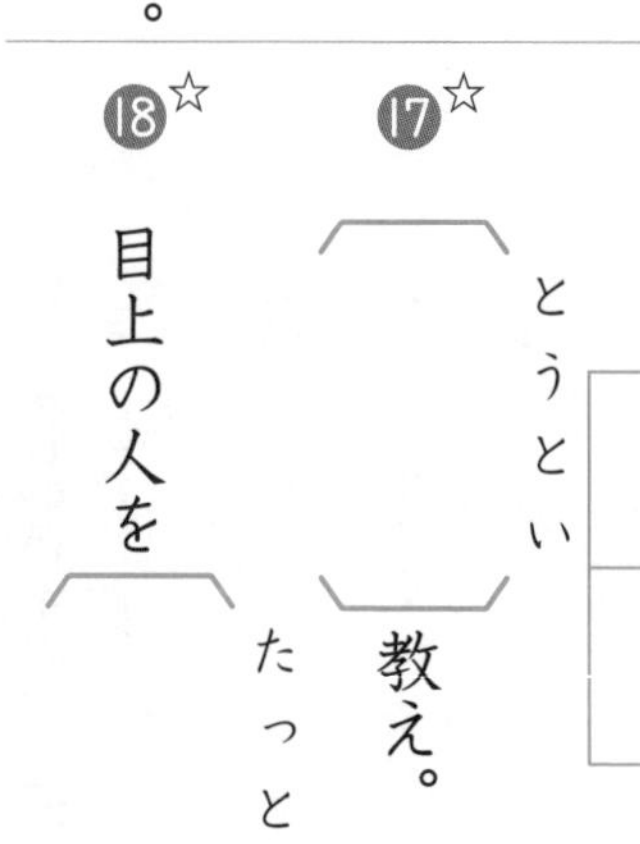

11. たがいを〔　　〕（みとめ）合う。
12. 相手を□□（そんちょう）する。
13. 徳川（とくがわ）八代□□（しょうぐん）。
14. 法案が□□（ひけつ）される。
15. □□（さんぴ）を問う。
16. 兄を□□（そんけい）する。
17. ☆〔　　〕（とうとい）教え。
18. ☆目上の人を〔　　〕（たっとぶ）。

宇宙への思い（2）漢字を使おう９（1）

第25回

/16問

☆ □に漢字を書きましょう。〔　〕には、漢字とひらがなを書きましょう。（☆は、新しい漢字の別の読み方です。）

宇宙への思い（2）

① 避（ひ）□□（なんじょ）での生活。

② □□（われわれ）生命の誕生。

③ □□（きちょう）な小惑（わく）星。

④ □□（こんなん）な状況（きょう）。

⑤ □□□（ききんぞく）を買う。

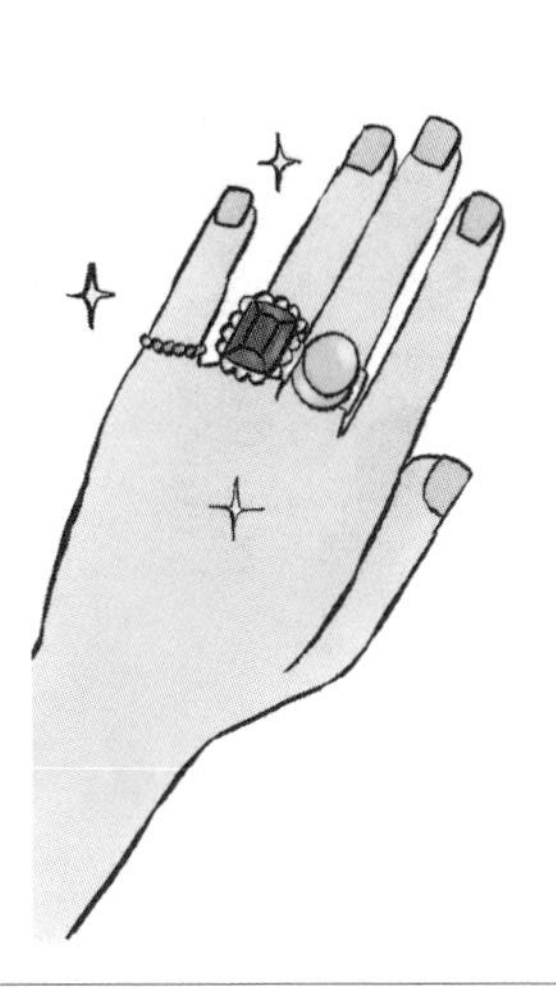

⑥☆ 〔　　〕（むずかしい）問題。

漢字を使おう９（1）

⑦ 他にも□□（しょせつ）がある。

⑧ □□□（おやこうこう）な子。

⑨ □（かん）ばつで野菜が育たない。

⑩ □（ばん）ご飯を用意する。

⑪ □（まく）を開ける。

⑫ つり糸を〔　　〕（たらす）。

⑬ 作家の□□（ばんねん）の作品。

⑭☆ ふとんを〔　　〕（ほす）。

⑮☆ 江戸（えど）□□（ばくふ）。

⑯☆ □□（すいちょく）に交わる。

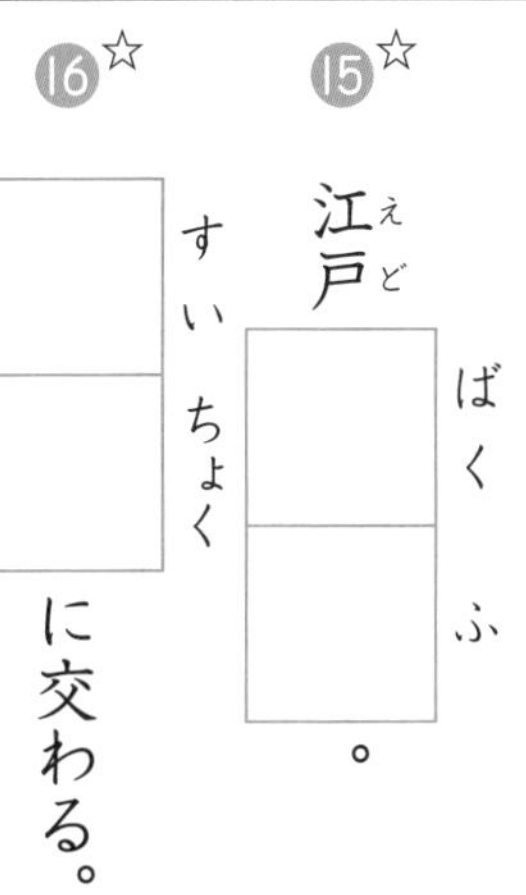

漢字を使おう９　(2)
どう立ち向かう？　もしもの世界

/18問

第26回

☆ □に漢字を書きましょう。〔　〕には、漢字とひらがなを書きましょう。

漢字を使おう９　(2)

① 意見を〔のべる〕。

② (たいし)をいだく。

③ (たいど)が悪い。

④ (せい)いっぱい走る。

⑤ (じゅぎょう)を受ける。

⑥ 毎日の生活(しゅうかん)。

⑦ (せいせき)が上がる。

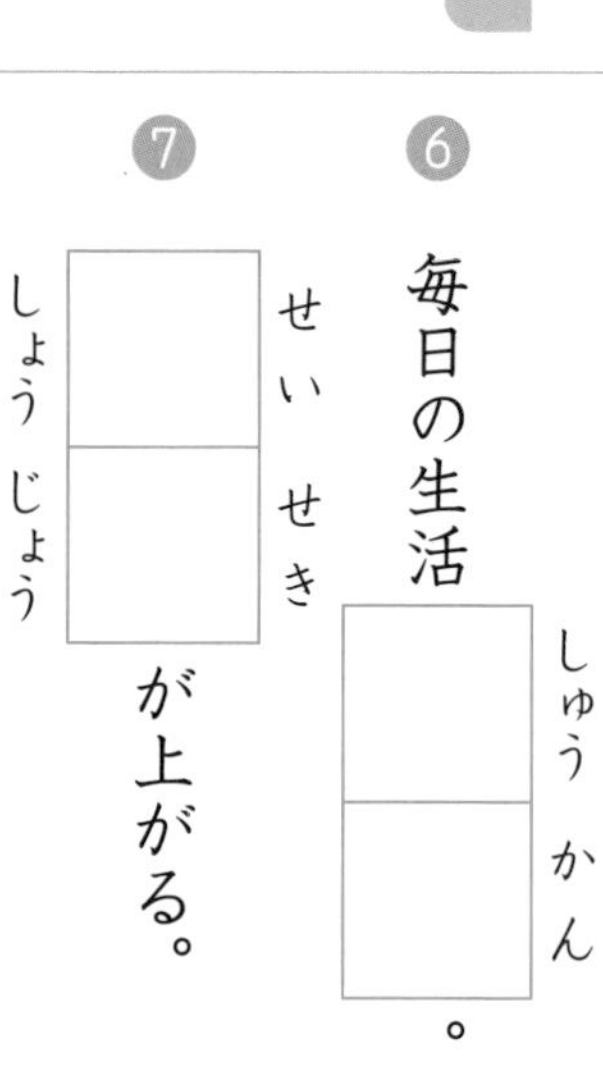

⑧ (しょうじょう)を受け取る。

⑨ (こせい)を尊重する。

⑩ (とくい)な教科。

⑪ 貴重な(けいけん)。

⑫ (じきゅうそう)の記録。

⑬ 心の〔ささえ〕となる言葉。

どう立ち向かう？　もしもの世界

⑭ 多面的に(けんとう)する。

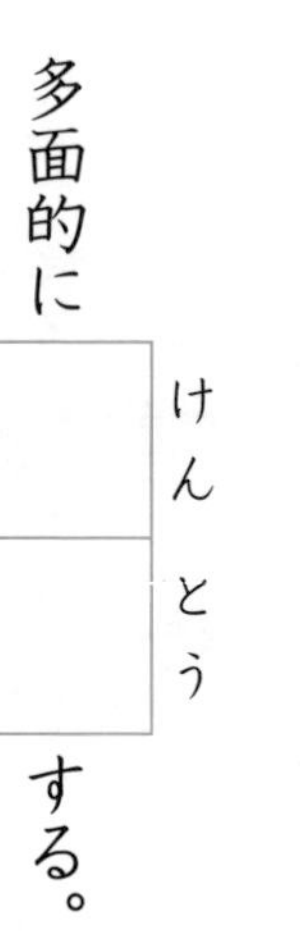

⑮ 感染(せん)が(かくだい)する。

⑯ (とうろん)を行う。

⑰ 情報が(かくさん)する。

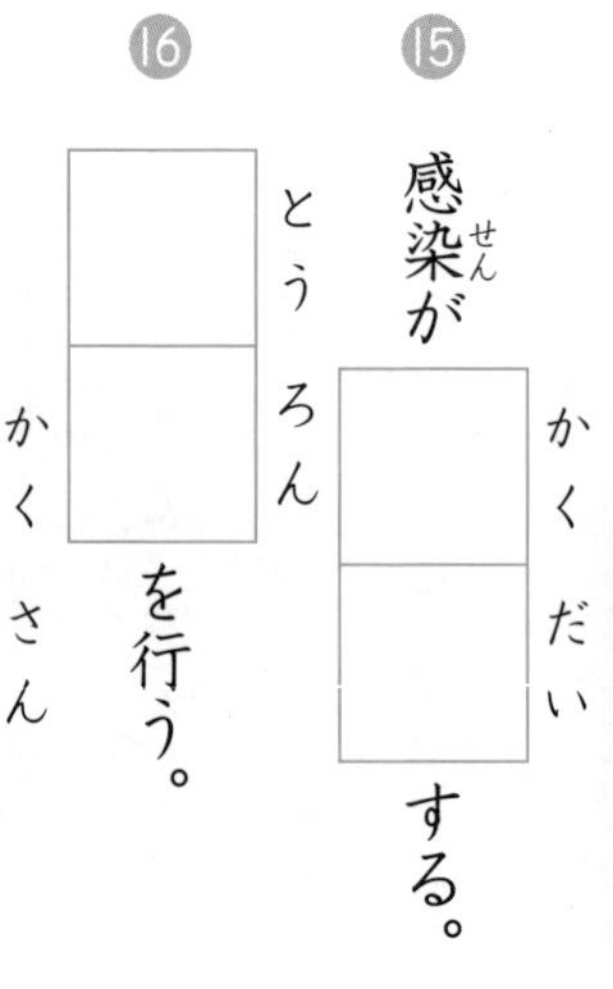

⑱ 道路を(かくちょう)する。

答え

第1回

①簡単 ②道筋 ③筋肉
④窓 ⑤一枚 ⑥宣言
⑦幼虫 ⑧変革 ⑨裏
⑩並んで ⑪視界 ⑫痛い
⑬敬遠 ⑭改革 ⑮敬語
⑯車窓 ⑰幼い ⑱並木道
⑲頭痛 ⑳敬う

第2回

①敵 ②降口 ③姿
④胸 ⑤吸う ⑥呼び
⑦忘れて ⑧閉じる
⑨朗読 ⑩敵 ⑪降水量
⑫呼ぶ ⑬明朗 ⑭降りる
⑮降る ⑯姿勢 ⑰度胸
⑱呼吸 ⑲閉店 ⑳閉める

第3回

①創作 ②候補 ③拝借
④郵便 ⑤就任 ⑥仁術
⑦土俵 ⑧紅茶 ⑨紅花
⑩縮尺 ⑪縮む ⑫班
⑬補助 ⑭参拝 ⑮郵送
⑯就職 ⑰短縮 ⑱補う
⑲拝む ⑳米俵

第4回

①旧駅舎 ②測量 ③運河
④改修 ⑤桜 ⑥枝
⑦弁当 ⑧幹 ⑨設置
⑩飼い ⑪勢い ⑫囲い
⑬採集 ⑭肥料 ⑮庭師
⑯自画自賛 ⑰停留所
⑱余る

第5回

①地域 ②展示 ③郷土
④映像 ⑤展覧会 ⑥流域
⑦発展 ⑧故郷 ⑨映画
⑩観覧車 ⑪映る
⑫異 ⑬異常 ⑭異議
⑮熟語 ⑯電車賃 ⑰熟読

第6回

①加盟国 ②警察署
③養蚕業 ④真善美
⑤臨時列車 ⑥宇宙
⑦意欲的 ⑧穀倉地帯
⑨同盟 ⑩警報 ⑪警告
⑫署名 ⑬善良 ⑭善悪
⑮臨海 ⑯宙 ⑰食欲
⑱穀物 ⑲蚕
⑳善い（良い）

第7回

①遺 ②乳 ③樹木
④蔵 ⑤宗教 ⑥刻
⑦恩 ⑧推定 ⑨存在
⑩暮らし ⑪供給
⑫生態系 ⑬遺産 ⑭牛乳
⑮冷蔵庫 ⑯時刻
⑰銀河系 ⑱乳 ⑲刻む
⑳保存 ㉑供える ㉒供

第8回

①誤る ②傷 ③厳しい
④論 ⑤段落 ⑥結論
⑦階段 ⑧誤字 ⑨重傷
⑩厳重
⑪胃 ⑫腸 ⑬肺
⑭脳 ⑮心臓 ⑯舌
⑰行く ⑱後 ⑲戸外
⑳家来

第9回

①気象 ②接近 ③暴風雨
④気圧 ⑤過去 ⑥現在
⑦燃える ⑧行政 ⑨税金
⑩備える ⑪導 ⑫非常食
⑬毛布 ⑭衛生的 ⑮火災
⑯救助 ⑰酸素 ⑱迷う

第10回

①私 ②危機 ③対策
④危険 ⑤策略 ⑥私語
⑦危ない
⑧卵 ⑨割れる ⑩洗う
⑪机 ⑫誕生日 ⑬砂糖
⑭洗顔 ⑮砂場
⑯暖かい ⑰温暖

第11回

①若い ②巻く ③訳
④背 ⑤片 ⑥若者
⑦背筋 ⑧片手 ⑨巻末
⑩絵巻 ⑪通訳 ⑫背景
⑬背
⑭応急処置 ⑮雑誌

答え

⑯歌詞　⑰誠実　⑱忠誠
⑲亡　⑳処理

第12回

①歴史　②保護　③建築
④鳥居　⑤招く　⑥感謝
⑦広告　⑧興味　⑨質問
⑩横断歩道
⑪負担　⑫価値　⑬激しい
⑭疑う　⑮故障　⑯担任
⑰障害物　⑱値段　⑲感激
⑳疑問

第13回

①俳句　②探す　③探検
④沿う　⑤届く　⑥沿線
⑦株　⑧看板　⑨星座
⑩盛り　⑪発券　⑫専門
⑬玉座　⑭読本
⑮株式会社
⑯看護師（看護士）
⑰正座　⑱乗車券　⑲専用

第14回

①比べる　②旅費　③往復
④日程　⑤順序　⑥貯金
⑦航海　⑧辺境　⑨夢
⑩快適　⑪紀行文　⑫営業
⑬単独行動　⑭価格
⑮似顔絵　⑯夫妻　⑰容器
⑱移動

第15回

①模型　②単純　③転勤
④潮　⑤鉄骨　⑥棒
⑦穴　⑧地層　⑨興奮
⑩延びる　⑪銭湯　⑫模様
⑬勤務　⑭高層　⑮大規模
⑯勤める　⑰風潮　⑱骨
⑲奮う　⑳延期

第16回

①鉄鋼業　②批判　③操作
④三つ　⑤六月　⑥六つ
⑦八つ　⑧十人十色
⑨体操　⑩国際化
⑪小麦粉　⑫利益　⑬金額
⑭増減　⑮貿易　⑯輸入
⑰豊作　⑱綿花　⑲山脈
⑳織物　㉑製品

第17回

①困った　②回収
③捨てる　④包装　⑤資源
⑥法律　⑦従う　⑧済み
⑨収入　⑩服装　⑪電源
⑫規律　⑬困　⑭収める
⑮四捨五入　⑯源
⑰従業員　⑱経済
⑲著作権　⑳権利

第18回

①一冊
②腹部　③縦断　④納める
⑤秘密　⑥流派　⑦源泉
⑧満腹　⑨操縦　⑩神秘的
⑪密接　⑫立派　⑬温泉
⑭腹　⑮縦　⑯納税
⑰収納　⑱泉

第19回

①貧しい　②効率　③機能
④証明　⑤故障　⑥義務
⑦喜ぶ　⑧原因　⑨検査
⑩仮説　⑪総力戦　⑫付属
⑬責任者　⑭新型　⑮着眼
⑯技術　⑰構造
⑱確かめる

第20回

①家庭訪問　②絹糸
③除く　④宅配便　⑤蒸気
⑥聖火　⑦自宅　⑧蒸発
⑨聖書　⑩訪ねる　⑪除夜
⑫針　⑬宝石　⑭灰色
⑮優　⑯国宝　⑰火山灰
⑱優勝　⑲秒針　⑳宝

第21回

①乱す　②染まる
③預かる　④退く　⑤一寸
⑥射る　⑦磁石　⑧寸法
⑨乱暴　⑩預金　⑪引退
⑫反射　⑬再生　⑭出版社

⑮提出 ⑯破損 ⑰情報
⑱厚い ⑲評判 ⑳知識
㉑複写 ㉒禁止

第22回

①天皇 ②皇后 ③陛下
④政党 ⑤内閣 ⑥省庁
⑦裁判所 ⑧憲法 ⑨自己
⑩翌朝 ⑪山頂 ⑫皇居
⑬天守閣 ⑭県庁 ⑮裁断
⑯翌日 ⑰頂点 ⑱裁く
⑲頂く ⑳頂

第23回

①至る ②至急 ③武士
④職業 ⑤犯罪 ⑥防止
⑦殺風景 ⑧銅像 ⑨講演
⑩芸術 ⑪財産 ⑫混雑
⑬制限 ⑭略図 ⑮規則
⑯清潔 ⑰表示 ⑱消毒液

第24回

①演劇 ②演奏 ③発揮
④観衆 ⑤承 ⑥指揮
⑦衆議院 ⑧承知

---

⑨将来 ⑩否定 ⑪認め
⑫尊重 ⑬将軍 ⑭否決
⑮賛否 ⑯尊敬 ⑰尊い
⑱尊ぶ

第25回

①難所 ②我々（我我）
③貴重 ④困難 ⑤貴金属
⑥難しい
⑦諸説 ⑧親孝行 ⑨干
⑩晩 ⑪幕 ⑫垂らす
⑬晩年 ⑭干す ⑮幕府
⑯垂直

第26回

①述べる ②大志 ③態度
④精 ⑤授業 ⑥習慣
⑦成績 ⑧賞状 ⑨個性
⑩得意 ⑪経験 ⑫持久走
⑬支え
⑭検討 ⑮拡大 ⑯討論
⑰拡散 ⑱拡張

四字熟語（よじじゅくご）

性格や気持ちなどを表すもの

意気投合（いきとうごう）
● 考えや気持ちがぴったりと合うこと。

以心伝心（いしんでんしん）
● 言葉に出さなくても、心が通じ合うこと。

一日千秋（いちじつせんしゅう）
● とても待ち遠しいこと。
注「いちにちせんしゅう」とも読む。

我田引水（がでんいんすい）
● 物事を自分に都合がいいようにもっていくこと。
注「他人のことを考えず、自分の田だけに水を引く」の意味。

疑心暗鬼（ぎしんあんき）
● 一度疑い出すと、何もかもが疑わしく思えてしまうこと。

心機一転（しんきいってん）
● あることをきっかけに、気持ちを新たにすること。
注「新機一転」「心気一転」としないように。

行動の様子などを表すもの

異口同音（いくどうおん）
● 大勢の人が同じことを言うこと。大勢の人の意見がそろうこと。
注「異句同音」としないように。

言語道断（ごんごどうだん）
● あきれて言葉も出ないくらいひどいこと。
注「げんごどうだん」としないように。

自画自賛（じがじさん）
● 自分のしたことを自分でほめること。

針小棒大（しんしょうぼうだい）
● 小さなことをおおげさに言うこと。
注「針ほどの小さなことを棒ほどに大きく言う」の意味。

単刀直入（たんとうちょくにゅう）
● 前置きなしに、いきなり本題に入ること。
注「短刀直入」としないように。

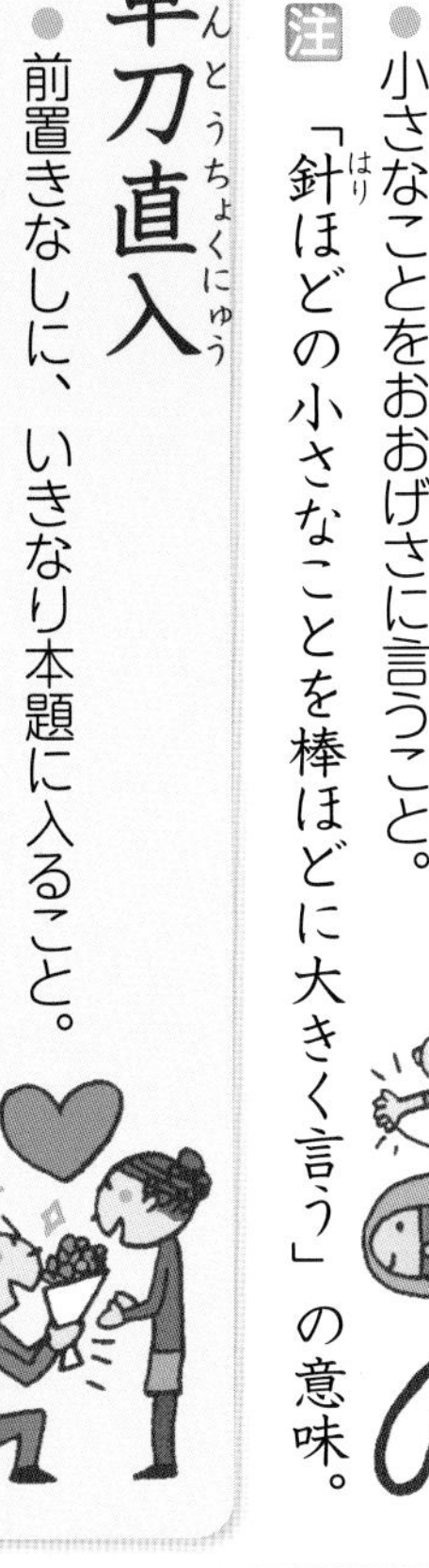

無我夢中（むがむちゅう）
● 他のことを忘れ、一生けんめいになること。

臨機応変（りんきおうへん）
● 時と場の変化に対応して、適切な処置をすること。

時間や経験に関係するもの

一朝一夕（いっちょういっせき）
● わずかな期間のこと。
注 ひと朝とひと晩のことから。

空前絶後（くうぜんぜつご）
● 今までに例がなく、今後も起こらないと思えるほど、めずらしいこと。

前代未聞（ぜんだいみもん）
● 今まで一度も聞いたことがないような、めずらしいこと。

大器晩成（たいきばんせい）
● 大人物は、立派になるまで時間がかかるということ。
注「大きな器は簡単にはできあがらない」の意味。

電光石火（でんこうせっか）
● 非常に短い時間。また、動作や行動が速いこと。
注「かみなりや火打ち石の火花のような、一瞬の光」の意味。

日進月歩（にっしんげっぽ）
● 絶え間なく進歩すること。
注「日新月歩」としないように。

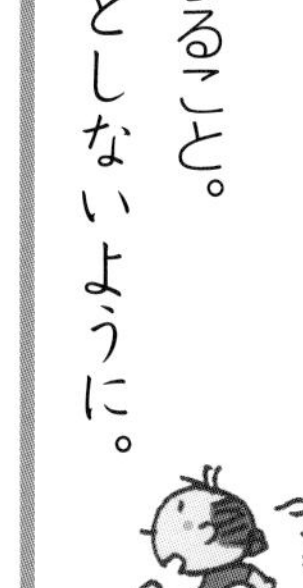

その場の様子を表すもの

危機一髪（ききいっぱつ）
● 危険がすぐそばまで近づいている状態。
注「危険が髪の毛一本ほどのところまでせまっている」の意味。

起死回生（きしかいせい）
● 非常に悪い状態のものを立ち直らせること。

絶体絶命（ぜったいぜつめい）
● どうにもにげられない、追いつめられた状態。
注「絶対絶命」としないように。

ちがいを表すもの

十人十色（じゅうにんといろ）
● 好みや考えは人それぞれちがうということ。
注「じゅうにんじっしょく」としないように。

千差万別（せんさばんべつ）
● 多くのものがあって、それぞれにちがいがあること。

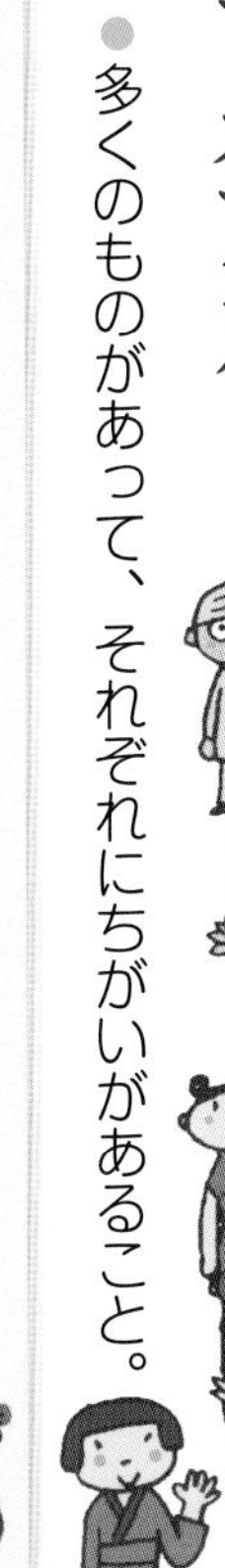

大同小異（だいどうしょうい）
● 小さなちがいはあるが、だいたい同じであること。

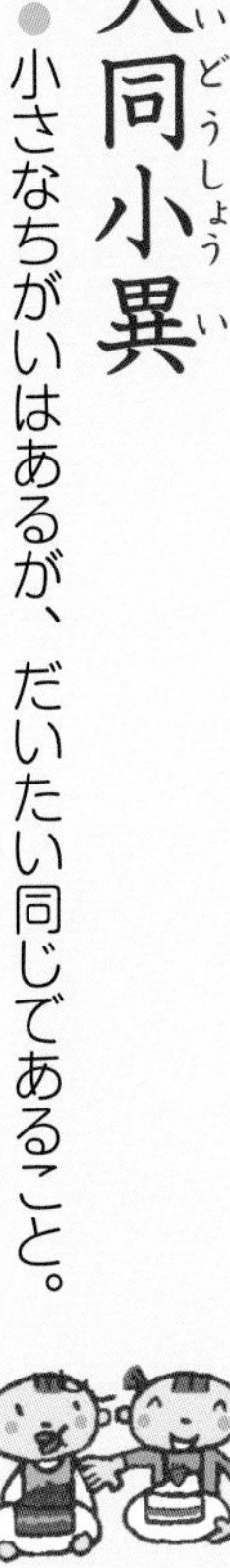

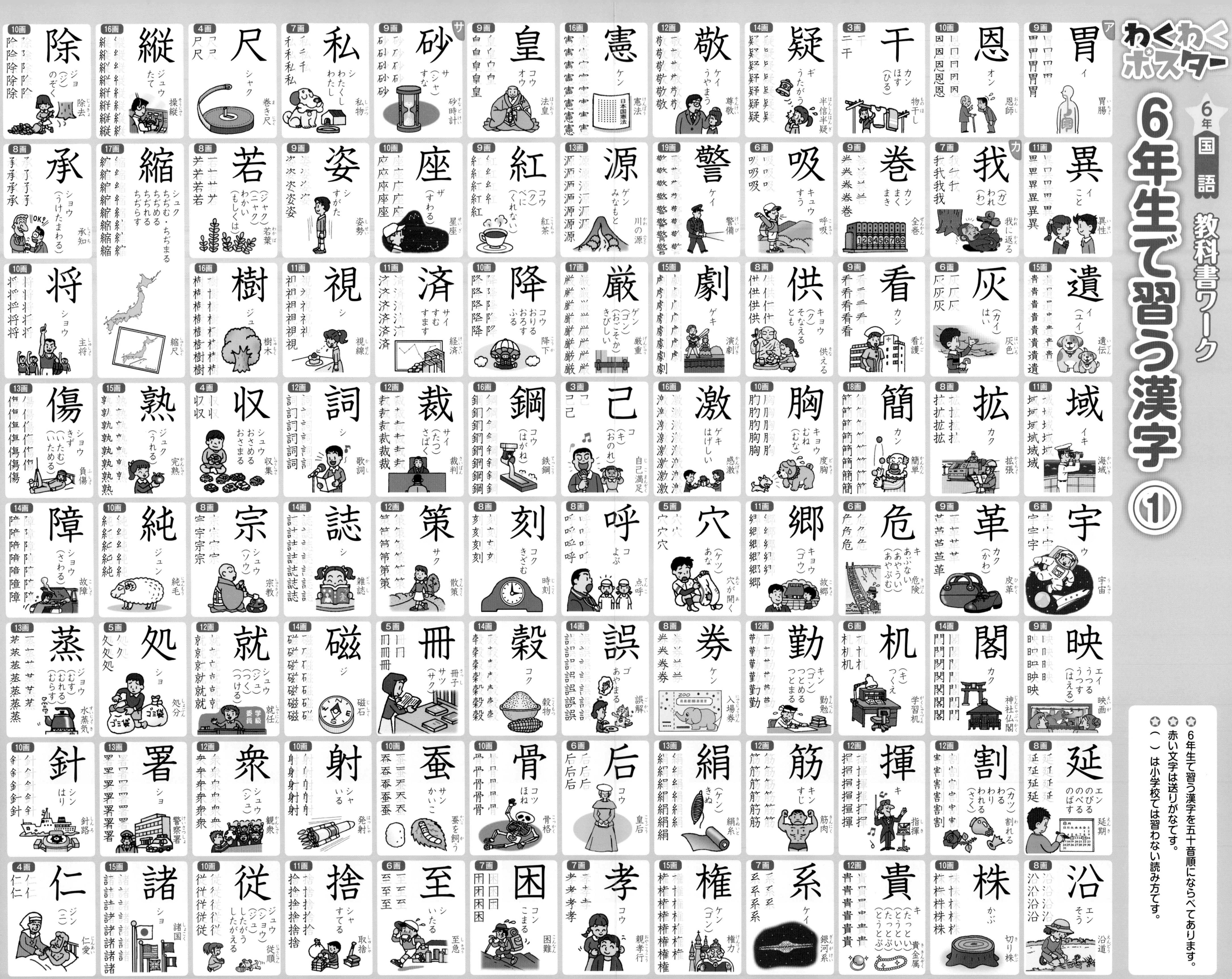
わくわくポスター
6年 国語
教科書ワーク
6年生で習う漢字①
ア
9画 胃 イ 胃腸
10画 恩 オン 恩師
3画 干 カン ほす （ひる） 物干し
14画 疑 ギ うたがう 半信半疑
12画 敬 ケイ うやまう 尊敬
16画 憲 ケン 憲法
9画 皇 コウ オウ 法皇
サ
9画 砂 サ （シャ） すな 砂時計
7画 私 シ わたくし わたし 私物
4画 尺 シャク 巻き尺
16画 縦 ジュウ たて 操縦
10画 除 ジョ （ジ） のぞく 除去
11画 異 イ こと 異性
カ
7画 我 （ガ） われ （わ） 我に返る
9画 巻 カン まく まき 全巻
6画 吸 キュウ すう 呼吸
19画 警 ケイ 警備
13画 源 ゲン みなもと 川の源
9画 紅 コウ （ク） べに （くれない） 紅茶
10画 座 ザ （すわる） 星座
9画 姿 シ すがた 姿勢
8画 若 （ジャク） （ニャク） わかい （もしくは） 若葉
17画 縮 シュク ちぢむ・ちぢまる ちぢめる ちぢれる ちぢらす 縮尺
8画 承 ショウ （うけたまわる） 承知
15画 遺 イ （ユイ） 遺伝
6画 灰 （カイ） はい 灰色
9画 看 カン 看護
8画 供 キョウ （ク） そなえる とも 供える
15画 劇 ゲキ 演劇
17画 厳 ゲン （ゴン） （おごそか） きびしい 厳重
10画 降 コウ おりる おろす ふる 降下
11画 済 サイ すむ すます 経済
11画 視 シ 視線
16画 樹 ジュ 樹木
10画 将 ショウ 主将
11画 域 イキ 海域
8画 拡 カク 拡張
18画 簡 カン 簡単
10画 胸 キョウ むね （むな） 度胸
16画 激 ゲキ はげしい 感激
3画 己 コ （キ） （おのれ） 自己満足
16画 鋼 コウ （はがね） 鉄鋼
12画 裁 サイ （たつ） さばく 裁判
12画 詞 シ 歌詞
4画 収 シュウ おさめる おさまる 収集
15画 熟 ジュク （うれる） 完熟
13画 傷 ショウ きず （いたむ） （いためる） 負傷
6画 宇 ウ 宇宙
9画 革 カク （かわ） 皮革
6画 危 キ あぶない （あやうい） （あやぶむ） 危険
11画 郷 キョウ （ゴウ） 故郷
5画 穴 （ケツ） あな 穴が開く
8画 呼 コ よぶ 点呼
8画 刻 コク きざむ 時刻
12画 策 サク 散策
14画 誌 シ 雑誌
8画 宗 シュウ （ソウ） 宗教
10画 純 ジュン 純毛
14画 障 ショウ （さわる） 故障
9画 映 エイ うつる うつす （はえる） 映画
14画 閣 カク 神社仏閣
6画 机 （キ） つくえ 学習机
12画 勤 キン （ゴン） つとめる つとまる 勤勉
8画 券 ケン 入場券
14画 誤 ゴ あやまる 誤解
14画 穀 コク 穀物
5画 冊 サツ （サク） 冊子
14画 磁 ジ 磁石
12画 就 シュウ （ジュ） （つく） （つける） 就任
5画 処 ショ 処分
13画 蒸 ジョウ （むす） （むれる） （むらす） 水蒸気
8画 延 エン のびる のべる のばす 延期
12画 割 （カツ） わる わり われる （さく） 割れる
12画 揮 キ 指揮
12画 筋 キン すじ 筋肉
13画 絹 （ケン） きぬ 絹糸
6画 后 コウ 皇后
10画 骨 コツ ほね 骨格
10画 蚕 サン かいこ 蚕を飼う
10画 射 シャ いる 発射
12画 衆 シュウ （シュ） 観衆
13画 署 ショ 警察署
10画 針 シン はり 針路
8画 沿 エン そう 沿道
10画 株 かぶ 切り株
12画 貴 キ （たっとい） （とうとい） （たっとぶ） （とうとぶ） 貴金属
7画 系 ケイ 銀河系
15画 権 ケン （ゴン） 権力
7画 孝 コウ 親孝行
7画 困 コン こまる 困難
6画 至 シ いたる 至急
11画 捨 シャ すてる 取捨
10画 従 ジュウ （ショウ） （ジュ） したがう したがえる 従順
15画 諸 ショ 諸国
4画 仁 ジン （ニ） 仁愛
☆6年生で習う漢字を五十音順にならべてあります。
☆赤い文字は送りがなです。
☆（ ）は小学校では習わない読み方です。

故事成語

五十歩百歩

意味 少しのちがいはあるが、大きなちがいではないこと。

由来 孟子という人物が、となりの国の王様よりもよく国を治めているつもりの王様に、「戦場で、五十歩にげた兵が、百歩にげた兵を笑ったとしたらどうか。」ときいた。王様は「どちらも戦場からにげたことに変わりはない。」と答え、自分の国ととなりの国がほとんど変わらないことに気づいた。

蛇足

意味 必要のないものをつけ加えること。

由来 だれがへびの絵をいちばん早くかけるか、競争をした。いちばん早くかいた男が、調子に乗ってへびに足をかいた。すると、二番目にかきあげた男に、「へびに足はないのに、なぜ足がかけるんだ。」と言われて、負けてしまった。

漁夫の利

意味 二人が争っている間に、関係のない他の人が、苦労せずに得をすること。

由来 蘇代という人物が、ある国をせめようとする王様に、「鳥が貝の肉を食べようとすると、貝はからをとじて、鳥のくちばしをはさんだ。たがいに相手をはなさずにいると、漁師が通りかかり、両方をつかまえてしまった。」というたとえ話をして、せめることを思いとどまらせた。

矛盾

意味 つじつまが合わないこと。りくつに合わないこと。

由来 矛（先のとがった武器）と盾を売る人が、矛はするどく、なんでもつき通すし、盾はかたくて、これをつき通せるものはないとじまんした。そこで、そこにいた人が「その矛でその盾をつくとどうなるのか。」ときくと、この人は答えられなかった。

背水の陣

意味 にげられない場所に身を置いて、必死に取り組むこと。

由来 韓信という将軍は、戦いのとき、わざと川を後ろにして陣地を張った。兵たちは、後ろに下がることができないので、必死に戦い、敵をやぶった。

朝三暮四

意味 目の前のちがいに気をとられて、同じ結果であると気づかないこと。

由来 さるの飼い主が、さるのえさを減らそうとした。えさのとちの実を朝に三つ、夕方に四つやろうと言ったら、さるたちがおこったので、とちの実を朝に四つ、夕方に三つにしようと言ったら、さるたちは喜んだ。

推敲

意味 詩や文章の言葉を、よりよくしようと、何度も書き直すこと。

由来 賈島という詩人は、詩の中の言葉を「推す」にしようか「敲く」にしようかと、夢中になって考えていて、都の長官の韓愈の行列にぶつかってしまった。賈島が理由を話すと、韓愈は「敲く」がよいだろうと言った。

蛍雪の功

意味 苦労して勉強し、成果を上げること。

由来 車胤という人は貧しくて、明かりの油が買えなかったので、蛍の光で勉強した。また、孫康という人も貧しかったので、雪明かりで勉強した。やがて、この二人はともに出世した。

杞憂

意味 必要のないことをあれこれ心配すること。

由来 杞の国に、天がくずれ落ちてこないかと心配して、食べ物がのどを通らない人がいた。

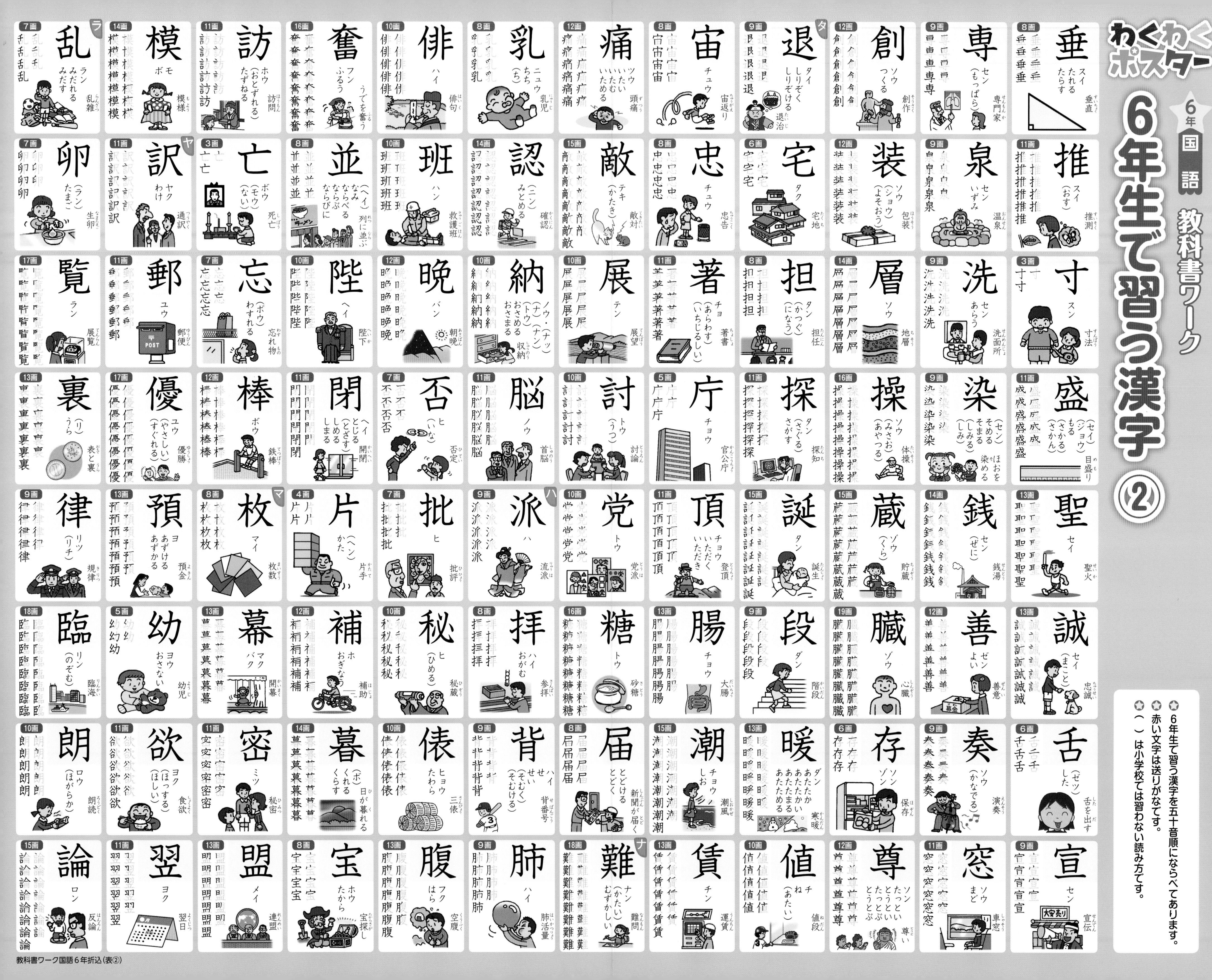
わくわくポスター
6年 国語
教科書ワーク
6年生で習う漢字 ②
☆6年生で習う漢字を五十音順にならべてあります。
☆赤い文字は送りがなです。
☆（ ）は小学校では習わない読み方です。
垂 8画 スイ たれる たらす 垂直
推 11画 スイ （おす） 推測
寸 3画 スン 寸法
盛 11画 （セイ）（ジョウ） もる （さかる）（さかん） 目盛り
聖 13画 セイ 聖火
誠 13画 セイ （まこと） 忠誠
舌 6画 （ゼツ） した 舌を出す
宣 9画 セン 宣伝
大安売り
専 9画 セン （もっぱら） 専門家
泉 9画 セン いずみ 温泉
洗 9画 セン あらう 洗面所
染 9画 （セン） そめる そまる （しみる）（しみ） ほおを染める
銭 14画 セン （ぜに） 銭湯
善 12画 ゼン よい 善意
奏 9画 ソウ （かなでる） 演奏
窓 11画 ソウ まど 車窓
創 12画 ソウ つくる 創作
装 12画 ソウ （ショウ） （よそおう） 包装
層 14画 ソウ 地層
操 16画 ソウ （みさお）（あやつる） 体操
蔵 15画 ゾウ （くら） 貯蔵
臓 19画 ゾウ 心臓
存 6画 ソン ゾン 保存
尊 12画 ソン たっとい とうとい たっとぶ とうとぶ 尊い
退 9画 タイ しりぞく しりぞける 退治
宅 6画 タク 宅地
担 8画 タン （かつぐ）（になう） 担任
探 11画 タン （さぐる） さがす 探知
誕 15画 タン 誕生
段 9画 ダン 階段
暖 13画 ダン あたたか あたたかい あたたまる あたためる 寒暖
値 10画 チ ね （あたい） 値段
宙 8画 チュウ 宙返り
忠 8画 チュウ 忠告
著 11画 チョ （あらわす）（いちじるしい） 著書
庁 5画 チョウ 官公庁
頂 11画 チョウ いただく いただき 登頂
腸 13画 チョウ 大腸
潮 15画 チョウ しお 潮風
賃 13画 チン 運賃
痛 12画 ツウ いたい いたむ いためる 頭痛
敵 15画 テキ （かたき） 敵対
展 10画 テン 展望
討 10画 トウ （うつ） 討論
党 10画 トウ 党派
糖 16画 トウ 砂糖
届 8画 とどける とどく 新聞が届く
難 18画 ナン （かたい） むずかしい 難問
乳 8画 ニュウ ちち （ち） 乳児
認 14画 （ニン） みとめる 確認
納 10画 ノウ・（ナッ） （ナ）（ナン） （トウ） おさめる おさまる 収納
脳 11画 ノウ 首脳
派 9画 ハ 流派
拝 8画 ハイ おがむ 参拝
背 9画 ハイ せ せい （そむく） （そむける） 背番号
肺 9画 ハイ 肺活量
俳 10画 ハイ 俳句
班 10画 ハン 救護班
晩 12画 バン 朝晩
否 7画 ヒ （いな） 否定
批 7画 ヒ 批評
秘 10画 ヒ （ひめる） 秘蔵
俵 10画 ヒョウ たわら 三俵
腹 13画 フク はら 空腹
奮 16画 フン ふるう うでを奮う
並 8画 （ヘイ） なみ ならべる ならぶ ならびに 列に並ぶ
ラーメン
陛 10画 ヘイ 陛下
閉 11画 ヘイ とじる （とざす） しめる しまる 開閉
片 4画 （ヘン） かた 片手
補 12画 ホ おぎなう 補助
暮 14画 （ボ） くれる くらす 日が暮れる
宝 8画 ホウ たから 宝探し
訪 11画 ホウ （おとずれる） たずねる 訪問
亡 3画 ボウ （モウ） （ない） 死亡
忘 7画 （ボウ） わすれる 忘れ物
棒 12画 ボウ 鉄棒
枚 8画 マイ 枚数
幕 13画 マク バク 開幕
密 11画 ミツ 秘密
盟 13画 メイ 連盟
模 14画 モ ボ 模様
訳 11画 ヤク わけ 通訳
郵 11画 ユウ 郵便
POST
優 17画 ユウ （やさしい） （すぐれる） 優勝
預 13画 ヨ あずける あずかる 預金
幼 5画 ヨウ おさない 幼児
欲 11画 ヨク （ほっする） （ほしい） 食欲
翌 11画 ヨク 翌日
乱 7画 ラン みだれる みだす 乱雑
卵 7画 （ラン） たまご 生卵
覧 17画 ラン 展覧
裏 13画 （リ） うら 表と裏
律 9画 リツ （リチ） 規律
臨 18画 リン （のぞむ） 臨海
朗 10画 ロウ （ほがらか） 朗読
論 15画 ロン 反論
教科書ワーク国語6年折込（表②）

東京書籍版

国語6年

コードを読みとって、下の番号の動画を見てみよう。

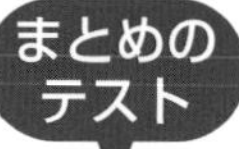

【イラスト】artbox、植木美江、かつまたひろこ、クリエイティブ・ノア、林菜々子、福留鉄夫、ユニックス
【写真提供】アフロ

基本のワーク

いのち たずね合って考えよう

教科書 見返し／14〜15ページ
答え 1ページ

勉強した日　月　日

学習の目標
●生き物は支え合っていることを読み取ろう。
●いのちがなぜ大切なのかを読み取ろう。

漢字練習ノート3ページ

新しい漢字

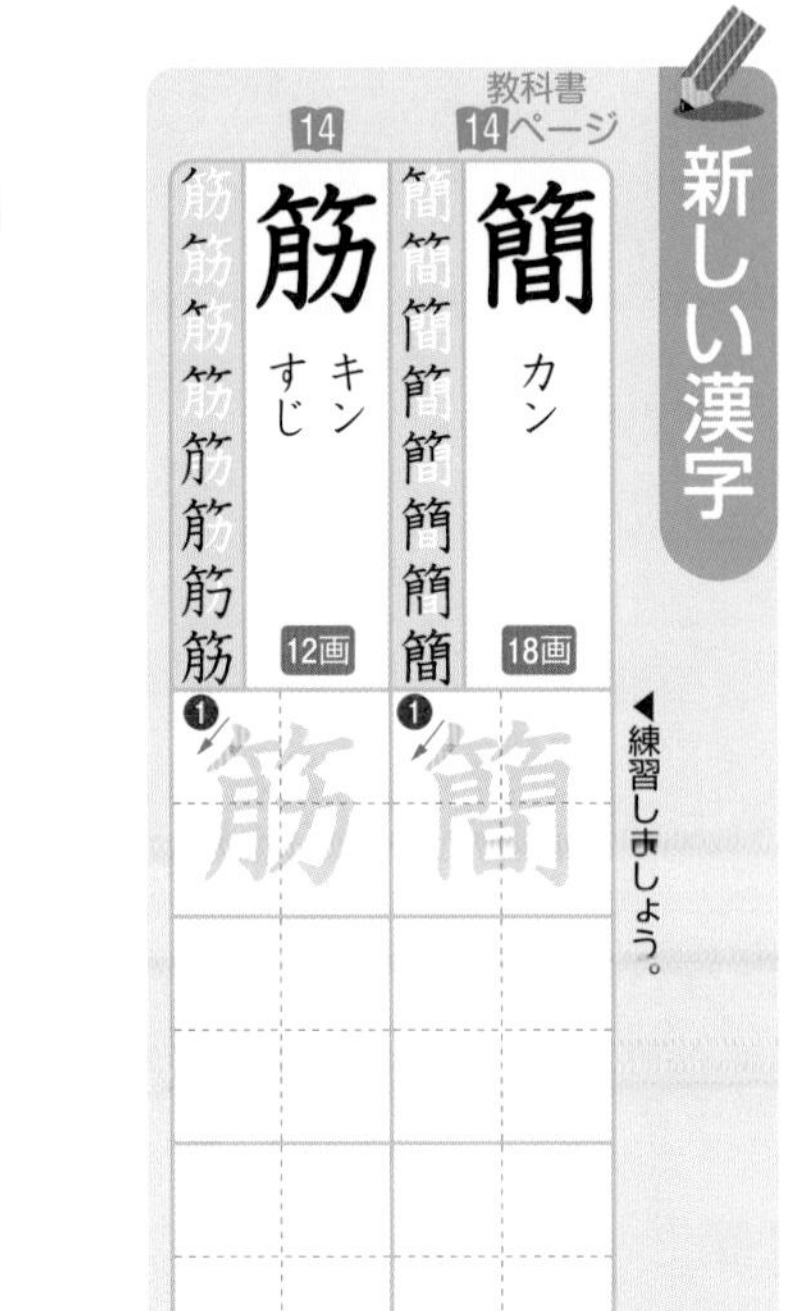

○新しい漢字
●読みかえの漢字

1 漢字の読み 読みがなを横に書きましょう。

① 簡単
② 道筋

2 漢字の書き 漢字を書きましょう。

① □□（かんたん）な問題を解く。
② 答えへの□□（みちすじ）。

3 五年生の漢字 漢字を書きましょう。

① □□（ちしき）がある。
② □（たし）かな判断。
③ 参加者を□（ふ）やす。
④ 新しい□□（ぎじゅつ）。
⑤ 許可を□（え）る。

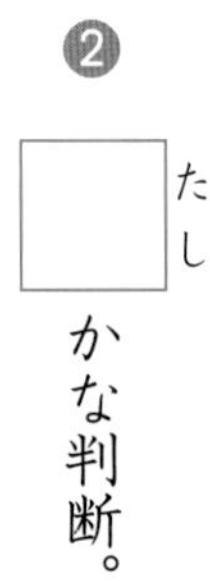

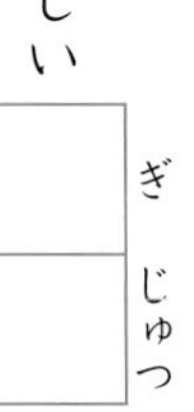

いのち

4 次の詩を読んで、問題に答えましょう。

いのち　小海永二（こかい えいじ）

花です
虫です
からだです
鳥です
草です
こころです
それらはみんないのちです
いのちは
どれも
ひとつです

いのちのふるさと（①）
地球もひとつ
風が吹き
雲の流れる地球のうえに（②）
要らないものなどありません
互いに支えているんです
見えない手を出し　声を出し
互いに支えているんです
どれもひとつで
どれにもひとつ
全部が大事ないのちです

1 1〜6行目では、同じ言葉が何度もくり返されています。その言葉を詩の中から書きぬきましょう。
（　　　　）（　　　　）

2 ①「いのちのふるさと」とは、どこですか。
（　　　　）

3 ②「地球のうえに／要らないものなどありません」とありますが、なぜですか。一つに○をつけましょう。
ア（　）地球には、いつも風が吹き、雲が流れているから。

イ（　）地球の上のどんなものも、何かを支えているから。

ウ（　）地球も、ひとつしかないいのちを持っているから。

4 よく出る● この詩で作者はどんなことを言おうとしていますか。一つに○をつけましょう。
「いのち」はどういうものかな。

ア（　）生き物は地球の上で生きているのだから、生き物よりも地球を大事にしなければいけないということ。

イ（　）植物や動物をよく観察して、見えない手を見たり、声を聞いたりしなければいけないということ。

ウ（　）生き物はみないのちをひとつしか持っていないから、いのちを大事にしなければいけないということ。

たずね合って考えよう

5 友達と、答えが簡単には見つからない問いについて話し合いをします。どのように話し合えばよいですか。（　）に合う言葉を、［　］から選んで書きましょう。
❶ テーマについて、どのように考えていけばよいかを話し合い、考えるための（　　　　）を見つける。
❷ 知識や（　　　　）をもとに考えたことを、伝え合う。
❸ 相手の考えの中で自分とことなる新しい（　　　　）や考え方があれば、ちがいをみとめて受け入れる。

［見方　経験　きっかけ］

ものしりメモ　地球ができたのは約46億年前、地球に初めて生物が生まれたのは約40億年前だといわれているよ。

朗読で表現しよう

基本のワーク

さなぎたちの教室

教科書 16～32ページ
答え 1ページ

勉強した日 月 日

学習の目標
●人物の心情の変化をとらえながら朗読しよう。
●表現のくふうに着目して、人物の様子や心情の変化を読み取ろう。

漢字練習ノート3～4ページ

新しい漢字

教科書18ページ

ページ	漢字	読み	画数	筆順
18	窓	ソウ・まど	11画	窓窓窓窓窓窓窓窓
18	枚	マイ	8画	枚枚枚枚枚枚枚枚
19	宣	セン	9画	宣宣宣宣宣宣宣宣
21	幼	ヨウ・おさない	5画	幼幼幼幼幼
21	革	カク	9画	革革革革革革革革
22	裏	うら	13画	裏裏裏裏裏裏裏裏
22	並	なみ・ならぶ・ならびに	8画	並並並並並並並並
23	視	シ	11画	視視視視視視視視
23	痛	ツウ・いたい・いたむ	12画	痛痛痛痛痛痛痛痛
24	敬	ケイ・うやまう	12画	敬敬敬敬敬敬敬敬
24	敵	テキ	15画	敵敵敵敵敵敵敵敵
25	降	コウ・おりる・ふる	10画	降降降降降降降降
26	姿	シ・すがた	9画	姿姿姿姿姿姿姿姿
27	胸	キョウ・むね	10画	胸胸胸胸胸胸胸胸
27	吸	キュウ・すう	6画	吸吸吸吸吸吸
27	呼	コ・よぶ	8画	呼呼呼呼呼呼呼呼
27	忘	わすれる	7画	忘忘忘忘忘忘忘
29	閉	ヘイ・とじる・しめる	11画	閉閉閉閉閉閉閉閉
30	朗	ロウ	10画	朗朗朗朗朗朗朗朗

◀練習しましょう。

窓 枚 宣 幼 革 裏 並
視 痛 敬 敵 降 姿 胸
吸 呼 忘 閉 朗

1 漢字の読み　読みがなを横に書きましょう。

○新しい漢字
●読みかえの漢字

⑴ 変革

⑵ 視界

⑶ 痛い

⑷ 敬遠

⑸ 敵から守る

3 言葉の意味　○をつけましょう。

⑴ 18ページ 最高の見晴らし。

ア（　）広く見わたせること。

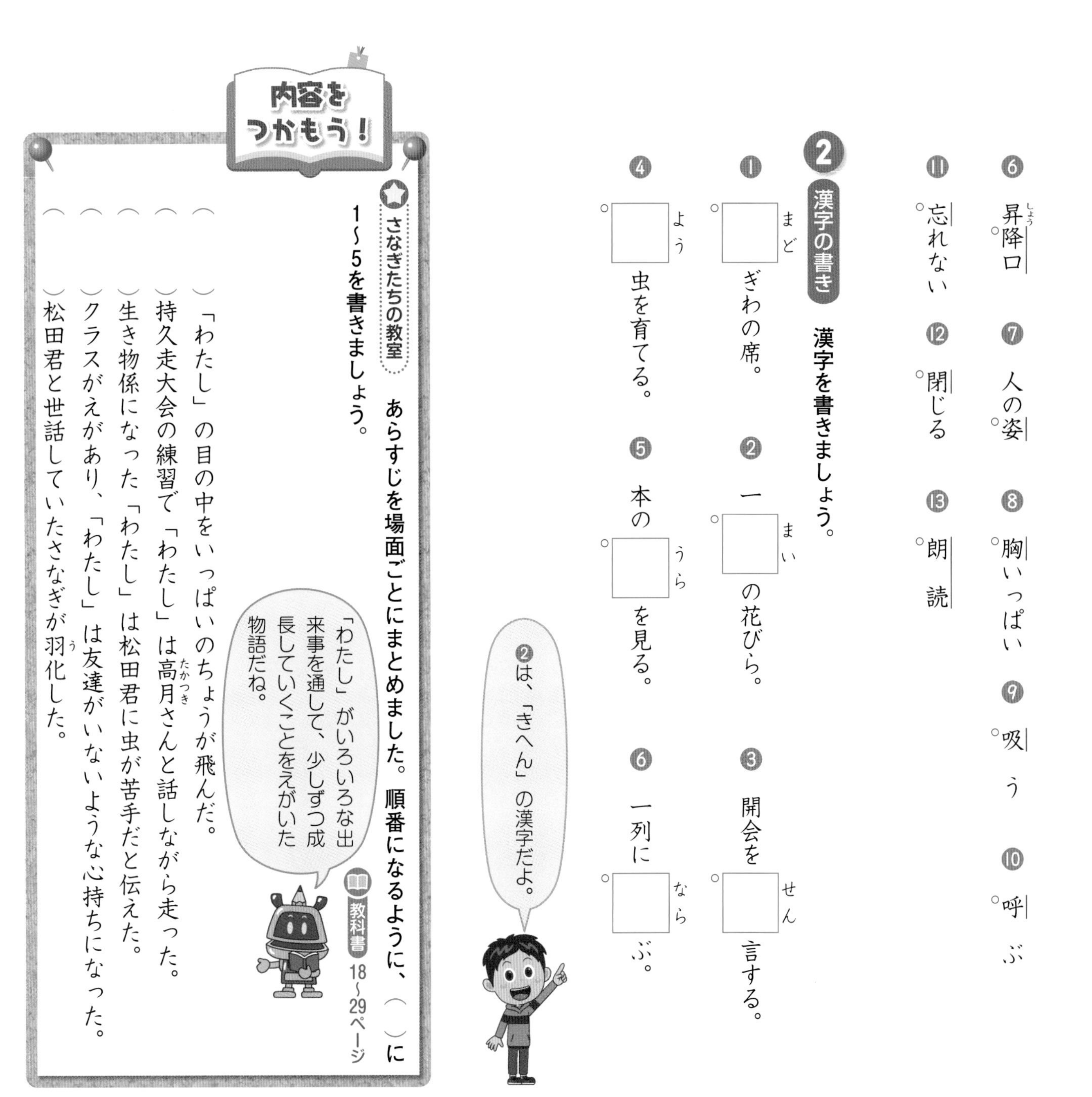

⑥ 昇降（しょう）口
⑦ 人の姿
⑧ 胸いっぱい
⑨ 吸う
⑩ 呼ぶ
⑪ 忘れない
⑫ 閉じる
⑬ 朗読

2 漢字の書き

漢字を書きましょう。

① □（まど）ぎわの席。
② 一□（まい）の花びら。
③ 開会を□（せん）言する。
④ □（よう）虫を育てる。
⑤ 本の□（うら）を見る。
⑥ 一列に□（なら）ぶ。

内容をつかもう！

★さなぎたちの教室

あらすじを場面ごとにまとめました。順番になるように、（　）に1～5を書きましょう。

教科書18～29ページ

（　）「わたし」の目の中をいっぱいのちょうが飛んだ。
（　）持久走大会の練習で「わたし」は高月（たかつき）さんと話しながら走った。
（　）生き物係になった「わたし」は松田君に虫が苦手だと伝えた。
（　）クラスがえがあり、「わたし」は友達がいないような心持ちになった。
（　）松田君と世話していたさなぎが羽（う）化した。

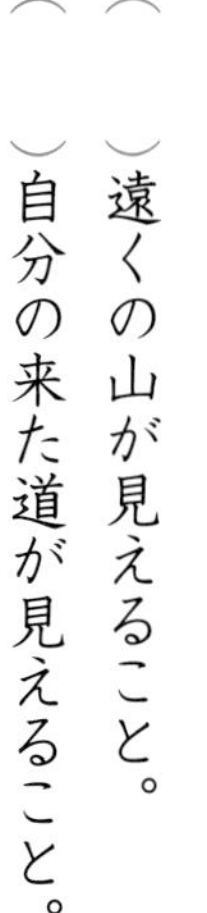

イ（　）遠くの山が見えること。
ウ（　）自分の来た道が見えること。

② 18 何気なく目で追う。
ア（　）はっきりした考えで。
イ（　）あるものを特に注意して。
ウ（　）特に注意するのではなく。

③ 20 なけなしの勇気をふりしぼる。
ア（　）ほんの少ししかないこと。
イ（　）まったくないこと。
ウ（　）たくさんあること。

④ 21 出任せみたいなことわざ。
ア（　）でたらめ。
イ（　）昔から知られているもの。
ウ（　）意味の深い言葉。

⑤ 23 思わず口走る。
ア（　）大声で言う。
イ（　）つい言ってしまう。
ウ（　）心の中で考える。

⑥ 25 友人の意外な面を知った。
ア（　）知りたくなかった。
イ（　）思っていたとおりの。
ウ（　）思いがけない。

⑦ 26 他人がまきぞえになる。
ア（　）通行のじゃまになること。
イ（　）関わりにならないこと。
ウ（　）出来事にまきこまれること。

ものしりメモ

「さなぎ」は、昆（こん）虫が成虫になる準備をしている状態だよ。幼虫の体を一度こわして、成虫の器官に作り変えるんだ。大きな変化が起こっているんだね。

練習のワーク1

さなぎたちの教室

教科書 16～32ページ　答え 1ページ

勉強した日　月　日

できるナビ
●虫に対する「わたし」と「松田君」のそれぞれの思いをとらえよう。
●登場人物の様子を、表現から読み取ろう。

次の文章を読んで、問題に答えましょう。


ある日の放課後、わたしは、虫とみかんの葉っぱが入ったいくつものプラスチック容器を指差して、①なけなしの勇気をふりしぼった。

「あのね、松田君。じゃんけんで生き物係になっちゃったけど、わたし、いも虫とかミミズとかカタツムリとか、どう体だけで移動する生き物が、ちょっと苦手みたいな気がするの。」
②松田君は首をかしげ、つやつやした茶色っぽい目でわたしを見た。
「苦手って何？」

少しさびしそうな目に見えた。

「谷さん、カタツムリ飼ったことある？　あいつら、トマト食べると赤いきれいなふんするし、ほうれん草だとかっこいい緑だし、黄色いパプリカは真っ黄っ黄でかわいいんだよ。」

それを、かわいいというのが分からず、③わたしはだまっていた。
④「馬には乗ってみよ、人にはそうてみよ、虫は飼ってみよって言わなかったっけ？」
言わないと思う。けれど、出任せみたいなことわざまで持ち出し、けん命に話す松田君を見ていたら、⑤それ以上逆らう気になれなかった。

2 「②松田君は首をかしげ」とありますが、松田君の様子を「わたし」はどう思いましたか。一つに○をつけましょう。
ア（　）ふざけているように見えた。

イ（　）明るく楽しそうに見えた。

ウ（　）少しさびしそうに見えた。

3 よく出る●「③わたしはだまっていた」とありますが、このとき「わたし」は松田君のことをどのように思いましたか。
カタツムリのふんについて、「きれい」とか「かっこいい」とか「（　　　）」などと、熱心に話す松田君の気持ちが、よく（　　　）。

4 「④馬には乗ってみよ、人にはそうてみよ、虫は飼ってみよ」とありますが、「わたし」は松田君のこの言葉を何と感じていますか。
（　　　　　　）

松田君は、実際にあることわざに、思いつきの言葉をくっつけているよ。

言葉の意味プラス
6行　苦手…得意ではないこと。同じような意味に「不得手」がある。　18行　逆らう…相手にていこうしたり反対したりする。　28行　成虫…成長した昆（こん）虫。

それからは、せっせといも虫の世話をする⑥松田君に知らん顔もできず、⑦わたしは顔を横に向けたまま、うでをいっぱいにのばして、葉っぱの入れかえやきりふきを何とか手伝った。そして、幼虫のだっ皮までこぎつけた。だいじなのは、さなぎになる今の時期らしい。

「谷さん、さなぎの中ではものすごい変革が行われるんだよ。自分を一度全部ぶっこわして作り変えちゃうみたいな。だから成虫になるとちゅうのさなぎの中身なんて、何が何だか分かんない状態なんだよ。」

確かに、このへんてこないも虫たちが、⑧ちょうちょに変わるのは、ものすごくたいへんそうだ。幼虫のままでいては、いけないのかな。

飼育ケースをそうじしていた松田君が、虫たちに向かってつぶやくのが耳に入った。

「いつか空を飛ぶんだもんな。がんばれよな。」

さなぎは糸をつないでかたむき、⑨まるで、どうしたものかとじっと考えこんでいるように見えた。

〈安東(あんどう)　みきえ「さなぎたちの教室」による〉

20　25　30　35

1 「①なけなしの勇気をふりしぼった」とありますが、「わたし」は勇気をふりしぼってどんなことを伝えたのですか。一つに○をつけましょう。

ア（　）生き物係だけれど、いも虫などは苦手だということ。
イ（　）飼育の方法をいろいろと教えてほしいということ。
ウ（　）生き物係を長く続けるつもりはないということ。

5 「⑤それ以上逆らう気になれなかった」とありますが、「わたし」が逆らわなかったのはなぜですか。一つに○をつけましょう。

ア（　）松田君とけんかしても負けそうだったから。
イ（　）虫を苦手とする気持ちがやわらいだから。
ウ（　）虫に対する松田君の情熱を感じたから。

6 「⑥松田君に知らん顔もできず」とありますが、「わたし」はどうしましたか。

（　　　　　）

7 「⑦わたしは顔を横に向けたまま」とありますが、「わたし」がこういう姿勢になったのは何のためですか。考えて書きましょう。

「顔を横に向けたまま」にしないと、どうなるのかを考えよう。

（　　　　　）

書いてみよう!

8 「⑧ちょうちょに変わるのは、ものすごくたいへんそうだ」とありますが、さなぎの中で起こることのたいへんさを表している七字の言葉を書きぬきましょう。

9 よく出る● 「⑨まるで、どうしたものかとじっと考えこんでいるように見えた」とありますが、この表現についての説明として、合うもの一つに○をつけましょう。

ア（　）さなぎを、まるで人間のように表している。
イ（　）松田君を、まるでさなぎのように表している。
ウ（　）「わたし」の今の様子をたとえている。

ものしりメモ　「馬には乗ってみよ、人にはそうてみよ」は、何事も体験して確かめよ、という意味のことわざだね。

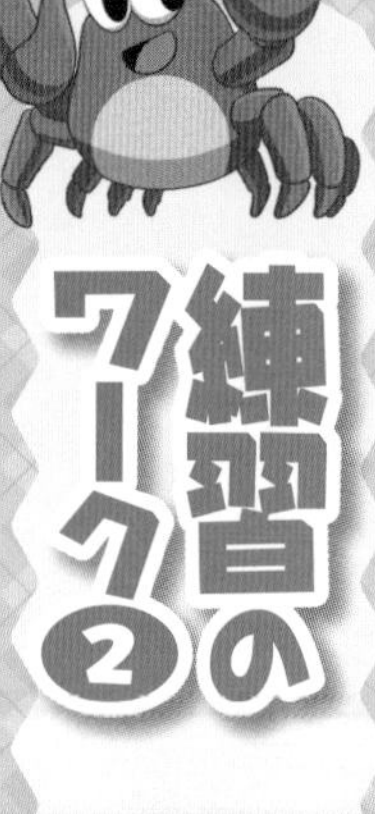

練習のワーク②

さなぎたちの教室

教科書 16～32ページ　答え 2ページ

勉強した日　月　日

できるナビ
- 「わたし」と高月（たかつき）さんのやりとりに注目して心情をおさえよう。
- 表現の効果と心情のつながりをとらえよう。

次の文章を読んで、問題に答えましょう。


「目の玉ってさ——。」

走りながら、わたしは言った。

「水のまくにくるまれてるんだよね。ごみが付いて初めて、まくがあるのに気づくんだよね。」

「水っていうより、なみだじゃないかな。」

「ああ、そうだね。なみだのまくだよね。」

目を包むなみだのまくを想像してみる。世界と自分の間に透（とう）明なまくがあり、それはわたしの全部をやさしく包んでくれている。そう考えると、何だか安心できるのだ。

でもこんな話をうっかり続けたら、おかしなことを言う人だと①敬遠されるかもしれない。けれど、高月（たかつき）さんはちゃんと応じてくれた。

「そのまくって、②シールドみたいな感じかな。」

「シールド？」

「うん。敵から守ってくれるやつ。こうげきされてもダメージをあまり受けないの。ただ、こっちも動きづらくなるのが欠点で——。」

話のとちゅうで、③はっとしたように顔を向けた。

「何か、わたし、変なこと言っちゃってる？」

1 ①「敬遠されるかもしれない」とありますが、「わたし」はどういうことをおそれていますか。一つに○をつけましょう。
ア（　）高月さんに、おかしなことを言う人だと思われること。

イ（　）高月さんの遠慮（りょ）がなくなり、なれなれしくなること。

ウ（　）高月さんが、周囲に「わたし」の考えを言いふらすこと。

2 ②「シールドみたいな感じ」とありますが、高月さんはシールドをどんなものだと説明しましたか。

（　　　　）

3 書いてみよう！ ③「はっとしたように顔を向けた」とありますが、ここから、高月さんのどんな気持ちが読み取れますか。

（　　　　）

4 よく出る● ④「わたしは首をふるのがやっとだった。」とありますが、この表現から「わたし」のどんな様子が分かりますか。「わたし」と高月さんが持久走大会に備えて走る練習をしている場面であることをふまえて書きましょう。

言葉の意味プラス
22行　首をふる…そうではないという気持ちを表す動作。　26行　ぶちまける…入れ物をひっくり返して、中に入っていた物を勢いよく外に散らかす。

ちっとも変じゃないよ。高月さんの意外な面を知った感じで
うれしいよ。それに、ほんの少し分かり合えた気がするし。そ
う伝えたいけれど、すでに息が上がってきていた。④わたしは首
をふるのがやっとだった。
池の辺りで高月さんは言った。
「ねえ、谷さん、⑤昇降口でのこと、覚えてるかな？　ほら、三
年生のとき、わたしが前にかがんでランドセルの中身をぶち
まけちゃったこと。」
三年生なんて、ずいぶん前のことだ。
「ちこくしそうでみんな行っちゃったのに、谷さんだけは拾って
くれたんだよ。助けてくれたんだよ。わたし、ずっと覚えてた。」
わたしも本当は覚えていた。あのころ、みんなが自分とちが
う人間に見えてとてもこわかった。そんなときにランドセルを
ひっくり返した高月さんを見て、⑥かたの力がぬけたのだ。わた
しも同じことをやっていたから。みんなだって自分とそんなに
ちがわない人間なのだと分かったから。助けてもらったと言う
けれど、わたしのほうこそあのときに助けてもらっていたのだ。
高月さんは少し照れたようなえがおを向けてくれた。それな
のに、答える余裕がわたしにはもう残っていなかった。ここで
止まれば高月さんまでまきぞえにしてしまう。何としても足を
止めないで走ろう、そのことに必死だった。
すると、高月さんからえがおが消えた。
⑦「覚えてないよね。何かごめんね。」
そう言って、少し前に走り出た。
⑧風がふいて、池にさざ波が立った。高月
さんに、もう追いつけないような気がした。

〈安東　みきえ「さなぎたちの教室」による〉

20　25　30　35　40　45

5
「⑤昇降口でのこと」とは、どんなことですか。

高月さんにとって、昇降口での出来事は思い出として強く残っていたんだね。

高月さんが昇降口でランドセルの中身をぶちまけたときに、「わたし」だけが

（　　　　　　　　　　　　）こと。

6
「⑥かたの力がぬけたのだ」とありますが、それはなぜですか。

高月さんの様子を見て、みんなが

（　　　　　　　　　　　　）

と分かったから。

7
「『⑦覚えてないよね。何かごめんね。』」を朗読するとき、どのように読むとよいですか。一つに○をつけましょう。

ア（　）明るい声で、自分に言い聞かせるように読む。

イ（　）暗い声で、がっかりしているように読む。

ウ（　）か細い声で、あわれんでいるように読む。

だれが、どんなことに対して「ごめんね」と言っているのかな。

8
よく出る●
「⑧風がふいて、池にさざ波が立った。」とありますが、この表現はどんなことを表していますか。一つに○をつけましょう。

情景に投影された登場人物の心情を読み取ろう。

ア（　）「私」が走る練習にひたむきになったこと。

イ（　）「私」が高月さんを許して仲直りをしたこと。

ウ（　）「私」と高月さんとの間にわだかまりが生じたこと。

ものしりメモ

ランドセルは、江戸時代の終わりごろにオランダから入ってきたといわれているよ。オランダ語の「ランセル」がなまって、「ランドセル」という呼び名になったという説もあるんだ。

まとめのテスト

さなぎたちの教室

教科書 16〜32ページ

答え 3ページ

勉強した日　月　日

時間 20分

得点　/100点

次の文章を読んで、問題に答えましょう。

やっとゴールまでたどり着けた。わたしは立ち止まり、①ひざに両手をついてかたで息をした。

高月（たかつき）さんは昇降口（しょうこうぐち）に向かって前を歩いている。重い足取りでうつむき、桜の木の下に入っていく。②暗い木かげに姿を見失ってしまいそうだ。

ちゃんと伝えなくちゃ。

わたしは③空気を胸いっぱいに吸いこんで、呼びかけた。

「覚えているよ。忘れてないよっ。」

思いがけない大きな声が出てしまった。辺りの人たちがびっくりした顔で、いっせいにこちらをふり返った。

小さなつむじ風が起きた。風は地面の花びらをまき上げ、まるで透明（とうめい）な人がおどっているみたいにくるくる回り、桜の下でふっと消えた。木の下で高月さんが笑っていた。④差しこんだ光で、二つのほおがぴかぴか丸く光っていた。

「谷さあん。」

頭の上から声が降ってきた。顔を上げると松田君だった。真上の三階が教室で、とうに走り終えた⑤松田君はすずしい顔で手をふっていた。

2 「②暗い木かげに姿を見失ってしまいそうだ。」とありますが、この表現はどんなことを表していますか。一つに○をつけましょう。〔10点〕

ア（　）「わたし」が高月さんと心理的なきょりを感じていること。

イ（　）「わたし」が高月さんにいやな感情を持っていること。

ウ（　）「わたし」が高月さんのことを深く理解し始めたこと。

3 よく出る● 「③空気を胸いっぱいに吸いこんで」とありますが、ここから「わたし」のどんな気持ちが分かりますか。合う言葉を書きぬきましょう。〔10点〕

自分の思いを、高月さんに向けて、□□□□伝えたいという気持ち。

4 「④差しこんだ光で、二つのほおがぴかぴか丸く光っていた。」とありますが、この表現はどんなことを表していますか。一つに○をつけましょう。〔10点〕

ア（　）それまでくもっていた空が急に晴れてきたこと。

イ（　）高月さんが明るい気持ちでえがおを見せていること。

ウ（　）高月さんのほおになみだのあとが残っていること。

5 「⑤松田君はすずしい顔で手をふっていた」とありますが、松田君は何を伝えようとしていましたか。〔10点〕

言葉の意味プラス
3行　足取り…歩くときの足の動かし方。　17行　とうに…とっくに。
30行　なごり…何かが過ぎた後、残っているえいきょう。

「さなぎからだっ皮したよ。羽化（う）したよう。」
——最初にちょうになったやつは谷さんにあげる。谷さんが一番に空に放していいよ。

松田君は勝手に⑥そんな約束を取り決めていた。

やっとさなぎが成虫になる。ちょうになって空を飛ぶ。そのしゅんかんは、高月さんともいっしょにいたい、そう思った。

⑦高月さんに近づいた。

「生き物係でちょうを放すんだけど、いっしょにどうかな。」

高月さんが、えがおでうなずいてくれた。

つむじ風のなごりか、花びらが一枚、空にまっていた。わたしはうれしくて、それをつかもうと手を上に差し出した。⑧かんちがいした松田君が、手をまた大きくふり返してくれた。

見上げていると日差しがちらちらまぶしくて、思わず目を閉じた。⑨目の中を、いっぱいのちょうが飛んでいた。

〈安東（あんどう）みきえ「さなぎたちの教室」による〉

1 「①ひざに両手をついてかたで息をした」とありますが、「わたし」はどんな様子ですか。一つに○をつけましょう。〔10点〕

ア（　）もっと速く走りたいと願っている様子。
イ（　）けん命に走って体力を使い果たした様子。
ウ（　）走ることに全力を出せて満足している様子。

6 「⑥そんな約束」とありますが、どんな約束ですか。〔15点〕

（　　　）

書いてみよう！

7 「⑦高月さんに近づいた。」とありますが、「わたし」はどんな思いで近づいたのですか。〔10点〕

（　　　）

チャレンジ！

8 「⑧かんちがいした松田君」とありますが、松田君はどんなかんちがいをしたのですか。両方できて〔15点〕

「わたし」が花びらをつかもうと手を（　　　）のを、自分に（　　　）とかんちがいした。

9 「⑨目の中を、いっぱいのちょうが飛んでいた。」とありますが、この表現はどんなことを暗示していますか。一つに○をつけましょう。〔10点〕

ア（　）「わたし」が、これから精神的に成長して大人になっていくこと。
イ（　）「わたし」が、さなぎからだっ皮したちょうの美しさに強く感動していること。
ウ（　）「わたし」が、今後の学校生活が不安だと感じ始めていること。

ものしりメモ

つむじ風は、強い太陽の光が地表近くの空気を温めることでできるんだよ。たつまきに似ているけれど、つむじ風は小規模（ぼ）ですぐに消えてしまってそれほど動かないというちがいがあるよ。

基本のワーク

漢字を使おう1／社会教育施設へ行こう
季節の足音――春

教科書 33〜39ページ
答え 3ページ

勉強した日　月　日

学習の目標
●社会教育施設にはどんなものがあるかを学ぼう。
●季節をよみこんだ俳句・短歌・詩を味わおう。

漢字練習ノート5〜7ページ

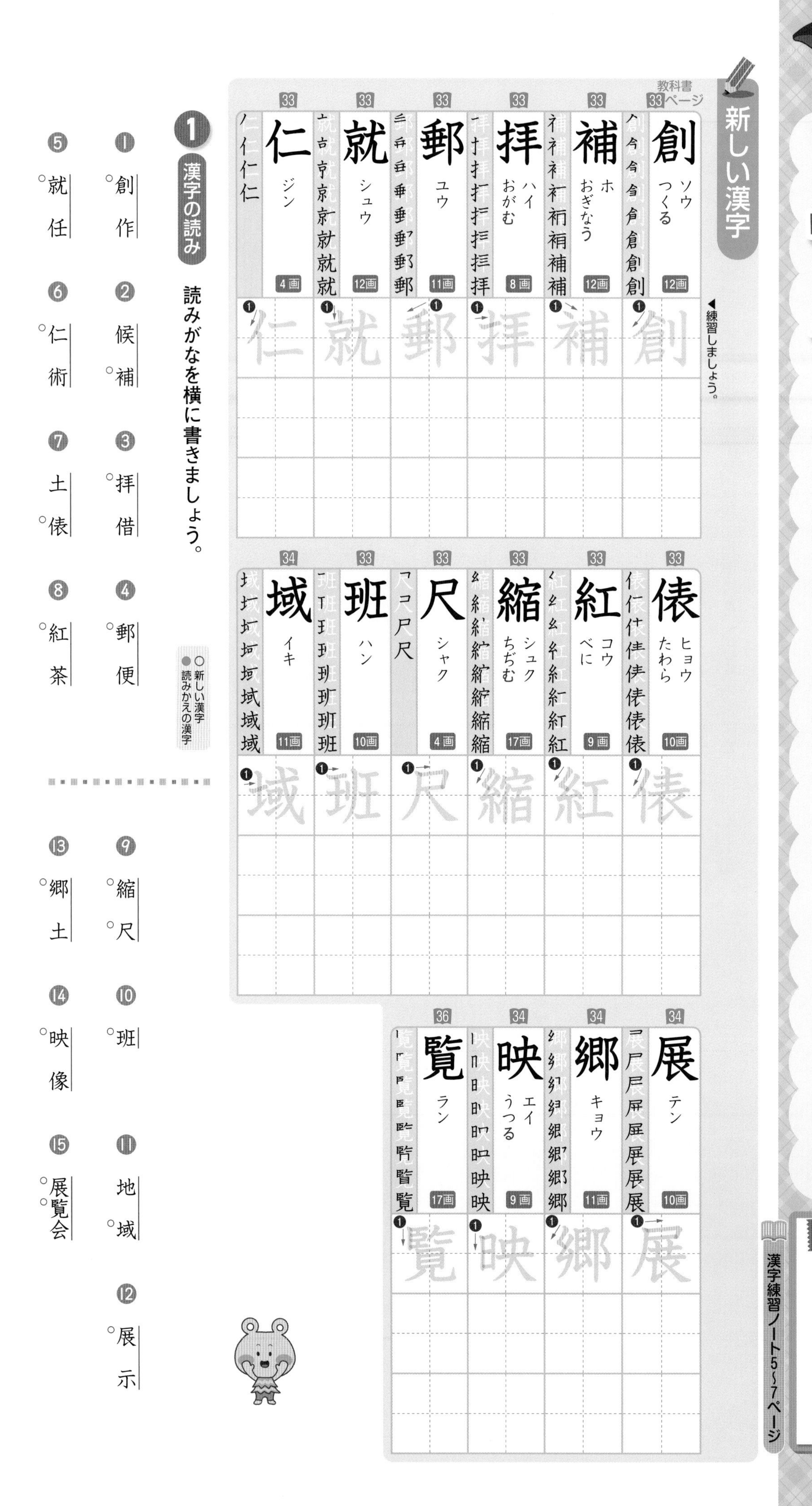

1 漢字の読み　読みがなを横に書きましょう。

○新しい漢字
●読みかえの漢字

1 創作
2 候補
3 拝借
4 郵便
5 就任
6 仁術
7 土俵
8 紅茶
9 縮尺
10 班
11 地域
12 展示
13 郷土
14 映像
15 展覧会

2 漢字の書き

漢字を書きましょう。

① 作品の□□（そうさく）。
② □□（ゆうびん）が届（とど）く。
③ □□（こうちゃ）を飲む。
④ □□（ちいき）での暮らし。

②「ゆうびん」の「ゆう」は横画の数に注意しよう。

3 五年生の漢字

漢字を書きましょう。

① バスの□□（ていりゅう）所。
② □（さくら）の花。
③ □（か）い犬の世話。
④ □□（べんとう）を食べる。

4 社会教育施設へ行こう

次のことを調べたいときには、どの施設へ行けばよいですか。合うものを□から選んで、記号で答えましょう。

① 文学作品の内容や作家の経歴（　　）
② 住んでいる町の歴史や文化（　　）
③ 宇宙（うちゅう）ロケットの仕組み（　　）
④ 国内外の画家による絵画（　　）

ア　歴史資料館
イ　文学館
ウ　美術館
エ　科学館

5

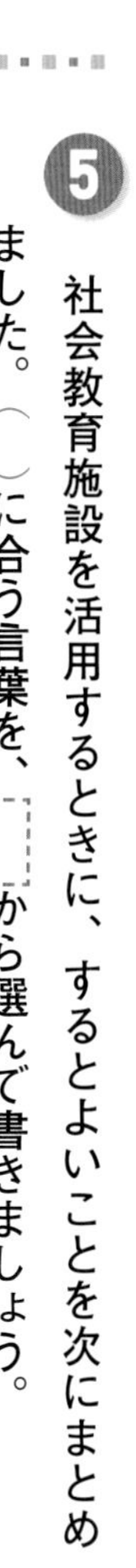

社会教育施設を活用するときに、するとよいことを次にまとめました。（　）に合う言葉を、□から選んで書きましょう。

・どの社会教育施設で何が学べるかを、事前に（　　）などで調べる。
・社会教育施設に足を運んだときは、（　　）や感想を記録する。

体験　インターネット　日記

6 季節の足音——春

次の俳句と短歌と詩が表す内容として合うものを□から選んで、記号で答えましょう。

①
春風や闘志（とうし）いだきて丘（おか）に立つ
高浜（たかはま）　虚子（きょし）

②
とおき日の校庭に立つ砂嵐（すなあらし）
きみに言わない言葉のかずかず
小島（こじま）　なお

③
五月
室生（むろう）　犀星（さいせい）

悲しめるもののために
みどりかがやく
くるしみ生き（ん）とするもののために
ああ　みどりは輝（かがや）く。

①（　　）
②（　　）
③（　　）

ア　悲しみや苦しみの中にある人を元気づけている。
イ　新しいことに立ち向かう強い決意を示している。
ウ　学生のころのせつない気持ちを思い出している。

ものしりメモ
博物館も社会教育施設（し）の一つだよ。恐竜（きょうりゅう）博物館や鉄道博物館、漢字ミュージアムなど、ある分野に特化した展示を行っている博物館もあるよ。

基本のワーク

意見を聞いて考えよう
三字以上の熟語の構成

教科書 40〜45ページ　答え 4ページ

勉強した日　月　日

学習の目標
●意見を聞き相手の考えと自分の考えを比べよう。
●三字以上の熟語の構成をとらえよう。

漢字練習ノート7〜8ページ

新しい漢字

教科書ページ

ページ	漢字	読み	画数
40	異	イ　こと	11画
44	熟	ジュク	15画
44	賃	チン	13画
44	盟	メイ	13画
44	警	ケイ	19画
44	署	ショ	13画
44	蚕	サン　かいこ	10画
44	善	ゼン　よい	12画
45	臨	リン	18画
45	宇	ウ	6画
45	宙	チュウ	8画
45	欲	ヨク	11画
45	穀	コク	14画

◀練習しましょう。

1 漢字の読み　読みがなを横に書きましょう。

○新しい漢字　●読みかえの漢字

①異なる　②熟　語　③電車賃　④加盟国

⑤警察署　⑥養蚕業　⑦真善美　⑧臨　時

⑨宇　宙　⑩意欲的　⑪穀倉地帯

2 漢字の書き　漢字を書きましょう。

① [しんぜんび]。

② [いよく]的な人。

①「しんぜんび」とは、「うそやいつわりがないこと、道徳的に正しいこと、美しいこと」という、人間としての理想を表した言葉だよ。

意見を聞いて考えよう

3 村田（むらた）さんのクラスでは、「ニュースを知りたいとき、テレビ、新聞、インターネットのうち、どのメディアを選ぶか」というテーマで、意見を発表しました。発表とメモを読んで、問題に答えましょう。

福井（ふくい） わたしは、新聞を選びます。なぜなら、気になった記事を保存（ぞん）しておけるからです。テレビは、保存しても、見返すには時間がかかるし、インターネットは、記事が見られなくなったり、書き足されたりすることがあるので、いつ保存すればいいのか分かりません。だから、わたしは、ニュースを知りたいときには、新聞を選びます。

君島（きみじま） ぼくは、インターネットを選びます。理由は、気になるニュースを選んで読むことができるからです。テレビや新聞は、あまり興味がないニュースも見ないといけないので、自分がほしい情報を手に入れるのが大変です。インターネットでは、検索（さく）すれば、自分が気になるニュースをすぐに調べることができます。だから、ぼくは、ニュースを知りたいときには、インターネットを選びます。

【村田さんのメモ】

●福井さん…新聞
・新聞→記事を保存できる。
・テレビ→記事を保存しても、見返すには時間がかかる。
・インターネット→いつ保存すればいいのか分からない。

●君島さん…インターネット
・インターネット→ニュースを選んで読むことができる。
・テレビ・新聞→［　　　］も見ないといけない。

1 【村田さんのメモ】の［　　］に合う言葉を書きましょう。

（　　　　　　　　）

2 よく出る● 村田さんは、発表を聞く前に、メディアの特徴（ちょう）を次のようにまとめていました。福井さんと君島さんも述べていた内容を、ア～カの記号で答えましょう。

発表の内容と村田さんがまとめたことの共通点に注目しよう。

福井さん…（　　）　君島さん…（　　）

テレビ
ア ◎映像があって分かりやすい。
イ ○短くまとめられている。
ウ ×見る時間が限られる。

新聞
ア ◎とっておくことができる。
イ ○くわしく書かれている。
ウ ×新しい情報がのるまで時間がかかる。

インターネット
エ ◎最新のニュースが分かる。
オ ○興味のあるニュースだけを読むことができる。
カ ×うそやまちがいも多い。

三字以上の熟語の構成

4 次の熟語の構成に合うものを［　］から選んで、記号で答えましょう。

❶ 時刻（こく）表（　　）　❷ 市町村（　　）
❸ 長時間（　　）　❹ 非常識（　　）

ア 一字の語＋二字熟語　イ 二字熟語＋一字の語
ウ 一字の語が三つ並ぶ
エ 上の一字が下の二字熟語の意味を打ち消す

ものしりメモ
インターネットのニュースには、本当ではない情報が流されていることもあるよ。いくつかの情報を比べて、何が本当のことなのか考えることが大切だよ。

基本のワーク

イースター島にはなぜ森林がないのか

教科書 46〜58ページ

答え 4ページ

勉強した日 月 日

学習の目標
●原因と結果の関係をとらえよう。
●事実と筆者の考えを区別して内容を読み取ろう。

漢字練習ノート9〜10ページ

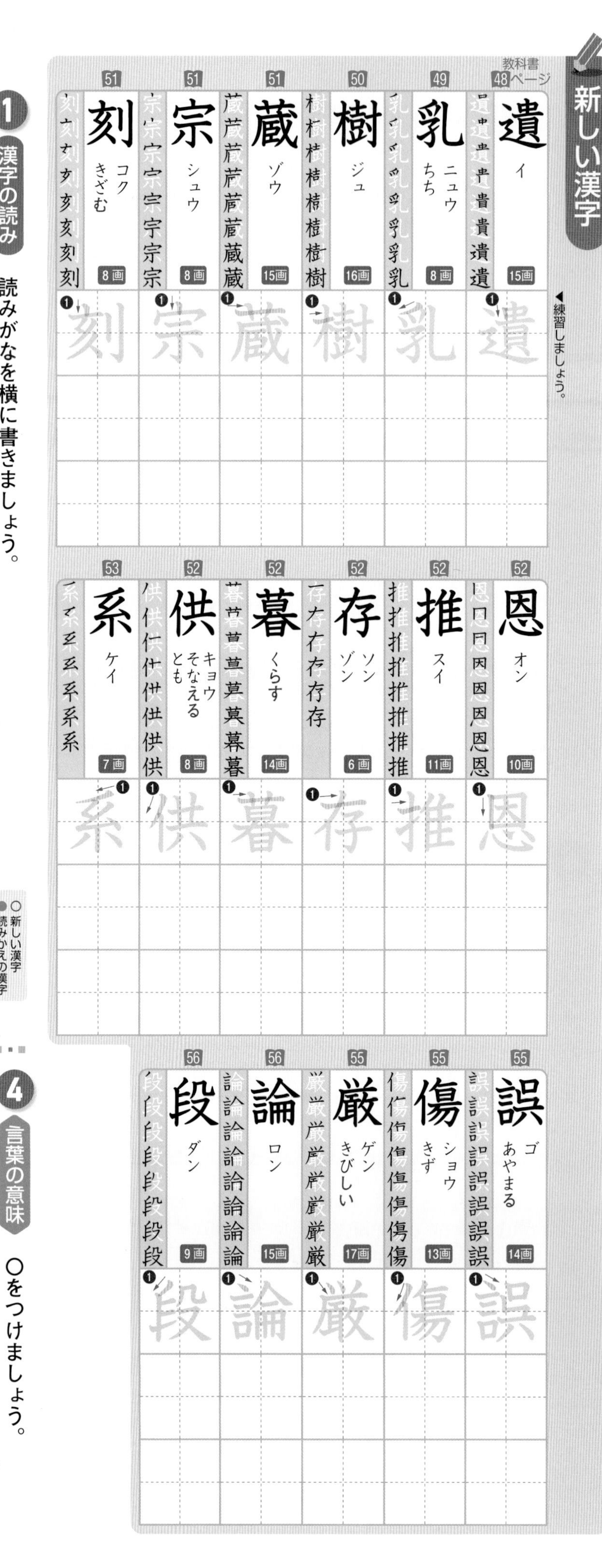

新しい漢字

練習しましょう。

教科書ページ	漢字	読み	画数
48	遺	イ	15画
49	乳	ニュウ ちち	8画
50	樹	ジュ	16画
51	蔵	ゾウ	15画
51	宗	シュウ	8画
51	刻	コク きざむ	8画
52	恩	オン	10画
52	推	スイ	11画
52	存	ソン ゾン	6画
52	暮	くらす	14画
52	供	キョウ そなえる とも	8画
53	系	ケイ	7画
55	誤	ゴ あやまる	14画
55	傷	ショウ きず	13画
55	厳	ゲン きびしい	17画
56	論	ロン	15画
56	段	ダン	9画

1 漢字の読み

読みがなを横に書きましょう。

①遺跡（せき）
②ほ乳動物
③樹木
④無尽（じん）蔵
⑤宗教
⑥彫（ちょう）刻
⑦恩恵（けい）
⑧推定
⑨存在
⑩暮らし

○新しい漢字
●読みかえの漢字

4 言葉の意味

○をつけましょう。

①（48ページ）無数の火口が残る。
ア（　）全くないこと。
イ（　）少しあること。
ウ（　）非常に多いこと。

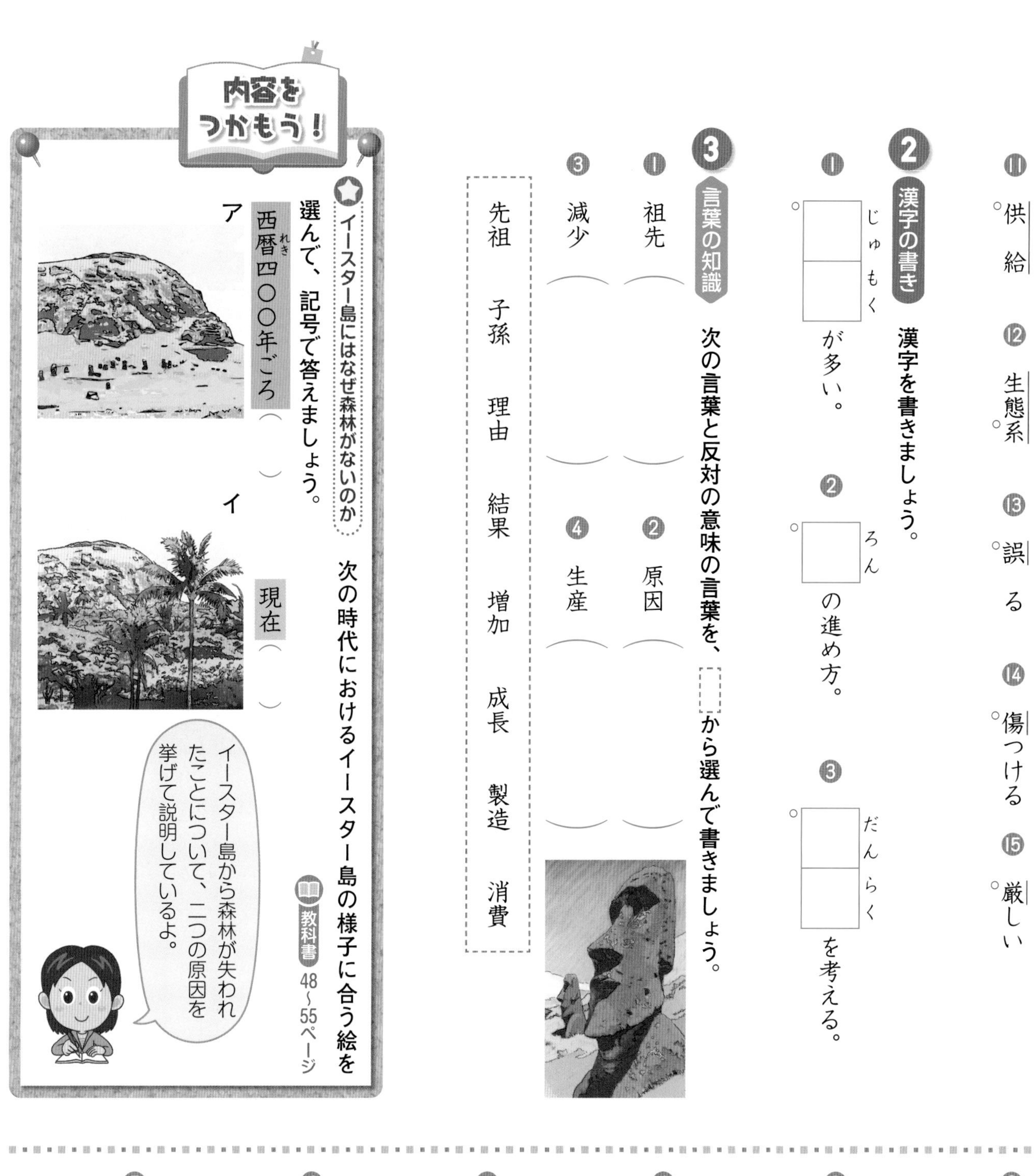

⑪ 供給　⑫ 生態系　⑬ 誤る　⑭ 傷つける　⑮ 厳しい

2 漢字の書き　漢字を書きましょう。

① □□（じゅもく）が多い。

② □（ろん）の進め方。

③ □□（だんらく）を考える。

3 言葉の知識　次の言葉と反対の意味の言葉を、[　]から選んで書きましょう。

① 祖先（　　）　② 原因（　　）

③ 減少（　　）　④ 生産（　　）

先祖　子孫　理由　結果　増加　成長　製造　消費

内容をつかもう！

☆ イースター島にはなぜ森林がないのか　次の時代におけるイースター島の様子に合う絵を選んで、記号で答えましょう。　教科書 48～55ページ

西暦（れき）四〇〇年ごろ（　）　現在（　）

ア　イ

イースター島から森林が失われたことについて、二つの原因を挙げて説明しているよ。

2 49 ひそかに上陸していた。
ア（　）こっそりと。
イ（　）目立つ様子で。
ウ（　）少ない数で。

3 50 ささいな出来事。
ア（　）重要ではない。
イ（　）よくある。
ウ（　）大きな。

4 51 無尽蔵（じん）ともいえる海鳥（かいちょう）。
ア（　）増え続ける様子。
イ（　）すぐになくなる様子。
ウ（　）なくなることがない様子。

5 51 太い木を伐採（ばっ）する。
ア（　）育てること。
イ（　）切り出すこと。
ウ（　）集めること。

6 52 材木を供給する。
ア（　）もらうこと。
イ（　）あたえること。
ウ（　）売り買いすること。

7 55 早急（さっ）に対応する。
ア（　）非常に急いで。
イ（　）都合のよいときに。
ウ（　）すばやくていねいに。

ものしりメモ　イースター島のモアイ像は、集落を守るように海沿（ぞ）いに立てられており、ほとんどは海に背（せ）を向け、集落の方を向いている。内陸部にあるモアイ像は海の方を向いているものもあるよ。

練習のワーク1

イースター島にはなぜ森林がないのか

教科書 46〜58ページ　答え 4ページ

勉強した日　月　日

できるナビ
- 段落ごとに、書かれている内容をまとめよう。
- 人々が木々を必要とした理由を読み取ろう。

次の文章を読んで、問題に答えましょう。

約千六百年前、ポリネシア人たちがイースター島に上陸して生活を始め、さまざまな目的で森林を切り開いた。そのことが原因となり、イースター島の森林は失われていったのである。

①まず、農地にするために森林が切り開かれた。

安定した食りょう生産を行うためには、農作物をさいばいするための農地を開こんしなければならない。「花粉分析（せき）」の結果、②島の堆（たい）積物の中にふくまれる樹木の花粉が時代とともにしだいに減少したことが明らかになっている。

次いで、丸木船を作るために、森林から太い木が切り出された。

イースター島が緑の森林におおわれていたころ、森林には丸木船を作るのに十分な太さのヤシの木がたくさん生えていた。その木を切りたおして作った丸木船をこいで、島の漁師たちは、サメなどの大きな魚をとらえていたのである。また、島に住む人々は、この丸木船に乗って、島から四百キロメートルもはなれた無人島まで行き、そこに生息する無尽（じん）蔵ともいえる海鳥（かいちょう）をとらえて食りょうにすることもできた。

さらに、食りょう生産との関わりが深いこれらの目的に加え、③宗教的・文化的な目的でも森林が伐（ばっ）採された。イースター島で

2 「②島の堆積物の……明らかになっている」とありますが、このことは何を表していますか。一つに○をつけましょう。

ア（　）今の樹木に花がさかなくなったこと。
イ（　）島の樹木が少なくなっていったこと。
ウ（　）島には花がさかない農作物しかなかったこと。

3 「③宗教的・文化的な目的」について答えましょう。

(1) この目的のために、イースター島でさかんに製作されたものは何ですか。

（　　　　）

(2) (1)のために森林を伐採したのは、なぜですか。

（　　　　）

言葉の意味プラス
3行 開こん…山や原野を切り開いて田畑にすること。　28行 ぎせい…目的を達するために、大切なものを失うこと。　32行 恩恵（けい）…めぐみ。　35行 繁（はん）栄…栄えて豊かになること。

は、祖先を敬うために、火山岩の巨石に彫刻をほどこす宗教文化、すなわち、モアイ像の製作がさかんになった。

モアイ像は、高さが三メートルから十メートルもあり、重さは三トンから十トンにもおよぶ。中には、高さ二十メートル、重さ五十トンに達するものまである。

モアイ像は、島の石切り場から切り出された巨大な火山岩を、のみでけずって作られる。そして、ときには十数キロメートルもはなれた所まで運ばれ、てこを用いて立てられた。このモアイ像を、石切り場から運ぶために森林がぎせいとなった。重さが何トンもある巨大な像を運んでゆくのに、森林から切り出された木が利用されたのである。

イースター島では、豊かな森林の恩恵を受けて、高度な技術をほこる巨石文化が栄えた。西暦一五〇〇年ごろには、人口は七千人に達していたと推定されている。

しかし、④その繁栄は決して長くは続かなかった。太い木が、切りつくされてしまったからである。

〈鷲谷いづみ「イースター島にはなぜ森林がないのか」による〉

1 「①まず、農地にするために森林が切り開かれた。」とありますが、何のために農地が必要だったのですか。

（　　　　）を行うため。

4 イースター島の人々は、いろいろなものを作るために、森林を切り開きました。その「作ったもの」と「目的」を、次のようにまとめました。□に合う言葉を書きぬきましょう。

「まず」「次いで」「さらに」と、順序立てて説明しているね。

	作ったもの	目的
食りょう	①□□	②□□□のさいばい
	③□□□□	大きな④□や、⑤□□をとらえる。
宗教的・文化的な目的	⑥□□□□	⑦□□を敬う。

5 よく出る 「④その繁栄は決して長くは続かなかった」とありますが、なぜイースター島の繁栄は長くは続かなかったのですか。

（　　　　）

ものしりメモ 現在のイースター島には、レストラン、インターネットカフェ、学校、病院、博物館、郵便局、放送局などの施設があり、島の人々は現代的な暮らしをしているよ。

練習のワーク2

イースター島にはなぜ森林がないのか

教科書 46〜58ページ　答え 5ページ

勉強した日　月　日

できるナビ
●イースター島の森林が破壊された原因を読み取ろう。
●自然と人間との関係を読み取ろう。

次の文章を読んで、問題に答えましょう。

イースター島では、豊かな森林の恩恵を受けて、高度な技術をほこる巨石文化が栄えた。西暦一五〇〇年ごろには、人口は七千人に達していたと推定されている。

しかし、①その繁栄は決して長くは続かなかった。太い木が、切りつくされてしまったからである。

森林から太い木を伐採したとしても、絶えず新しい芽が出て、順調に生長していたとしたら、森林には常に太い木が存在し、人々の暮らしに必要な材木も持続的に供給されたはずである。しかし、②イースター島では、ヤシの木の森林が再生することはなかった。

人間とともに島に上陸し、野生化したラットが、ヤシの木の再生をさまたげたらしいのだ。

ラットは、人間以外のほ乳動物のいない、すなわち、えさをうばい合う競争相手も天敵もいないこの島で、③爆発的にはんしょくした。そのラットたちがヤシの実を食べてしまったために、新しい木が芽生えて育つことができなかったようなのである。

このようにして、三万年もの間自然に保たれてきた④ヤシ類の森林は、伐採という人間による直接の森林破壊と、人間が持ち

1 「①その繁栄」とありますが、イースター島が繁栄したのは、いつごろですか。

（　　　　　　　　）

「その」の指す内容を前の部分からさがしてみよう。

2 「②イースター島では、ヤシの木の森林が再生することはなかった」とありますが、原因になったのは、どんな動物ですか。

□□□□□□□□

3 「③爆発的にはんしょくした」とありますが、なぜラットはイースター島ではんしょくできたのですか。

書いてみよう！

（　　　　　　　　）

4 「④ヤシ類の森林」をポリネシア人が破壊しつくすまで、何年ほどかかりましたか。

（　　　　　　　　）

言葉の意味プラス
9行 再生…おとろえていたものが元気になること。　14行 天敵…ある生物を食べる他の生物。虫にとっての鳥など。　20行 生態系…ある地域にすむ生物とその自然環境をひとまとめにしたもの。

こんだ外来動物であるラットがもたらした生態系へのえいきょうによって、ポリネシア人たちの上陸後、わずか千二百年ほどで、ほぼ完ぺきに破壊されてしまったのである。

一七二二年に、初めてヨーロッパ人がこの島をおとずれたとき、島の繁栄も、豊かな森林も、すでに過去のものとなっていた。木は切りつくされて森林はなく、その結果、むき出しとなった地表の土が雨や風に流され、畑はやせ細っていたのである。

農業生産がふるわないだけではない。漁に必要な丸木船を作る材木がなくなってしまったため、かつてのように、魚や海鳥（かいちょう）をとることもできなくなっていたのである。

当然のことながら、島は深刻な食りょう不足におちいっていた。食りょうをうばい合う村どうしの争いが絶えず、島の人口も、最も栄えていたころの三分の一にまで減少していた。

高度な技術や文明が、豊かな自然のめぐみに支えられて発達したのだとしたら、このイースター島の歴史から、わたしたちが教えられるのは次のようなことである。すなわち、ひとたび自然の利用方法を誤り、健全な生態系を傷つけてしまえば、同時に⑤文化も人々の心もあれ果ててしまい、人々は悲惨（さん）で厳しい運命をたどる、ということである。

〈鷲谷（わしたに）いづみ「イースター島にはなぜ森林がないのか」による〉

20 25 30 35 40

5 よく出る● イースター島が深刻な食りょう不足におちいった原因を、次のようにまとめました。□に合う言葉を書きましょう。

木が切りつくされて、❶□□がなくなった。

← ❷□□□□が流され、畑がやせ細った。 ← ❹□□□□がふるわなくなった。

← 漁に必要な❸□□□を作る材木がなくなった。 ← ❺□□□□をとることができなくなった。

← 島は深刻な食りょう不足におちいった。

6 「⑤文化も人々の心もあれ果ててしまい」とありますが、イースター島では心があれ果てた人々は、どうなりましたか。一つに◯をつけましょう。

ア（　）ヤシの木を伐採して、森林を破壊した。
イ（　）神にいのるために、モアイ像を作り続けた。
ウ（　）食りょうをうばい合って、村どうしで争った。

ものしりメモ ポリネシアは、ハワイ、ニュージーランド、イースター島を結ぶ三角形に囲まれた、南太平洋の地域だよ。大小数千の島々があるよ。

まとめのテスト

イースター島にはなぜ森林がないのか

教科書 46〜58ページ
答え 5ページ

得点 /100点
勉強した日 月 日

次の文章を読んで、問題に答えましょう。

1 森林から太い木を伐採したとしても、絶えず新しい芽が出て、順調に生長していたとしたら、森林には常に太い木が存在し、人々の暮らしに必要な材木も持続的に供給されたはずである。しかし、イースター島では、①ヤシの木の森林が再生することはなかった。

2 人間とともに島に上陸し、野生化したラットが、ヤシの木の再生をさまたげたらしいのだ。

3 ラットは、人間以外のほ乳動物のいない、すなわち、えさをうばい合う競争相手も天敵もいないこの島で、爆発的にはんしょくした。そのラットたちがヤシの実を食べてしまったために、新しい木が芽生えて育つことができなかったようなのである。

4 このようにして、三万年もの間自然に保たれてきたヤシ類の森林は、伐採という人間による直接の森林破壊と、人間が持ちこんだ外来動物であるラットがもたらした生態系へのえいきょうによって、ポリネシア人たちの上陸後、わずか千二百年ほどで、②ほぼ完ぺきに破壊されてしまったのである。

5 一七二二年に、初めてヨーロッパ人がこの島をおとずれたとき、島の繁栄も、豊かな森林も、すでに過去のものとなっていた。木は切りつくされて森林はなく、その結果、むき出しとなった地表の土が雨や風に流され、畑はやせ細っていたのである。

1 「①ヤシの木の森林が再生することはなかった」のは、なぜですか。一つに○をつけましょう。 〔10点〕

ア（　）再生しようとする森林を人間が破壊し続けたから。
イ（　）ラットが野生化してヤシの木を巣にしたから。
ウ（　）ラットが多くのヤシの実を食べてしまったから。

2 ヤシ類の森林が「②ほぼ完ぺきに破壊されてしまった」大きな原因を、二つ書きぬきましょう。 一つ10〔20点〕

（　　　　）
（　　　　）

3 よく出る● ヨーロッパ人が初めてイースター島をおとずれたとき、過去のものとなっていたのは何ですか。二つ書きましょう。 一つ5〔10点〕

（　　　　）
（　　　　）

4 森林がなくなった結果、イースター島に起こったこととして、合うもの一つに○をつけましょう。 〔10点〕

ア（　）農地が広がり、作物をさいばいすることができた。
イ（　）農業生産がふるわず、漁業が産業の中心になった。
ウ（　）畑はやせ細り、漁に出ることもできなくなった。

言葉の意味プラス
18行 むき出し…おおわないですっかり現すこと。
20行 ふるう…さかんである。 34行 悲惨…見聞きできないほどいたましい様子。

6 農業生産がふるわないだけではない。漁に必要な丸木船を作る材木がなくなってしまったため、かつてのように、魚や海鳥をとることもできなくなっていたのである。

7 当然のことながら、島は深刻な食りょう不足におちいっていた。食りょうをうばい合う村どうしの争いが絶えず、島の人口も、最も栄えていたころの三分の一にまで減少していた。

8 高度な技術や文明が、豊かな自然のめぐみに支えられて発達したのだとしたら、このイースター島の歴史から、わたしたちが教えられるのは次のようなことである。すなわち、ひとたび自然の利用方法を誤り、健全な生態系を傷つけてしまえば、同時に文化も人々の心もあれ果ててしまい、人々は悲惨で厳しい運命をたどる、ということである。

9 モアイ像は、西暦一〇〇〇年から一六〇〇年ごろの間に作られたとされている。祖先を敬うためにモアイ像を作った人々は、数世代後の子孫の悲惨な暮らしを想像することができなかったのだろうか。

10 祖先を敬う文化はさまざまな民族に共通であるが、数世代後の子孫の幸せを願う文化は、それほど一般的ではないのかもしれない。しかし、今後の人類の存続は、むしろ、子孫に深く思いをめぐらす文化を早急に築けるかどうかにかかっているのではないだろうか。

〈鷲谷いづみ「イースター島にはなぜ森林がないのか」による〉

チャレンジ!

5 島が「③深刻な食りょう不足」になった結果、どうなりましたか。村どうしの関係と島の人口について、それぞれ書きましょう。 一つ10〔20点〕

村どうしの関係（　　　　）

島の人口（　　　　）

6 イースター島の歴史から、わたしたちが教えられるのはどんなことだと、筆者は述べていますか。一つに○をつけましょう。 〔10点〕

ア（　）豊かな自然のめぐみがあれば、高度な技術や文明が発達し、人類は自然とともに生きていけるということ。

イ（　）自然の利用方法を誤り、健全な生態系を傷つけると、文化や人々の心もあれ果ててしまうということ。

ウ（　）祖先を敬う文化も、子孫の幸せを願う文化も、それぞれ大切にするべき文化であるということ。

7 よく出る● この文章は、「イースター島についての事実を述べている部分」と「その事実をもとにした筆者の考えを述べている部分」に分けられます。筆者の考えを述べている部分は、どの段落からどの段落までですか。1～10の段落番号で答えましょう。 両方できて〔10点〕

□段落から□段落まで

書いてみよう!

8 筆者は、今後の人類の存続のために、どんなことが重要だと考えていますか。 〔10点〕

ものしりメモ　モアイ像の多くが、たおれた状態で発見されたんだ。それは、モアイ像の目には霊の力が宿るとされていて、村どうしの争いのとき、相手の村のモアイ像をたおして目をこわしたからだよ。

基本のワーク

漢字を使おう2
情報のとびら　原因と結果

教科書 59～61ページ
答え 6ページ
勉強した日　月　日

学習の目標
●原因と結果を正確にとらえよう。
●身の回りで起こった出来事について、原因と結果の結び付きを考えよう。

漢字練習ノート10～11ページ

新しい漢字

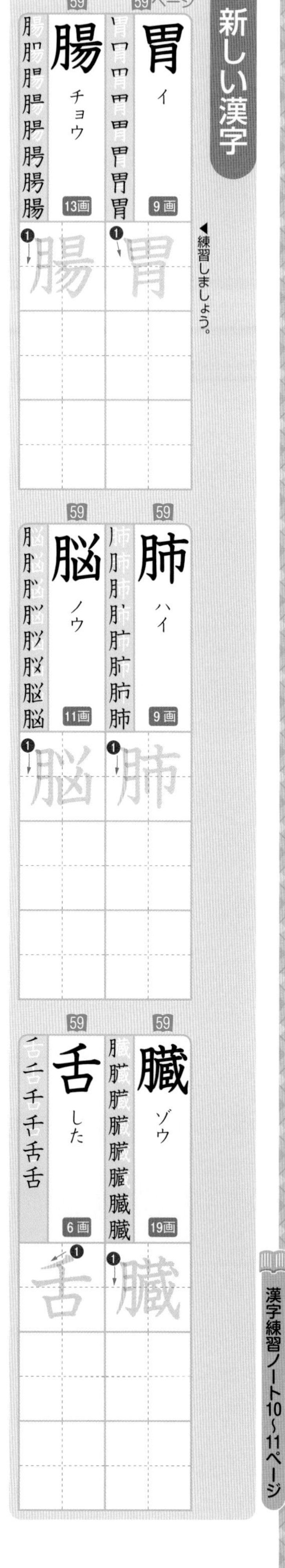

1 漢字の読み　読みがなを横に書きましょう。

○新しい漢字
●読みかえの漢字

① ○胃 ○腸
② ○肺
③ ○脳
④ ○舌
⑤ ●行く末
⑥ ●後ほど
⑦ ●戸外
⑧ ●家来

2 漢字の書き　漢字を書きましょう。

① ○［いちょう］の薬。
② ○［はい］のはたらき。
③ 動物の○［のう］。
④ ［しんぞう］○の仕組み。

3 五年生の漢字　漢字を書きましょう。

① ［もうふ］を運ぶ。
② ［ぼうふう］雨。
③ 台風の［せっきん］。
④ 道に［まよ］う。
⑤ ［かこ］の出来事。

⑤「かこ」は「現在」や「未来」と対の言葉だよ。

4 次の（　）に合う言葉を、□から選んで書きましょう。

物事が起こるもとになるものを（　　　）といい、それによって起こったことを（　　　）という。

結果　原因　目的　能力

5 次の原因がもとになった結果を□から選んで、記号で答えましょう。（記号は一回しか使えません。）

❶ 何日も雨が降らなかった。（　　）
❷ 授業の予習をしなかった。（　　）
❸ 準備体操をしないで走り出した。（　　）

ア　途中で足がつりそうになった。
イ　授業の内容をよく理解できなかった。
ウ　庭の草花がかれてしまった。

6 次の結果のもとになった原因を□から選んで、記号で答えましょう。（記号は一回しか使えません。）

❶ 思わずなみだがこぼれた。（　　）
❷ 満腹で動けなくなった。（　　）
❸ ギターをひくのが上手になった。（　　）

ア　大好物のぎょうざをたくさん食べた。
イ　毎日少しずつ練習を積み重ねた。
ウ　とても悲しい映画を見た。

7 原因と結果の結び付きを図に表して考えます。結果と結び付いている原因はどれですか。一つに○をつけましょう。

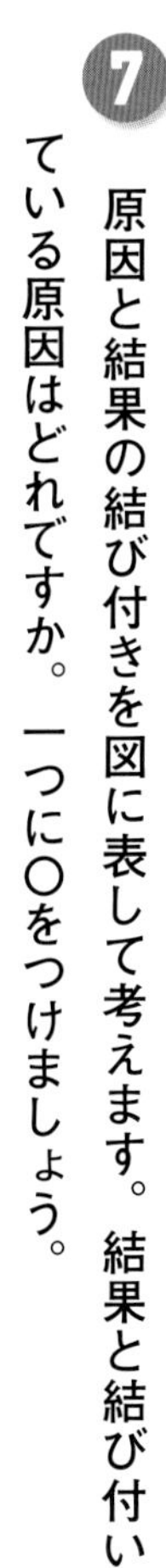

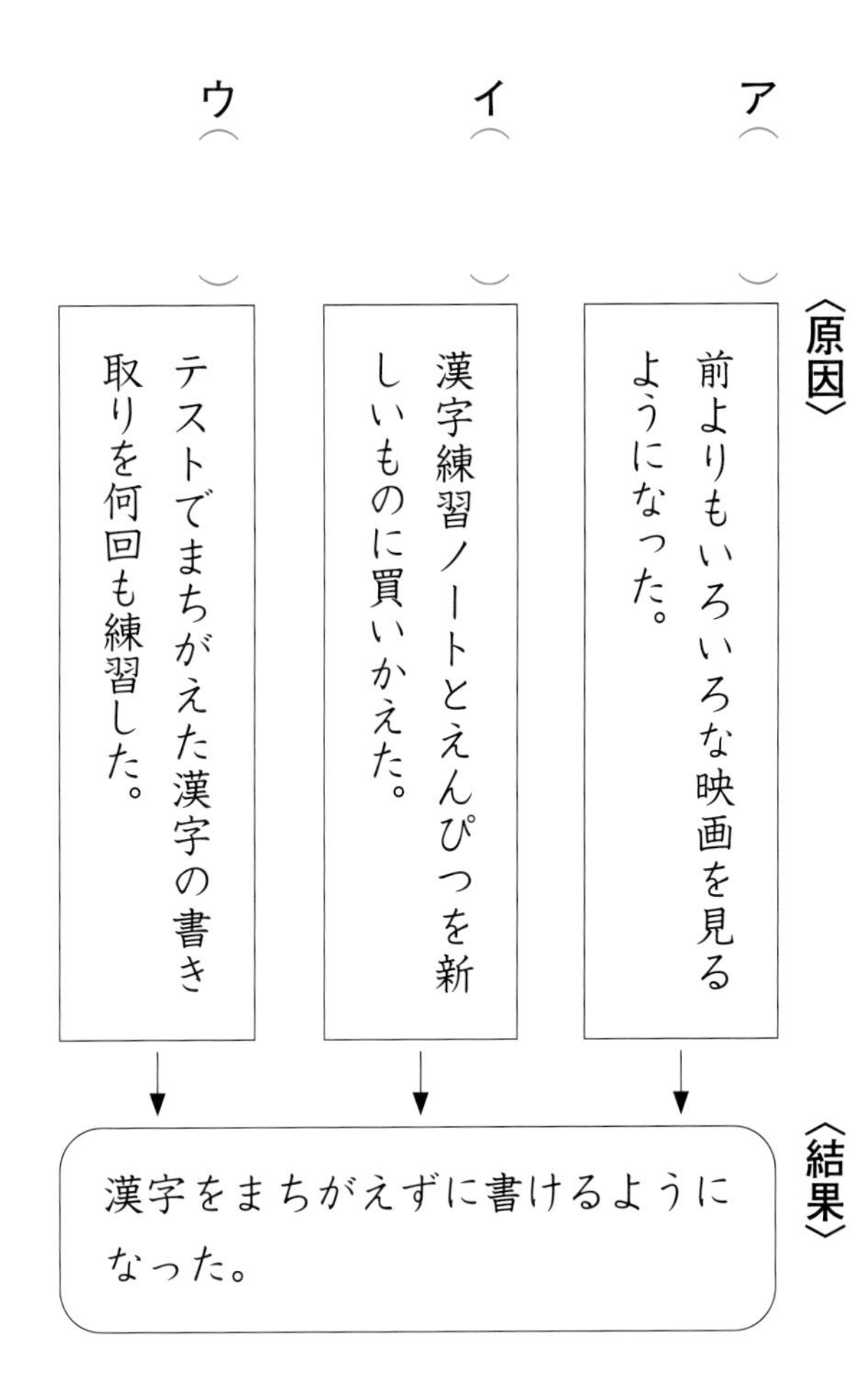

〈原因〉

ア（　）前よりもいろいろな映画を見るようになった。

イ（　）漢字練習ノートとえんぴつを新しいものに買いかえた。

ウ（　）テストでまちがえた漢字の書き取りを何回も練習した。

〈結果〉

漢字をまちがえずに書けるようになった。

8 原因と結果を考えるときに、気をつけることとして、正しいものには○、まちがっているものには×をつけましょう。

ア（　）一つの結果についてさまざまな原因が考えられることもあるので注意が必要だ。

イ（　）どれが本当の原因かはすぐに分かるので、調べる必要はない。

ウ（　）物事を正確にとらえるためには、結果だけを正確に見ればよい。

エ（　）何が原因で、原因と結果がどうつながっているかを考えることが大切だ。

ものしりメモ

原因と結果を一言で表す「因果」という言葉があるよ。仏教やインド哲学では、この世のすべてのものには「因果」があるという考え方をするんだ。

基本のワーク

いざというときのために／文と文とのつながり
漢文に親しもう／文字の移り変わり

教科書 62～75ページ　答え 6ページ

勉強した日　月　日

学習の目標
- 防災の取り組みについて考え、提案書の書き方を学ぼう。
- 漢文や漢詩に親しみ、文字の移り変わりを学ぼう。

漢字練習ノート12ページ

新しい漢字

教科書ページ

漢字	読み	画数	教科書ページ
私	シ　わたくし　わたし	7画	62
危	キ　あぶない	6画	63
策	サク	12画	63
卵	たまご	7画	68
割	わり　われる	12画	68
洗	セン　あらう	9画	68
机	つくえ	6画	68
誕	タン	15画	68
砂	サ　すな	9画	68
糖	トウ	16画	68
暖	ダン　あたたか　あたたかい　あたたまる	13画	72

◀練習しましょう。

1 漢字の読み

読みがなを横に書きましょう。

○新しい漢字　●読みかえの漢字

1. 私たち
2. 危機
3. 対策
4. 卵
5. 割れる
6. 洗う
7. 机
8. 誕生日
9. 暖かい

❾「暖かい」の対義語は「寒い」または「すずしい」だよ。「温かい」の場合の対義語は「冷たい」となるんだ。使い分けに注意しよう。

2 漢字の書き

漢字を書きましょう。

1. □（わたし）の意見。
2. □□（きき）意識。
3. □□（たいさく）。
4. □（たまご）を買う。
5. □□（たんじょう）日。
6. □□（さとう）。

いざというときのために

3 **提案書を書くときの流れを次にまとめました。（　）に合うものを□から選んで、記号で答えましょう。**

❶（　）について調べ、情報を整理する。
❷ 提案書での（　）をくふうする。
❸ 推敲して、まちがいや（　）を適切に直す。

ア 論の進め方
イ よりよくできるところ
ウ 提案書を書く題材

文と文とのつながり

4 **次の文を、指し示す言葉を使って二つの文に書きかえましょう。**

・今年の正月に私が着た着物は、母が子どものころに着ていたものだ。

（　　　　）
（　　　　）

漢文に親しもう

5 **次の漢文などを読んで、問題に答えましょう。**

百聞は一見にしかず
（漢文）百聞不如一見
（意味）人の話を何度も聞くよりも、一度自分の目で見るほうがよく分かる。

1 「百聞は一見にしかず」という文の中で、次の意味に当たる言葉を書きぬきましょう。

㋐「人の話を何度も聞く」（　　　　）
㋑「自分の目で一度見る」（　　　　）

2 「しかず」と読むのは、（漢文）では、どの部分ですか。（漢文）の中から二字で書きぬきましょう。

□□

3 この漢文はどんなことを述べていますか。一つに○をつけましょう。

ア（　）人の話から、様子を想像することが大切だということ。
イ（　）実際に自分で見て、理解することが大切だということ。
ウ（　）自分の目で見たものも、一度は疑うべきだということ。

文字の移り変わり

6 **次の説明に合う文字を□から選んで、記号で答えましょう。**

❶ 音を表すために作られた文字。（　）・（　）
❷ 決まった音と意味を持つ文字。（　）
❸ 「万葉がな」をくずして簡略化し、形を整えた文字。（　）
❹ 「万葉がな」の字画の一部を取り出して形を整えた文字。（　）

ア ひらがな　イ かたかな　ウ 漢字

ものしりメモ ひらがなが作られた平安時代のころでも、公的な文書は漢字で書かれていたよ。ひらがなは、短歌や日記など、私的なものを書くときに使われていたんだよ。

まとめのテスト

いざというときのために／文と文とのつながり／漢文に親しもう／文字の移り変わり

教科書 62～75ページ
答え 7ページ
時間 20分
得点 ／100点
勉強した日 月 日

1 川口さんがまとめた提案書と資料を読んで、問題に答えましょう。

私たちにできる大地しんへの備えには、何があるでしょうか。

私は、避難場所や連絡方法を決めて、家族と確認しておくことが大切だと考えます。そうすれば、学校や習い事の帰り道などで地しんが起こっても、落ち着いて行動できるからです。

ところが、資料のように、地しんへの備えとして「避難場所を決めておく」という人は、他の項目に比べて二〇一一年の東日本大震災の前後であまり増えていません。スマートフォンなどがふきゅうし、すぐ連絡できると考える人が増えてきたからでしょう。しかし、東日本大震災のときには、広い範囲で電話通信がつながりにくくなりました。スマホにたよっていてはいけないと思います。

大地しんは、家族とはなれているときにも起こる可能性があります。そのときにあわてないために、さっそく今日、家に帰ったら、避難場所や連絡方法について家族と確かめてみましょう。

【資料】(内閣府の資料をもとに作成)

地しんに備えてやっていること	2005年	2013年	2022年
食料や水を準備する	25.6%	33.4%	40.8%
家具を固定しておく	20.8%	26.2%	35.9%
避難場所を決めておく	28.7%	34.2%	34.5%

15　10　5

1 よく出る● 川口さんは、何についての提案書を書きましたか。〔15点〕

（　　　　）

2 川口さんの提案書の中でくふうしていることとして、合うもの一つに○をつけましょう。〔10点〕

ア（　）家族や身近な人の意見も取り入れて提案している。
イ（　）適切な資料を示して提案書の客観性を高めている。
ウ（　）小さい子に伝わりやすい簡単な言葉で説明している。

3 書いてみよう！ 「スマホにたよっていてはいけない」という考えを述べるために、川口さんはどんな事実を示していますか。〔15点〕

（　　　　）

2 次の――の主語を書きぬきましょう。〔15点〕

・今朝、登校すると、学校の花だんにひまわりがさいていた。もう一つの太陽みたいに、堂々としていた。

（　　　　）

言葉の意味プラス
1行 備え…物事に対する準備、用意。　資料 %…パーセント。全体を100としたときに、その対象がどれくらいあるかを示したもの。100人中３人であれば、３%と示される。

3 次の漢詩とその現代語訳を読んで、問題に答えましょう。

春暁（しゅんぎょう）

孟浩然（もうこうねん）

①春眠暁を覚えず（みんあかつき）
処処啼鳥を聞く（しょしょていちょう）
夜来風雨の声（やらい）
②花落つること知る多少ぞ（お）

春眠不覚暁
処処聞啼鳥
夜来風雨声
花落知多少

春の夜は暖かくてねごこちがよく、夜が明けてもなかなか目を覚ますことができない。
あちこちから鳥の鳴き声が聞こえてくる。
そういえば昨夜は雨風の音がしていた。
花はどれくらい散ったことだろうか。

〈「漢文に親しもう」による〉

1 よく出る● ①「春眠暁を覚えず」とは、どういう意味ですか。 一つ5〔10点〕

春の夜は暖かくて（　　）、夜が明けてもなかなか（　　）ことができない。

2 ②「花落つること知る多少ぞ」から、この日の朝、外はどんな景色であることが分かりますか。一つに○をつけましょう。〔10点〕

ア（　）庭にさまざまな花がさきみだれている。
イ（　）にわか雨が去って、空がきれいに晴れている。
ウ（　）花びらが庭にたくさん散っている。

チャレンジ！

3 この漢詩の作者の心情に合うもの一つに○をつけましょう。〔10点〕

ア（　）春が来るのが待ち遠しい気持ち。
イ（　）のんびりと春を楽しむ気持ち。
ウ（　）春が去って、さびしい気持ち。

4 次の文章を読んで、［1］～［3］に合うものを［　］から選んで、記号で答えましょう。 一つ5〔15点〕

日本語の文字は、中国から伝わった［1］の音（おん）だけを使った書き表し方を用いるようになったのが始まりです。このような文字を「万葉（まんよう）がな」といいます。

平安時代になると、万葉がなに用いられた漢字をもとにして「ひらがな」と「かたかな」が作られました。万葉がなをくずして書いたものをさらに簡略にして形を整えたものが［2］です。また、万葉がなの字画の一部を取り出し、形を整えたのが［3］です。

1（　）　2（　）　3（　）

ア ひらがな　イ かたかな　ウ 漢字

ものしりメモ

明治（めいじ）時代以前に詩といえば、今の日本の詩ではなくて、漢詩を指していたんだよ。中国から入ってきたものばかりでなく、日本でも作られていたんだ。

人物どうしの関係について話し合おう

基本のワーク

風切るつばさ／漢字を使おう3
言葉相談室 つなぐ言葉の使い分け

教科書 76〜89ページ
答え 7ページ

勉強した日 月 日

学習の目標
●登場人物の関係を考えながら読もう。
●登場人物の様子から、心情の変化を読み取ろう。

漢字練習ノート13〜14ページ

新しい漢字

練習しましょう。

○新しい漢字
●読みかえの漢字

1 漢字の読み 読みがなを横に書きましょう。

①若い ②うず巻く ③言い訳 ④背を向ける
⑤片すみ ⑥応急処置 ⑦雑誌 ⑧歌詞
⑨誠実 ⑩忠誠 ⑪滅亡

④は、六年生では二つの訓読みを習うよ。

5 言葉の意味 ○をつけましょう。

⑴ 78ページ 全員がパニックになる。
ア（ ）集中した状態。
イ（ ）混乱した状態。
ウ（ ）静止した状態。

⑵ 78ページ 話が堂々めぐりを続ける。
ア（ ）何度も重ねて深まっていくこと。
イ（ ）いろいろな角度から考えること。
ウ（ ）くり返すばかりで進まないこと。

2 漢字の書き

漢字を書きましょう。

① （わか）い鳥。　② 部屋の（かた）すみ。　③ （ちゅうせい）をちかう。

3 五年生の漢字

漢字を書きましょう。

① （れきし）を学ぶ。　② （とりい）をくぐる。　③ （しつもん）する。

4 言葉の知識

つなぐ言葉を［　］から選んで、記号で答えましょう。（記号は一回しか使えません。）

① あの人はぼくの母の兄だ。（　　）、ぼくのおじだ。
② 公園に行こうか。（　　）、図書館に行こうか。
③ たくさん練習した。（　　）、大会で優勝した。

［ア だから　イ あるいは　ウ つまり］

内容をつかもう！

★ 風切るつばさ　あらすじを場面ごとにまとめました。順番になるように、（　）に1～3を書きましょう。

教科書 78～83ページ

（　）クルルはカララをキツネから救い、ともに南へ向かった。

（　）幼いツルがキツネにおそわれ、クルルは仲間に責められた。

（　）クルルは飛べなくなった。やがてツルの群れは、次々に南へ向かって飛んでいった。


飛べなくなったアネハヅルのクルルが、仲間のカララのおかげで、また飛べるようになる話だよ。

---

③ 78 くやしさがつのる。
ア（　）強くなる。

イ（　）弱くなる。

ウ（　）なくなる。

④ 78 不満のはけ口は、どこにもない。
ア（　）その思いが発生した原因。

イ（　）その思いと同じような感情。

ウ（　）その思いを発散させるところ。

⑤ 80 自分を取り巻く環境が一変した。
ア（　）ゆっくり変わること。

イ（　）がらりと変わること。

ウ（　）少しだけ変わること。

⑥ 80 人はかれに背を向けるようになった。
ア（　）無関心な態度をとる。

イ（　）好意をもって接する。

ウ（　）相手の意思を重んじる。

⑦ 81 プライドを保つ。
ア（　）未来への希望。

イ（　）思いやりの気持ち。

ウ（　）自分に対するほこり。

⑧ 81 ゆいいつの方法。
ア（　）最高。

イ（　）ふつう。

ウ（　）ただ一つ。

ものしりメモ　日本に来るわたり鳥には、ツルのように北からわたってきて冬を過ごすものと、ツバメのように南からわたってきて夏を過ごすものがいるよ。

練習のワーク①

風切るつばさ

勉強した日 月 日

できるナビ
●ツルたちの様子を思いうかべながら読もう。
●クルルの心の中の言葉に注目しよう。

✿ 次の文章を読んで、問題に答えましょう。

夕暮れどき、若いアネハヅルの群れはキツネにおそわれ、幼い一羽が命を落としてしまった。

モンゴルの草原の、うず巻く風の中で、傷ついた群れは、①無言の夜をむかえた。②だれの心の中にも後悔（かい）がうず巻いていた。あのとき、もっと早くにげていれば……。あのとき、すぐキツネに気づいていれば……。二度ともどらない命への思いは、堂々めぐりを続け、くやしさだけがつのっていく。その思いのはけ口など、どこにもない。

「あのとき、だれか、羽ばたいたよな。」

だれかが口を開いた。

「③クルルがカララにえさをとってやったときか？」

クルルはときどき、体の弱いカ

2 「②だれの心の中にも後悔がうず巻いていた。」とありますが、その様子についてまとめた次の図に合う言葉を書きぬきましょう。

「もっと早くにげていれば……」

「❶（　　　　）……」

二度ともどらない命への思いが、堂々めぐりを続ける

❷□□□□だけがつのる。

3 「③クルルがカララにえさをとってやった」とありますが、クルルがカララにえさを分けているのは、なぜですか。

（　　　　　　　　）

4 「④そのせいだ」とは、どういうことですか。

（　　　　）が、カララに□□をとってやるために

（　　　　）せいで、キツネに見つかったということ。

言葉の意味プラス
1行 無言…全く物を言わないこと。　3行 後悔（かい）…自分のしたことを、後になってくやむこと。

ララに、とったえさを分けてやっている。

「キツネに気づかれたのは、④そのせいだよ。」

「あんなときに、えさなんて分けるんじゃないよ。」

「おれは前から、ああいうクルルが気になってたんだ。」
⑤いかりの持っていき場が見つかったとばかりに、みな、口々にクルルに厳しい言葉をぶつけてくる。
（あのとき、羽ばたいたのはおれだけじゃない。キツネは、その前からねらっていたんじゃないのか。カララにえさをあたえたことと、本当に関係があるのか。）

そんな言い訳などおしつぶされそうな雰囲気（ふんいき）に、⑥クルルはだまるしかなかった。

そのときからクルルは、まるで仲間殺しの犯人のようにあつかわれるようになった。だれ一人、かれの味方はいない。カララでさえ、だまってみんなの中に交じっている。仲間、友達、今まであたりまえだったもの全てが一変した。⑦みな、かれに背を向け、口をきく者さえだれもいない。クルルの気持ちなど、だれ一人分かろうとしないのだ。

友達も仲間も何もかもが信じられない。たった一羽でいるしかなくなった、みじめな自分。クルルはそんな自分を責めた。⑧風の中を飛ぶ自分のつばさの音すら、みっともない雑音に聞こえる。


〈木村（きむら）裕一（ゆういち）「風切るつばさ」による〉

1 「①無言の夜」という表現は、ツルたちのどんな様子を表していますか。一つに○をつけましょう。

後の部分から読み取ろう。


ア（　）パニックが続いている様子。

イ（　）落ち着きを取りもどした様子。

ウ（　）悲しみにしずんでいる様子。

5 「⑤いかりの持っていき場が見つかったとばかりに、みな、口々にクルルに厳しい言葉をぶつけてくる。」とありますが、この様子を言いかえた次の文に合う言葉を書きぬきましょう。

みな、クルルをいかりの［　　　］にした。

6 よく出る 「⑥クルルはだまるしかなかった」とありますが、それはなぜですか。一つに○をつけましょう。

ア（　）仲間たちの言うことがもっともだと思ったから。

イ（　）どんな言い訳も聞いてもらえそうになかったから。

ウ（　）反論したくても証こがないことに気づいたから。

7 「⑦みな、かれに背を向け、口をきく者さえだれもいない。」とありますが、このような仕打ちを受けるクルルのことを、何のようにあつかわれたと表現していますか。

（　　　　　　）

キツネに気づかれたのは、クルルのせいだと決めつけられてしまったんだね。

8 よく出る 「⑧風の中を飛ぶ自分のつばさの音すら、みっともない雑音に聞こえる。」とありますが、そのように感じたのは、クルルが自分のことをどのように思っていたからですか。

クルルは自分のつばさの音を「みっともない」と思っているよ。


何もかも信じられず、たった一羽でいるしかない自分を、

（　　　　　　）なものに思っていたから。

ものしりメモ　アネハヅルは、世界で最も小さなツルで、全長は約90センチメートル。そんな小さな体でヒマラヤ山脈をこえていくんだ。びっくりだね。

練習のワーク2

風切るつばさ

教科書 76〜89ページ
答え 8ページ
勉強した日　月　日

できるナビ
●行動や心の中の言葉から、クルルの心情を読み取ろう。
●クルルの心情の変化を読み取ろう。

次の文章を読んで、問題に答えましょう。

〔厳しい寒さの冬を前に、クルルは飛べなくなってしまった。〕

やがてツルの群れが、南に向かって飛んでいくのが見えた。第二、第三の群れもわたり始める。

①白い雪がちらほらとまい始めたときだ。クルルの目に、南の空からまい降りてくる一羽の鳥が見えた。カララだ。②カララは何も言わずにクルルのとなりに降り立った。クルルは、もしカララが「さあ、いっしょに行こう！」と言ったら、たとえ飛べたとしても首を横にふるつもりだった。「おれなんかいらないだろう。」とも言うつもりだった。でも、カララは何も言わなかった。ただじっととなりにいて、南にわたっていく群れをいっしょに見つめていた。

日に日に寒さが増してくる。

（こいつ覚悟してるんだ。）

クルルの心が少しずつ解けていく気がした。

（そうか、③おれが飛ばないとこいつも……。）と思った、④そのとき！　いきなりしげみからキツネが現れた。⑤するどい歯が光り、カララに飛びかかる。

「危ない！」

そのしゅんかん、クルルはカララをつき飛ばすように羽ばた

2　「②カララは何も言わずにクルルのとなりに降り立った。」について答えましょう。

(1)　カララが「さあ、いっしょに行こう！」と言ったら、クルルはどうするつもりでしたか。二つ書きましょう。

（　　　）
（　　　）

(2)　カララは、実際にはどうしていましたか。

書いてみよう！
（　　　）

3　クルルとカララが、何日にもわたってその場にとどまっていたことが分かる一文を書きぬきましょう。

（　　　）

4　「③おれが飛ばないとこいつも」の後に続く言葉は何だと考えられますか。一つに○をつけましょう。

カララがどうしてクルルのそばに残ったのか考えよう。

言葉の意味プラス
7行　首を横にふる…賛成をしない。　12行　覚悟…危険なことがあっても、受け止める意思を固めていること。

いた。カラスはそれを合図に飛び上がった。

「あっ……。」

気がつくと、⑥クルルの体も空にまい上がっていた。目標を失ったキツネが、くやしそうに空を見上げている。

「おれ、飛んでる。」

クルルは思わずさけんだ。力いっぱい羽ばたくと、風の中を体がぐんぐんとのぼっていく。

⑦風を切るつばさの音が、ここちよいリズムで体いっぱいにひびきわたった。

〈木村裕一「風切るつばさ」による〉

1 よく出る● 「①白い雪がちらほらとまい始めた」から、季節について、どういうことが分かりますか。

ツルの群れが、南に向かって飛んでいく理由を考えよう。

（　　　　）がやってきたということ。

ア（　）おれを見送ることができないんだな。

イ（　）話しかけられないんだな。

ウ（　）飛ばないつもりなんだな。

5 「④そのとき」現れたものは何でしたか。

（　　　　）

6 「⑤するどい歯が光り、カラスに飛びかかる。」とありますが、そのしゅんかん、クルルはどうしましたか。

（　　　　）

7 「⑥クルルの体も空にまい上がっていた」とありますが、どういうことですか。一つに○をつけましょう。

ア（　）クルルがカラスにつき飛ばされたということ。

イ（　）クルルがキツネよりもすばやいということ。

ウ（　）クルルがようやく空を飛べたということ。

8 よく出る● 「⑦風を切るつばさの音が、ここちよいリズムで体いっぱいにひびきわたった。」とありますが、このときのクルルはどういう様子でしたか。一つに○をつけましょう。

ア（　）いったいどこまで飛んでいけるか不安に思っている様子。

イ（　）元気を取りもどして、飛ぶ力がわいてきている様子。

ウ（　）もっと早く飛び立たなかったことをくやんでいる様子。

ものしりメモ ツルの鳴き声はとても大きいので、「鶴の一声」という慣用句があるくらいだよ。「多くの人をしたがわせるような権力者の一言」という意味だよ。

まとめのテスト

風切るつばさ　言葉相談室　つなぐ言葉の使い分け

教科書　76〜89ページ
答え　9ページ

時間20分

得点　/100点

勉強した日　月　日

1 次の文章を読んで、問題に答えましょう。

〔厳しい寒さの冬を前に、クルルは飛べなくなってしまった。〕

やがてツルの群れが、南に向かって飛んでいくのが見えた。第二、第三の群れもわたり始める。

白い雪がちらほらとまい始めたときだ。クルルの目に、南の空からまい降りてくる一羽の鳥が見えた。カララだ。カララは何も言わずにクルルのとなりに降り立った。

カララが「さあ、いっしょに行こう！」と言ったら、クルルは、もしカラたとしても①首を横にふるつもりだった。「おれなんかいらないだろう。」とも言うつもりだった。でも、カララは何も言わなかった。ただじっととなりにいて、南にわたっていく群れをいっしょに見つめていた。

②日に日に寒さが増してくる。

（③こいつ覚悟してるんだ。）

クルルの心が少しずつ解けていく気がした。

（そうか、おれが飛ばないとこいつも……。）と思った、そのとき！　いきなりしげみからキツネが現れた。するどい歯が光り、カララに飛びかかる。

「危ない！」

そのしゅんかん、④クルルはカララをつき飛ばすように羽ばた

2 「②日に日に寒さが増してくる。」からは、どんなことが分かりますか。〔12点〕

（　　　　　　　　　　）

3 「③こいつ覚悟してるんだ。」について答えましょう。

(1) カララは、何を覚悟していると考えられますか。一つに○をつけましょう。〔10点〕

ア（　）クルルを見すてて、自分だけ南へ飛んでいくこと。

イ（　）クルルが飛ぶまでは、この場にとどまること。

ウ（　）クルルといっしょに、キツネと戦うこと。

(2) このように思ったクルルは、どんな気持ちになりましたか。〔10点〕

心が（　　　　　　　　　　）気がした。

4 「④クルルはカララをつき飛ばすように羽ばたいた」とありますが、なぜそうしたのですか。〔10点〕

（　　　　　　　　　　）

言葉の意味プラス　15行　しげみ…草や木がたくさん生えている所。

いた。カラ
ラはそれを合図に飛び上がった。

「あっ……。」

気がつくと、クルルの体も空にまい上がっていた。目標を失ったキツネが、くやしそうに空を見上げている。

「おれ、飛んでる。」

クルルは思わずさけんだ。カいっぱい羽ばたくと、風の中を体がぐんぐんとのぼっていく。

風を切るつばさの音が、ここちよいリズムで体いっぱいにひびきわたった。

〈木村裕一「風切るつばさ」による〉

20 25 30

1 「首を横にふる」とありますが、どういうことを表していますか。〔10点〕

（　　　　　　　　）

5 「あっ……。」とありますが、このとき、クルルはどういうことに気がついたのですか。〔10点〕

（　　　　　　　　）

6 よく出る● 「クルルは思わずさけんだ。」とありますが、このときのクルルの気持ちに合うもの一つに○をつけましょう。〔10点〕

ア（　）飛べたことを喜ぶ気持ち。

イ（　）キツネをからかう気持ち。

ウ（　）カラを心配する気持ち。

7 風を切るつばさの音は、クルルにはどのように感じられましたか。両方できて〔10点〕

□□□□□□□□で□□□□□にひびきわたるように感じられた。

2 （　）に合うつなぐ言葉を□から選んで、記号で答えましょう。一つ6〔18点〕

❶ 今日は早くねる。（　　）、明日早起きするからだ。
❷ あまいものが食べたい。（　　）、チョコレートだ。
❸ この本はおもしろかった。（　　）、次は何を読もう。

ア それとも　イ さて　ウ なぜなら　エ 例えば

ものしりメモ ツルが生息できる土地は減ってきているので、絶滅のおそれのある種類もあるよ。北海道の釧路湿原などにいるタンチョウは特別天然記念物になっているね。

基本のワーク

インターネットの投稿を読み比べよう／季節の足音―夏
未来を生きる君へ　世界は必ず変えられる SDGs

教科書 90～109ページ
答え 9ページ
勉強した日　月　日

学習の目標
●複数の意見を読み比べて、テーマを多角的にとらえよう。
●説得力のある文章のくふうを読み取ろう。

漢字練習ノート14ページ

○新しい漢字
●読みかえの漢字

1 漢字の読み　読みがなを横に書きましょう。

① 負担　② 価値　③ 激しい
④ 疑う　⑤ 故障

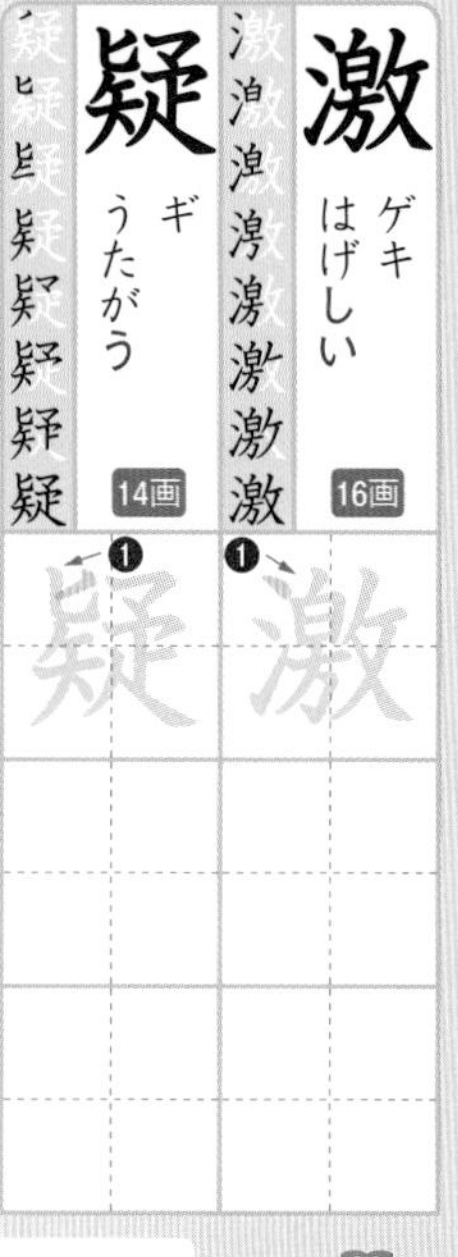

2 漢字の書き　漢字を書きましょう。

① （ふたん）する。
② （かち）がある。
③ （はげ）しい運動。
④ 常識を（うたが）う。
⑤ 車が（こしょう）する。

4 言葉の意味　○をつけましょう。

① 93ページ 相手をやりこめる。
ア（　）仲直りする。
イ（　）意見を受け入れる。
ウ（　）言い合いで負かす。

② 93 賛同を得る。
ア（　）ほめること。
イ（　）同意すること。
ウ（　）反対すること。

③ 94 ハードに練習する。
ア（　）激しく。
イ（　）適度に。
ウ（　）楽しく。

3 次の詩を読んで、問題に答えましょう。

祖母　三好達治

祖母は蛍をかきあつめて
桃の実のやうに合せた掌の中から
沢山な蛍をくれるのだ

祖母は月光をかきあつめて
桃の実のやうに合せた掌の中から
沢山な月光をくれるのだ

(1) 祖母がくれたものを二つ書きましょう。

[　　]と[　　]

(2) この詩が表す内容として合うもの一つに○をつけましょう。

ア（　）小さいころの貧しい暮らしの様子。
イ（　）あたたかい愛情に満ちた祖母の心。
ウ（　）光るものが好きな作者のこだわり。

詩を鑑賞するときは、タイトルもしっかり確認するとよいよ。

内容をつかもう！

☆ 未来を生きる君へ　世界は必ず変えられる

国際連合（国連）で軍縮の仕事を担当している筆者の考えについて、次のようにまとめました。（　）に合う言葉を、[　]から選んで書きましょう。　教科書 108～109ページ

(1) これまでの歴史の中で、何度も「（　　）」と思われたことが実現した例があるので、世界は必ず変えられる。

(2) 大きな変化はこわいことだが、だからこそ（　　）や将来の希望が、私たちを（　　）させてくれる。

連帯　理想　不可能

---

4 95 知見を広める。
ア（　）物事に対する正しい知識。
イ（　）物事に対する自分の考え。
ウ（　）物事に対する周りの意見。

5 96 過度の運動。
ア（　）とても少ないこと。
イ（　）過去のこと。
ウ（　）やりすぎること。

6 100 引き合いに出す。
ア（　）賛成が多い意見。
イ（　）参考となる例。
ウ（　）めずらしい話。

7 101 木立がかがやく。
ア（　）木の葉の間からもれる光。
イ（　）立ちならんだ木々。
ウ（　）大きく立派な木。

8 108 新しい担い手。
ア（　）細かい技術をもった人。
イ（　）中心となり物事を進める人。
ウ（　）知らないことを教える人。

9 108 核兵器の廃絶。
ア（　）やめて、なくすこと。
イ（　）古くなって、こわれること。
ウ（　）きたなくなって、すてること。

ものしりメモ
「インターネット」は、1960年代にアメリカのマサチューセッツ工科大学で構想された「銀河間コンピュータネットワーク」が始まりだといわれているよ。

練習のワーク

インターネットの投稿を読み比べよう

教科書 90〜109ページ
答え 9ページ

勉強した日　月　日

できるナビ
●インターネットの特徴を読み取ろう。
●インターネットの投稿を読み比べて、自分なりの意見をまとめよう。

次の文章を読んで、問題に答えましょう。

インターネットは、私たちの生活に欠かせないコミュニケーションツールになってきました。だれでも、SNSやブログ、掲示板など、さまざまな形で①情報を発信することができ、書き手と読み手が簡単にやりとりすることができます。そこでは、さまざまなテーマに対して意見がかわされることもあり、意見を投稿することでその議論に参加することができます。

投稿された文章を読む際は、書き手の意見を読み取るだけでなく、どのような理由からそう述べているのか、どのような事実や事例が挙げられているのか、どのように議論が展開されているのかを考えることが大切です。書かれていることが確かな事実かどうかということはもちろん、理由の述べ方や、事実や事例の挙げ方に説得力があるかどうかにも気をつけて、書き手の意見に対する自分の考えを持つようにしましょう。

このことは、②自分が意見を投稿する際にも大切です。述べた

2 「①情報を発信することができ」とありますが、どのような形で情報を発信できるのですか。文章中で挙げられている例を三つ書きぬきましょう。

自分で考えるのではなく、文章中から例をさがすよ。

（　　）（　　）（　　）

3 「②自分が意見を投稿する際にも大切です」について答えましょう。

(1) 「意見を投稿する際にも大切」なこととは、どのようなことですか。

●述べたいこととその（　　）を挙げること。

●（　　）を適切に挙げること。

(2) (1)をすることで、どのようなことができるようになりますか。二つに分けて書きましょう。

書いてみよう!

（　　）（　　）

言葉の意味プラス
2行　コミュニケーションツール…情報や意思の伝え合いのための道具。
21行　共感…他人の意見や考えについて、自分もそのとおりだと思うこと。

いこととその理由、事実や事例を適切に挙げることで、読み手を説得したり、多くの読み手に共感してもらったりすることができるのです。

また、③インターネット上のやりとりでは、相手の様子や表情が分かりません。ですから、相手が自分の前にいるとき以上に、意見の述べ方や言葉づかい、議論へ参加する態度について気をつける必要があります。議論に参加していると、つい感情的になって相手をやりこめようとしがちですが、それでは④読み手の賛同や共感を得られません。相手の立場や考えだけでなく、読み手の気持ちや反応を想像しながら、冷静に自分の意見を述べることが大切です。

〈「インターネットの投稿を読み比べよう」による〉

20　25　30

1 よく出る● インターネットは、私たちにとってどういうものになってきていますか。一つに○をつけましょう。

「欠かせない」の意味を考えよう。

ア（　）生活にあっても問題ないものになってきた。
イ（　）生活になくてはならないものになってきた。
ウ（　）生活に関係ないものになってきた。

文章の初めに話題が提示されていることに注目して読み取ろう。

4 「③インターネット上のやりとり」について答えましょう。

(1) 「インターネット上のやりとり」にはどんな特徴がありますか。

（　　　　）が分からないという特徴。

(2) (1)のことから、何に気をつける必要がありますか。（　）に合う言葉を文章中から書きぬきましょう。

相手が自分の前にいるとき以上に（　　　　）や（　　　　）、議論へ参加する（　　　　）に気をつける必要がある。

実際に相手を目の前にして行うやりとりと、何がちがうのかな。

5 「④読み手の賛同や共感を得られません」とありますが、「賛同や共感」を得るには、どのように意見を述べればよいですか。正しいものには○、まちがっているものには×をつけましょう。

ア（　）読み手の立場や考えに合わせた、自分の考えとは異なる意見を述べる。
イ（　）読み手の気持ちや反応を想像して気づかいながら、自分の意見を述べる。
ウ（　）読み手をやりこめようと感情的にならず、冷静に意見を述べる。
エ（　）読み手が目の前にいるつもりで、親しみをこめて意見を述べる。

ものしりメモ　インターネットの情報を表示したり検索したりするための仕組みを「ワールド・ワイド・ウェブ（www）」というよ。「ウェブ」というのは「くもの巣」という意味なんだ。

まとめのテスト インターネットの投稿を読み比べよう

教科書 90〜109ページ　答え 10ページ　勉強した日　月　日

得点　/100点

教科書の次の部分を読んで、後の問題に答えましょう。

教科書 94ページ6行（投稿１　Aさん）〜95ページ26行（……大切にしたい。）

1 どんなテーマについて議論をしていますか。〔5点〕

「スポーツの（　　　）」とは何かというもの。

2 Aさんは、投稿１でどんな意見を述べていますか。両方できて〔5点〕

スポーツのいちばんの目的は（　　　）を作ることなので、（　　　）範囲で楽しむことが大切だ。

3 Bさんは、投稿２でどんな意見を述べていますか。一つに○をつけましょう。〔5点〕

ア（　）スポーツの価値は勝利を目指すことにあり、そうしてこそ、自分の中に努力のあとが残るものだ。

イ（　）スポーツの価値は努力をすることにあり、練習に真剣に取り組むこと自体がすばらしいのだ。

ウ（　）スポーツの価値は自分の限界をこえることにあり、勝ち負けにこだわらずとも努力すればよいのだ。

4 よく出る● Aさんの投稿１とBさんの投稿２は、どんな構成で書かれていますか。共通するもの一つに○をつけましょう。〔5点〕

ア（　）初めに自分の体験を述べ、次に予想される反論を挙げて、最後に自分の意見を述べている。

イ（　）初めに自分の意見を述べ、次にそう思う理由を挙げて、最後に再び自分の意見を述べている。

ウ（　）初めに一般的な意見を挙げ、その意見を否定しながら自分の意見を述べている。

5 Bさんの投稿４は、Cさんの投稿３のどんな点が良くないと指摘していますか。〔10点〕

教科書95ページ20行 根拠…ものごとのもとになる理由。
教科書96ページ3行 宮本武蔵…江戸時代の剣術家。

6 Dさんは投稿6でどんな意見を述べましたか。〔一つ5［15点］〕

練習量を増やすことだけを重視するやり方や指導を、（　　）を保つことと、（　　）を目指すことはどちらも大切なことだが、この二つを両立させるためには、（　　）必要がある。

7 Eさんの投稿7について答えなさい。

(1) Eさんは、スポーツの指導は何にもとづいて行われるべきだと述べていますか。〔5点〕

（　　）

(2) (1)を主張するために、どんなことを例として挙げていますか。〔両方できて5点〕

ひと昔前は練習中に（　　）ことが常識だったが、今では運動中に（　　）ことがあたりまえになっている。

教科書 96ページ1行～97ページ21行（投稿8　Bさん）（……大切なことなのだと思いました。）

8 よく出る● Bさんは、昔ながらの指導のよさを主張するために、投稿8でどんなくふうをしましたか。一つに○をつけましょう。〔5点〕

ア（　）「五輪書（ごりんのしょ）」を挙げて精神面をきたえるよさを主張した。

イ（　）宮本武蔵（みやもとむさし）の生き方を例に指導の大切さを主張した。

ウ（　）効率を求めるトレーニングを具体的に説明した。

チャレンジ！

9 Fさんは投稿9でどんな主張をしましたか。〔一つ5［15点］〕

スポーツに取り組むことで自分の（　　）もきたえられ、仕事につながる（　　）も得られたことが、スポーツの（　　）なのだと思う。

10 よく出る● Fさんの投稿9やEさんの投稿10、Dさんの投稿11では、説得力をもたせるために、どんなくふうがされていますか。それぞれに合うもの一つを選んで、記号で答えましょう。〔一つ5［15点］〕

Fさんの投稿9…（　）　Eさんの投稿10…（　）

Dさんの投稿11…（　）

ア　ことわざ・格言を引用している。

イ　実在の有名人の事例を挙げている。

ウ　自分がとったアンケートの結果を示している。

エ　実際の調査結果から具体的な数値を挙げている。

オ　日本以外の国での事例をしょうかいしている。

11 Cさんは、投稿12で、これまでの議論をふまえて、どのように考えをまとめていますか。一つに○をつけましょう。〔10点〕

ア（　）議論をふまえて、自分の意見を大きく変えた。

イ（　）議論を経ても、自分の意見を少しも変えなかった。

ウ（　）ちがう立場の意見にも納得（なっとく）できるところがあり、自分の意見を少し変えた。

エ（　）考えを大きく変えて、もともとの考えがまちがいだったと反省した。

ものしりメモ　インターネットで使う「検索（けんさく）エンジン」は、過去の検索履歴（りれき）などをもとにユーザーが興味があると予想される検索結果を出すんだ。つまり、かたよった情報が表示されることがあるということだよ。

基本のワーク

いま始まる新しいいま
心の動きを俳句で表そう

教科書 110〜115ページ
答え 11ページ

勉強した日　月　日

学習の目標
●情景を味わいながら詩を読もう。
●発見や感動を短い言葉で表す俳句について学ぼう。

漢字練習ノート15ページ

新しい漢字

教科書112ページ　俳　ハイ　10画
▼練習しましょう。

114　探　タン　さがす　11画

○新しい漢字
●読みかえの漢字

1 漢字の読み　読みがなを横に書きましょう。

❶ 俳句　❷ 探す

2 漢字の書き　漢字を書きましょう。

❶ □□（はいく）で表す。　❷ 道を□（さが）す。

★いま始まる新しいいま

3 次の詩を読んで、問題に答えましょう。

いま始まる新しいいま

川崎（かわさき）洋（ひろし）

①心臓から送り出された新鮮（せん）な血液は
十数秒で全身をめぐる
わたしはさっきのわたしではない
そしてあなたも

1 「①心臓から送り出された新鮮な血液は／十数秒で全身をめぐる」とありますが、このように表現することで、作者はどういうことを述べているのですか。

わたしたちは、いつも（　　　　）ということ。

2 「②日々新しくなる世界」とありますが、これはどういうことですか。

言葉の意味プラス
7行　陽炎（かげろう）…ゆらゆらと立ち上った空気によって、物がゆれて見えること。
21行　まっさら…完全に新しい様子。

わたしたちはいつも新しい
さなぎからかえったばかりの蝶が
生まれたばかりの陽炎の中で揺れる
あの花は
きのうはまだ蕾だった
海を渡ってきた新しい風がほら
踊りながら走ってくる
自然はいつも新しい

きのう知らなかったことを
きょう知る喜び
きのうは気がつかなかったけど
きょう見えてくるものがある
②日々新しくなる世界
古代史の一部がまた塗り替えられる
過去でさえ新しくなる

きょうも新しいめぐり合いがあり
まっさらの愛が
次々に生まれ
いま初めて歌われる歌がある
いつも　いつも
新しいいのちを生きよう
いま始まる新しいいま

5　10　15　20　25

きのうまで知らなかったことを（　　　）ことができたり、（　　　）ことが見えてきたりすることで、世界が新しくなるということ。

3 それぞれの連でとらえられているものを［　］から選んで、記号で答えましょう。

第一連…（　　）　第二連…（　　）
第三連…（　　）　第四連…（　　）

> ア　動物や植物などの自然　イ　わたしたち人間の体
> ウ　日々新しくなるいのち　エ　歴史や過去

それぞれの連で出てくる新しいものは何かな。

4 よく出る● この詩の内容として、合うもの一つに○をつけましょう。

最後のまとまりの、呼びかけるような表現に注目しよう。

ア（　）人間も、自然も、世界も、常に新しいものであり、その新しいいのちを大切にして生きよう。
イ（　）人間は、つい新しいものにばかり目をうばわれてしまうけれども、過去も大切にして生きよう。
ウ（　）人間は、自分たちだけでは生きていけないのだから、人間を取りまく自然を大切にして生きよう。

☆心の動きを俳句で表そう

4 俳句を説明した次の文の（　）に、合う言葉を書きましょう。

（　　）・（　　）・（　　）の十七音から成る短い詩で、（　　）を一つ入れる。

ものしりメモ　俳句は、今では世界中に広まっているよ。英語の他に、フランス語、中国語、ドイツ語などでも作られているんだ。語数が決まっていたり、季節の言葉が入ったりという決まりは日本と同じだよ。

基本のワーク

話し合って考えを深めよう 漢字を使おう4／場面に応じた言葉づかい

教科書 116～125ページ
答え 11ページ

勉強した日 月 日

学習の目標
●自分の意見を明確に伝えて話し合おう。
●それぞれの立場の意見を整理して、自分の考えに生かそう。

漢字練習ノート15～16ページ

新しい漢字

教科書118ページ

漢字	読み	画数	ページ
沿	エン そう	8画	118
届	とどく	8画	119
株	かぶ	10画	123
看	カン	9画	123
座	ザ	10画	123
盛	もる	11画	123
券	ケン	8画	123
専	セン	9画	123

練習しましょう。

○新しい漢字
●読みかえの漢字

1 漢字の読み 読みがなを横に書きましょう。

① 切り株　② 看板　③ 発券　④ 玉座　⑤ 読本

④「玉座」は国王などの席だよ。

2 漢字の書き 漢字を書きましょう。

① 計画に（そ）う。
② すぐに（とど）く。
③ 大会を（も）り上げる。
④ （せんもん）の知識。

3 ☆話し合って考えを深めよう

お世話になったかたへのお礼は、手紙がよいか、電子メールがよいか、という議題で話し合っています。読んで、問題に答えましょう。

原田（はらだ）　①私（わたし）は、手紙がよいと考えます。ていねいに書いた字は、気持ちがこもっていると感じられるので、受け取ったかたも

ない場合、読みにくいと思われてしまいませんか。

原田　確かに読みにくいと思われることがあるかもしれません。しかし、読む人のことを考えて、一画一画ていねいに書いた字であれば、気持ちは伝わると思います。

〈「話し合って考えを深めよう」による〉

30

言葉の意味 プラス
14行 お世話になった…手間を取らせた。めんどうを見てもらった。
29行 一画…漢字の、ひとふでで書ける点や線。

うれしくなると思うからです。この前、祖母が誕生日に手紙をくれたのですが、ていねいな字で書かれていて、私のことをとても大切に思ってくれていると感じました。このような経験から、お世話になったかたへのお礼には、手紙を送るのがよいと考えました。

金子（かねこ） ぼくも、手紙のほうがよいという立場です。理由は二つあります。一つ目は、手紙であれば、きれいな便せんを選んだり、絵をかきそえたりしてくふうすることができるからです。

……

司会 次に、電子メールがよいという立場の人、お願いします。

中村（なかむら） ぼくは、電子メールがよいと考えます。電子メールはすぐに届くからです。手紙だと時間がかかります。すぐに感謝の気持ちを伝えたほうが、お世話になったかたも、喜んでくれると思います。

……

司会 ②両方の立場の意見を聞きました。それぞれの理由を確認（かくにん）しましょう。手紙がよいと考える理由は、気持ちがこもっている、くふうすることができる、失礼に思われないということでした。一方、電子メールがよいと考える理由は、すぐに届く、字が読みやすい、写真や動画が簡単に送れるということでした。

……

司会 それでは、それぞれの意見に対して、質問をしましょう。まず、手紙がよいという意見に対して、質問がある人はいますか。

中村 原田さんに質問です。ていねいに書いた字には、気持ちがこもっているということでしたが、③字があまり上手では

25 20 15 10 5

1 よく出る● 「①私は、手紙がよいと考えます。」とありますが、原田さんはこの意見を述べるとき、どんなくふうをしていますか。一つに○をつけましょう。

祖母についての話を述べているね。

ア（　）自分の経験を事例として挙げている。
イ（　）具体的な数字を示しながら話している。
ウ（　）他者の意見を引用して述べている。

2 「②両方の立場の意見を聞きました。」とありますが、司会はそれぞれの意見をどうまとめていますか。

❶手紙のよいところ

・[　　　] がこもっている。
・くふうすることができる。 ・失礼に思われない。

❷電子メールのよいところ

・すぐに届く。 ・字が読みやすい。
・[　　] や動画を簡単に送ることができる。

3 書いてみよう！ 「③字があまり上手ではない場合、読みにくいと思われてしまいませんか。」という質問に対する原田さんの考えをまとめましょう。

4 ★場面に応じた言葉づかい 次の場面では、どんな言い方をすればよいですか。合うものを選んで、○をつけましょう。

〈先生がしたことを話すとき〉

先生がとてもおもしろい話を｛ア（　）してくれた／イ（　）してくださった｝。

私たちが今使っている電子メールの形が発明されたのは1971年といわれているよ。1991年には、宇宙からの電子メールを受け取ることにも成功したんだ。

表現に着目して読み、考えたことを伝え合おう

基本のワーク

模型のまち（SDGs）／漢字を使おう5
言葉相談室　その修飾は、どこにかかるの？

教科書 126～151ページ

答え 11ページ

勉強した日　月　日

学習の目標

● 物語の情景描写などに着目しながら読み、表現のくふうをとらえよう。

● 表現のくふうと物語の展開の関係を考えよう。

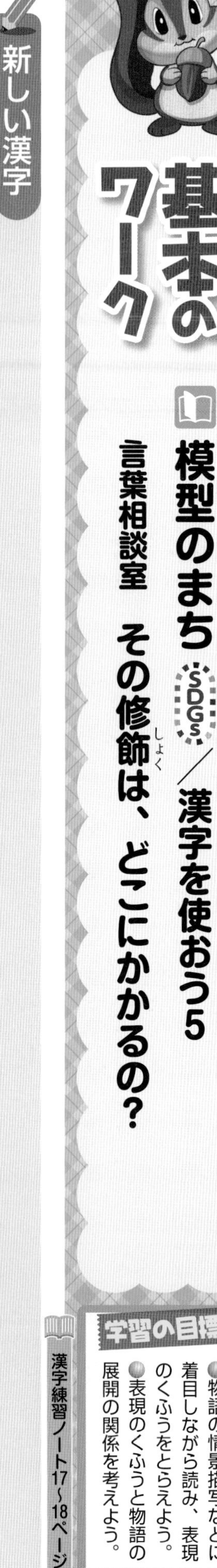

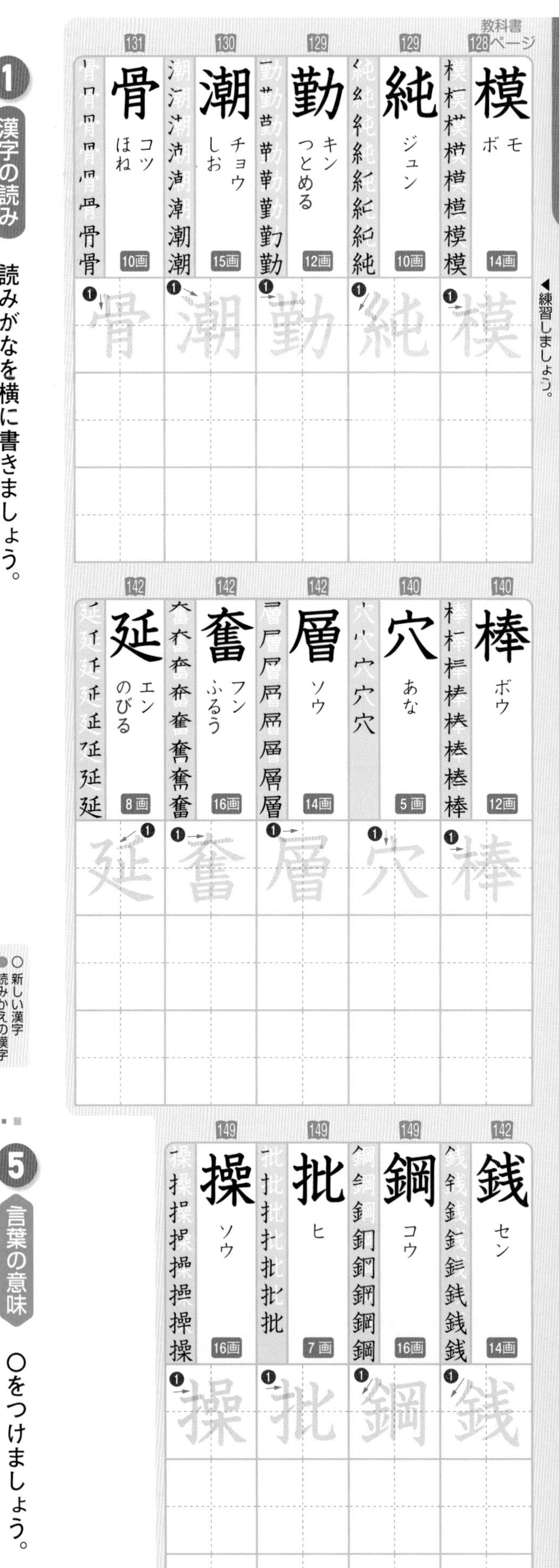

1 漢字の読み　読みがなを横に書きましょう。

○ 新しい漢字
● 読みかえの漢字

① 模型
② 単純
③ 転勤
④ 鉄骨
⑤ 地層
⑥ 興奮
⑦ 銭湯
⑧ 鉄鋼
⑨ 批判
⑩ 操作
⑪ 三つどもえ
⑫ 六月目
⑬ 六つ切り
⑭ 八つ当たり
⑮ 十人十色

5 言葉の意味　○をつけましょう。

❶ 130ページ 潮が満ちる。

ア（　）少なくなる。
イ（　）いっぱいになる。
ウ（　）とどまらなくなる。

❷ 131 きみょうな感じがする。

ア（　）不思議な。

2 漢字の書き

漢字を書きましょう。

❶ 海の□（しお）が満ちる。

❷ 竹の□（ぼう）。

❸ 地面の□（あな）。

❹ 出発時間が□（の）びる。

3 五年生の漢字

漢字を書きましょう。

❶ 輸出量の□□（ぞうげん）。

❷ □□（さんみゃく）が広がる。

4 言葉相談室 その修飾は、どこにかかるの？

次の文の「必死に」が「にげる」を修飾することがはっきり分かるように、くに読点（、）を一つ打ちましょう。

ねこは＜必死に＜にげる＜ねずみを＜追いかけた。

内容をつかもう！

★ 模型のまち

あらすじを場面ごとにまとめました。順番になるように、1〜4を書きましょう。

教科書 128〜145ページ

（　）圭太（けいた）らと作っていた「模型のまち」は完成したが、ただの白い模型で、亮（りょう）はかつては「まち」があったということが、ぴんと来なかった。

（　）「模型のまち」を完成させた亮は、かっちゃんたちの夢を見た。

（　）亮は資料館を見学して「模型のまち」が本当にあったのだと実感し、そこに住んでいた人のこともずっと覚えていようと思った。

（　）亮は、引っこしてきたばかりの「ひろしま」のまちを、きれいだけど何だかつまらないと思った。

イ（　）楽しそうな。
ウ（　）にぎやかな。

❸ 131 転校生が、とまどう。
ア（　）どうしてよいか迷っている。
イ（　）問題が解決して安心している。
ウ（　）楽しそうに笑っている。

❹ 132 友人の行動を見て、あっけにとられる。
ア（　）冷静に受け止める。
イ（　）すばやくて、びっくりする。
ウ（　）意外なことでおどろく。

❺ 137 ひらめいた言葉を気どって言う。
ア（　）かっこうをつけて。
イ（　）みんなに聞こえるように。
ウ（　）分かりやすくていねいに。

❻ 138 もくもくと作業をする。
ア（　）動き回って。
イ（　）だまって。
ウ（　）きんちょうして。

❼ 141 はなから夢だと決めつける。
ア（　）話を最後まで聞いてから。
イ（　）まだ話が終わらないのに。
ウ（　）物事のはじめから。

❽ 143 積み木が、あっけなくくずれる。
ア（　）しぶとかったが。
イ（　）いともたやすく。
ウ（　）予想どおりに。

ものしりメモ

ビー玉の「ビー」は「ビードロ（ガラスの古い言い方）」の略で、ビー玉はガラスでできた小さな玉のこと。ラムネのふたとして使われたので、「ラムネ玉」とも呼ばれたよ。

練習のワーク①

模型のまち

SDGs

教科書 126〜151ページ

答え 12ページ

勉強した日　月　日

できるナビ
●平和公園の今の様子を情景描写からとらえよう。
●行動や会話から、亮と真由の心情をとらえよう。

次の文章を読んで、問題に答えましょう。

このまちは、八十年ぐらい前、原子爆弾で何もかも焼きつくされた。今のまちに、当時を物語るものはほとんど残っていない。世界遺産の原爆ドームぐらいは、①さすがに亮でも知っていたが、それも自分には関係のない、②こわれかけた昔の建物にすぎなかった。

どんなまちだろうと、転校生にとっては全てが一からだ。昔の出来事より、新しい学校生活。③亮の頭の中はそれでいっぱいだったから、原爆ドームを見たときも、「ふうん。」で終わり。ドームの周辺にはさくがめぐらされ、そこだけ時間が止まったようで、きみょうな感じ。それでも、鉄骨がむき出しになった丸い屋根やくずれたれんがのかべを見ていると、亮の胸は、少しだけ、ざわざわした。

亮が通い始めた学校は、原爆ドームの対岸にあった。教室の窓からは、橋の上を行きかう路面電車が見える。その日も亮は、授業が終わると、川の三角州にある広い公園を歩いていた。家に帰る近道。都会の真ん中なのに、ここはまるで森だ。ふめば靴がしずむようなやわらかい土のにおい、頭上をおおう緑の濃

1 「①さすがに亮でも知っていた」とありますが、亮のどんな様子が分かりますか。一つに○をつけましょう。

「さすがに」には、「いくら〜でも」などの意味があるよ。

ア（　）亮は、知っていることが多い様子。
イ（　）亮は、知らないことが多い様子。
ウ（　）亮は、建物に関心がある様子。

2 「②こわれかけた昔の建物」とありますが、どの建物について述べていますか。

□□□□□

3 「③亮の頭の中はそれでいっぱいだった」とありますが、亮の頭の中は、どんなことでいっぱいでしたか。一つに○をつけましょう。

「それ」などの指し示す言葉は、前の部分を確認すると内容が分かることが多いよ。

ア（　）このまちが、昔、原子爆弾で焼きつくされたこと。
イ（　）転校生の自分は、このまちにはふさわしくないこと。
ウ（　）転校によって、まったく新しい学校生活が始まること。

言葉の意味プラス
3行　物語る…ある事情をよく表す。
16行　行きかう…たくさんのものが行き来する様子。
41行　盛大に…大げさな様子。

いにおい。鳥の声。ときどき、だれかが鳴らす鐘(かね)の音も、風に乗って流れてくる。平和公園って、④ぴったりのネーミング、と亮は思う。

「ぼうっとして歩いてると、鳥にふんされるよ。」

後ろから声がかかって、亮は飛び上がった。

なあんだ、真由(まゆ)ちゃん。となりの席の子だ。親切、別名、おせっかい。でも、まあいい感じだ、と亮は思っていた。とまどっている転校生の亮に、あれこれ教えてくれたのも真由。お礼を言ったら、「転校生に興味があるの。」と笑った。

「別に、ぼうっとしてないよ。木がいっぱいあって気持ちがいいなと思っていただけ。」

真由は、亮に歩調を合わせる。亮は、何か言わなくちゃ、と少しあせる。

「ええっと、ここって、昔、その、原子爆弾が落とされたとき、⑤こういう公園でよかったね。ふつうの家とか、あるとこじゃなくて。」

木はそのとき燃えちゃったから、また植えたんだろうけど。亮は、心の中でつぶやく。並んで歩いていた真由の足が、とつぜん止まった。

「はあ？」

真由は、目を見開き、本当におどろいたという顔で亮を見た。次のしゅんかん、⑥真由は盛大(せいだい)にため息をつき、亮にくるりと背を向けて歩きだした。あっけにとられた亮の耳に、小さく真由の声が聞こえた。

「なあんにも知らないんだ、あの子。」

〈中澤(なかざわ)晶子(しょうこ)「模型のまち」による〉

4 「④ぴったりのネーミング」とありますが、亮がそう思ったのは、なぜですか。

都会の真ん中なのにまるで（　　　）のようで、緑の濃いにおいがただよい、鳥の声も聞こえて、いかにも（　　　）なふんいきの公園だから。

5 「⑤こういう公園でよかったね」とありますが、亮はどんなことを言おうと思ったのですか。

書いてみよう！

（　　　　　　　　）

6 よく出る● 「⑥真由は盛大にため息をつき、亮にくるりと背を向けて歩きだした」とありますが、真由がこういう行動をとったのはなぜですか。

亮がなんにも知らないことが分かり、

（　　　　　　　　）から。

7 亮は真由のことをどう思っていますか。一つに○をつけましょう。

ア（　）おせっかいなところもあるが、いい感じだ。

イ（　）転校生の自分に対して、とまどっているところがある。

ウ（　）親切なところもあるが、ぼうっとしている。

亮の評価だけでなく、真由の行動や発言、様子からも、人物像が読み取れるよ。

ものしりメモ

広島の原爆ドームは、1996年（平成(へいせい)８年）に、ユネスコの世界文化遺産に登録されているんだ。日本の世界文化遺産は、ほかに兵庫県の姫路城(ひめじじょう)、広島県の厳島神社(いつくしまじんじゃ)などがあるよ。

練習のワーク②

模型のまち SDGs

教科書 126～151ページ　答え 12ページ　勉強した日 月 日

できるナビ
●圭太が作っている模型の様子をとらえよう。
●模型のまちに対する亮の心情を読み取ろう。

次の文章を読んで、問題に答えましょう。


何が「なあんにも」だかわからないままに、亮は少しずつ、新しい学校に慣れた。いっしょに帰る友達もできたし、真由とも、あせらずに、ふつうに話せる。真由は、相変わらず、おせっかい。①すぐに亮をさそいたがる。

「ねえねえ、わたしの兄貴、圭太っていうんだけど。高校生で、今、おもしろいもの作ってるから、見に来ないかって。亮君も、行こ。次の土曜日。」

亮は、真由の強引さにあきれながら、行くと言った。それが始まりだった。

「わ、圭太兄ちゃん、②どうしたの、その手。」

高校の工作作業室の入り口で、真由と亮を待っていた圭太は、真由の五歳年上。「まちづくり工作クラブ」の部長だ。今日は、部員は来ていない。圭太は、二人を見つけると、人差し指にぐるぐると包帯を巻いた左手を上げた。右手には、大きなカッター。ええっ、ちょっと、何だ、何だ。亮も思わず立ち止まる。

「だいじょうぶ。カッターで指を切っただけ。」

圭太兄ちゃんが白い歯を見せる。四角い顔、まゆが太い。真由に全然似ていない。

1 よく出る ①「すぐに亮をさそいたがる。」とありますが、この場面で、真由は亮をどんなことにさそっていますか。

次の［　　　］に、兄の圭太が作っている［　　　］ものを見に行くこと。

2 ②「どうしたの、その手」とありますが、真由は何を見てこう言ったのですか。

（　　　　　　）

3 ③「さ、入って。」について答えましょう。

(1) 圭太は、真由と亮をどこに招き入れましたか。

高校の［　　　　　］。

「どこで(場所)」にも注目して場面をとらえよう。

(2) 圭太は、招き入れた真由と亮にどんなことをさせようと思っていましたか。一つに○をつけましょう。

ア（　）あるまちの模型に必要な道や橋を作ること。

イ（　）あるまちの模型に必要な家を作ること。

ウ（　）屋根がドーム型の建物を細部まで作ること。

言葉の意味プラス
3行 相変わらず…いつもと変わることなく。　22行 素早く…とても早く。
28行 うわずった…声が興奮して高くなった。　29行 作りかけ…作っているとちゅう。

「さ、入って。真由たちも、作業、手伝え。」

きょうだいそろって、強引。④亮は思わず笑ってしまう。それにしても、あんなにでかいカッターで、何を切ってるんだろ。

亮は、真由に続いて工作室に入ると、素早く中を見回した。巨大な三角定規、のこぎり、何本ものカッター、ビニールテープ……。床にも棚にも、いろんな道具が置いてある。かべには大きな地図。接着剤のにおいがする。

「わあ、これって、もしかして？」

真由のうわずった声に、圭太の太い声がかぶる。

「五〇〇分の一の、⑤あるまちの模型。まだ作りかけ。これからどんどん家をはり付けていくから、もっとまちらしくなる。」

模型と聞いて、亮は思わず身を乗り出す。部屋の真ん中に、こしの高さぐらいの台にのった巨大な白いボード。その上に、発ぽうスチロールでできた大小さまざまな家が、道に沿って並んでいた。家も道も橋も川も、みんな、白。

「まだ、半分ぐらいしか家ができていない。だから、二人も家作りだ。」

圭太は、⑥目を見開いたままの亮に、笑いながら声をかける。

「どこかで見たことあるだろ、このまちの形。ほら、ここにT字型の橋があって、ここに屋根がドーム型の建物。そしてこの三角州。」

圭太の言葉が終わると同時に、真由が得意そうに言った。

「やっぱり。⑦わたし、すぐにわかった。あのまちよね、このまちは。」

そっか。亮も思わず、つぶやく。この形、今の平和公園！　川と橋と三角州。亮はもう一歩、模型に近づく。

〈中澤晶子「模型のまち」による〉

4　「④亮は思わず笑ってしまう。」とありますが、亮が笑ってしまったのはなぜですか。

ぼう線の近くに注目しよう。

（　　　　　）

書いてみよう！

5　「⑤あるまちの模型」とありますが、「模型」という言葉を聞いた亮は、どんな反応をしましたか。文章中から書きぬきましょう。

（　　　　　）

6　「⑥目を見開いたままの亮」とありますが、この表現から、亮のどんな様子が分かりますか。一つに○をつけましょう。

ア（　）圭太が作っている模型にひきつけられている様子。

イ（　）模型が半分しかできていないことにあきれている様子。

ウ（　）全てが白い模型を見てまぶしがっている様子。

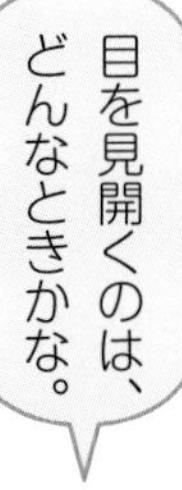

7　**よく出る**　「⑦わたし、すぐにわかった。」とありますが、真由はどんなことが分かったというのですか。一つに○をつけましょう。

ア（　）圭太が作っているのは、真由があこがれているまちの模型であること。

イ（　）圭太が作っているのは、実際には存在しないまちの模型であること。

ウ（　）圭太が作っているのは、昔の広島のまちを再現した模型であること。

ものしりメモ

実物と同じ大きさの模型は、原寸もしくは原寸大の模型というよ。「模型のまち」では、500分の1の模型を作っているね。一キロの長さだと二メートルになるので、かなり大きな模型だよ。

練習のワーク③

模型のまち

SDGs

教科書 126～151ページ
答え 13ページ
勉強した日 月 日

できるナビ
● ひいじいちゃんの家について読み取ろう。
● 亮の気持ちの変化を読み取ろう。

次の文章を読んで、問題に答えましょう。

「ひいじいちゃんの家は、どこだっけ？」
真由が言った言葉に、①亮はおどろく。え？ どういうこと、ひいじいちゃんの家って。②圭太が、包帯を巻いた指をぴんと立てた。

「ぼくたちのひいじいちゃんは、子どものころ、家族といっしょに、ここに住んでいたんだ。原子爆弾でやられるまで。ひいじいちゃんだけが、そのとき郊外にいて助かった。③家のあった場所は、このお寺の東どなり。今から、二人には、ひいじいちゃんの家を作ってもらいます。この発ぽうスチロール、はい、この形にカットする。屋根はこの角度でケント紙をのせる。」

わきのテーブルには、昔のまちの、住人の名前や屋号がぎっしり書きこまれた地図と古い写真、復元CGのプリントアウトが広げられていた。

平和公園は、初めから公園なんかじゃなかった。亮は、額のあせを手のこうでぬぐう。「なあんにも知らないんだ。」真由の④あのときの声が耳もとで聞こえる。

「あの公園は、元のまちのがれきの上に、盛り土をして作られた。あそこの下には、こういうまちがあった、ってこと。」

1 「①亮はおどろく」とありますが、亮がおどろいたのはなぜですか。

真由の[　　　　　　　]の家が、模型のまちの中にあるとは思っていなかったから。

2 「②圭太が、包帯を巻いた指をぴんと立てた。」とありますが、圭太のこの動作はどんなことを意味しますか。一つに○をつけましょう。

ア（　）自分の指はだいじょうぶだということ。
イ（　）これから大切な話をするということ。
ウ（　）これからする話は重要ではないということ。

3 よく出る● 「③家のあった場所は、このお寺の東どなり。」とありますが、ひいじいちゃんの家はどうなったのですか。

（　　　　　）（　　　　　）によって（　　　　　）しまい、家はなくなった。

どんなことがあって、どうなったのかを読み取ろう。

言葉の意味プラス
7行 郊外…都市のまわりにある地域。
12行 屋号…商店などの呼び名。
13行 復元…もとの形にもどすこと。
18行 がれき…こわれた建物のざんがい。

そう言うと、圭太は二人に説明を始めた。まず、平和公園の地図の上に、トレーシングペーパーに写し取った昔の地図を重ねて、⑤頭の中を整理する。次に道路や空き地、大きなお寺などの位置を確認してから、道に沿って小さな家を並べていく……。⑥二次元から三次元へ、と圭太は気どって言った。

「焼ける前のまちの写真がこれ。あの日郊外にいて生き残った住人から話を聞いて、当時の戸別詳細地図やCGができた。この模型は、そういう資料を基にして作っている。ひいじいちゃんが生き残らなかったら、ぼくたちはここにいない。亮君にも会えなかった。」

圭太は、そう言うと、真由と亮を代わる代わる見つめた。

お寺、お墓、幼稚園、お風呂屋さん、魚屋さん。旅館、映画館、保険会社、時計屋さん、呉服屋さん。薬屋さん、お米屋さん、歯医者さん。ふとん屋さん、紙問屋さん、印刷屋さん、お菓子屋さん……。真由が昔の地図に書かれた店を一つ一つ声に出して読みあげる。いろいろな職業の、年齢もさまざまな人たちがここにいた。公園じゃなくて、まち。⑦亮にもそれは理解できた。

〈中澤晶子「模型のまち」による〉

4 「④耳もとで聞こえる」とありますが、この表現は亮のどんな気持ちを表していますか。

「あのときの声」に注目しよう。

自分が何も（　　　　）ということを強く感じている気持ち。

5 よく出る 「⑤頭の中を整理する」とありますが、どういうことですか。一つに○をつけましょう。

ア（　）圭太から受けた説明を思い返して、作業の手順を確認するということ。

イ（　）昔の様子と今の様子を重ねて、まちの変化を理解するということ。

ウ（　）原子爆弾の被害におどろく気持ちを落ち着かせて、冷静に作業するということ。

6 「⑥二次元から三次元へ」とありますが、どういうことですか。一つに○をつけましょう。

三次元は立体で、ここでは模型のまちのことだね。

ア（　）地図や写真をもとに、まちの模型を作るということ。

イ（　）まちの模型をもとに、まちの地図を作るということ。

ウ（　）平和公園の地図の上に昔の地図を重ねたということ。

7 「⑦亮にもそれは理解できた。」とありますが、亮はどんなことを理解できたのですか。

亮は、公園のかつての姿を理解し始めたんだね。

（　　　　）

ものしりメモ

この文章に出てくる「ケント紙」は、絵や名刺などに使われる上質の紙だよ。「トレーシングペーパー」は、書き写すときなどに使う半透明のうすい紙だよ。

まとめのテスト

模型のまち　SDGs／漢字を使おう5
言葉相談室　その修飾は、どこにかかるの？

教科書 126〜151ページ　答え 13ページ

勉強した日　月　日

時間 20分

得点　/100点

1 次の文章を読んで、問題に答えましょう。

キョウチクトウの花がさいて、もうすぐ夏、という日曜日、亮（りょう）は真由（まゆ）と圭太（けいた）と三人で、資料館の下に立っていた。「発掘調査現地見学会」。資料館の耐震（たいしん）工事のために、周りの地面をほって地層調査をしたところを、うめもどす前に市民に公開する、という会だった。

「ぼくたちが作った模型のまちが、本当にあったって、きっとわかる。ひいじいちゃんちのあとも見られるかもしれないし。」

真由も圭太も興奮気味。①二メートルまでほり下げられた地下からは、江戸（えど）時代初期から被爆（ひばく）したときまでの地層が重なって出てきた。

「被爆当時のまちの層は、上から七〇センチのところだって。ほら、あそこ。」

圭太が、②ぎざぎざと横に延びた、こげあとの残る黒い地層を指差した。

「ね、ひいじいちゃんちって、あのへんよね、きっと。」

亮たち三人は、ほかの見学者といっしょに、発掘現場を一周した。ほり返された地面、墓地、銭湯、井戸、トイレ、アスファルト道路、下水管。そのどれもが、少しふれただけで、あっけ

⬅

1 ①「二メートルまでほり下げられた」とありますが、ほり下げたのはなぜですか。　一つ5〔10点〕

（　　　　　　）の耐震工事をするために、周りの地面をほって（　　　　　　）をすることが必要だったから。

2 ②「ぎざぎざと横に延びた、こげあとの残る黒い地層」とありますが、この地層はどういう層ですか。　〔10点〕

3 ③「亮の中で、時間がぎしぎしときしみながら、逆もどりしていく。」とありますが、どういう様子を表していますか。一つに〇をつけましょう。　〔15点〕

ア（　）亮が過去のまちの様子をありありと感じ始めた様子。
イ（　）亮が自分の過去の出来事を思い出し始めた様子。
ウ（　）亮が未来への時間の流れを感じ始めた様子。

4 よく出る● ④「ビー玉は、長い間、がれきの間でねむっていた」とありますが、この部分以外にも、ビー玉を人間であるかのようにたとえた表現があります。文章中から書きぬきましょう。　〔15点〕

⬅

言葉の意味プラス
2行 発掘（くつ）…地中にうもれたものをほり出すこと。
4行 公開…一般（ぱん）の人が見学できるようにすること。
26行 出土品…地中からほり出された品。

なくくずれそうだった。古い土のにおい。ねむっていたまちの断片(ぺん)が、足もとに広がる。③亮の中で、時間がぎしぎしときしみながら、逆もどりしていく。

「亮くん、見て、三角定規、かたかなで名前が書いてある。インクのびんに歯ブラシ……それに、これきれい。ビー玉だって。」

出土品を展示するテントの下で、真由の声がする。ビー玉？亮の耳がぴくんと動いた。亮の目の前にあったのは、あの白い大玉だった。黄色と赤の模様が閉じこめられて、それは亮をじっと見つめるひとみのようだった。

「さわってもいいですか。」

亮は出土品係のおじさんにたのんで、その玉をそっとつまんだ。大玉って、やっぱり重いね。これを動かすには、当てる玉の力が強くなくちゃ。ね、かっちゃん。

④ビー玉は、長い間、がれきの間でねむっていたとは思えないほど、見た目はきれいだった。けれど、亮の指先は、⑤玉の一部が変形しているのを感じていた。熱でとけたガラス……。この玉は、だれのもの？　亮だけが、かっちゃんの玉だと思っている。夢の中の玉？　あれが夢だったかどうかも、亮にはわからない。でも、あの玉で遊んだかっちゃんたちは、確かにここにいた。このまちの子どもだった。いたけれど、いなくなった。白いビー玉を残して。⑥亮には、それがはっきりわかった。

〈中澤(なかざわ)晶子(しょうこ)「模型のまち」による〉

20　25　30　35　40

チャレンジ!

5　「⑤玉の一部が変形している」とありますが、玉の一部はなぜ「変形」したと考えられますか。〔15点〕

書いてみよう!

6　「⑥亮には、それがはっきりわかった。」とありますが、どんなことがはっきりわかったのですか。一つに○をつけましょう。〔15点〕

ア（　）このまちの子どもたちは確かにここにいたのだが、戦争のせいで命を落としたということ。

イ（　）この玉はかっちゃんたちが遊んでいたものと同じものだが、自分は夢を見ていたということ。

ウ（　）このまちはかつて、白いビー玉以外の全てが燃やされてしまったということ。

2　次の文を、指示にしたがって書き直しましょう。　一つ10〔20点〕

・私は笑いながら走る友人を見ていた。

❶　笑っているのが私になるように、読点（、）を一つ付ける。

❷　笑っているのが友人になるように、読点（、）を一つ付ける。

ものしりメモ

「地層」は、地表や海底に岩石などが積み重なってできた層だよ。天災などがあったときに地層が変化することがあるよ。地層の変化で天災などを知ることもできるんだ。

プラスチックごみの問題について考えよう

「永遠のごみ」プラスチック SDGs

情報のとびら 情報の信頼性と著作権

教科書 152〜169ページ
答え 14ページ

勉強した日 月 日

学習の目標
- プラスチックごみの問題点を読み取ろう。
- 複数の情報を関係づけて読み、物事をいろいろな角度から理解していこう。

漢字練習ノート19ページ

新しい漢字

教科書ページ	漢字	読み	画数
154	困	コン こまる	7画
154	収	シュウ おさめる	4画
159	捨	シャ すてる	11画
159	装	ソウ	12画
159	源	ゲン みなもと	13画
159	律	リツ	9画
160	従	ジュウ したがう	10画
163	済	サイ すむ	11画
168	著	チョ	11画
168	権	ケン	15画

◀練習しましょう。

1 漢字の読み

読みがなを横に書きましょう。

○新しい漢字
●読みかえの漢字

❶ 困る　❷ 回収　❸ 捨てる

❹ 包装　❺ 資源　❻ 法律

❼ 従う　❽ 使用済み　❾ 著作権

4 言葉の意味

○をつけましょう。

❶ 155ページ ごみの量を推定する。

ア（　）事実を手がかりに決めること。

イ（　）確実な事実だけを述べること。

ウ（　）想像して意見を言うこと。

❷ 156ページ 海をただよう。

ア（　）目的をもって行き来する。

2 漢字の書き

漢字を書きましょう。

1 ごみの［かいしゅう］。

2 大切な［しげん］。

3 ［ちょさくけん］。

3 情報の信頼性と著作権

情報を受け取ったり、引用したりするときに、気をつけなければいけないこととして、正しいものには○、まちがっているものには×をつけましょう。

ア（　）インターネットを利用して情報を得るときは、広く出回っている情報ではなく、個人のSNSを参考にするとよい。

イ（　）正しい情報を得るためには、インターネットだけでなく、本や新聞などの複数のメディアの情報に当たることが大切だ。

ウ（　）他の人の文章を引用するときには、かぎ（「　」）などを付けて、自分の言葉とは区別する。

エ（　）他の人が考えた文章を引用するときには、元の文章を変えて、自分自身がどのように理解したかを示すとよい。

内容をつかもう！

「永遠のごみ」プラスチック　プラスチックごみの問題について、次のようにまとめました。（　）に合う言葉を、［　］から選んで記号で答えましょう。

教科書 154〜161ページ

- 私たちの生活に欠かすことのできないプラスチックは、紙ごみや生ごみとちがって、土にうめても（　）されないため、環境をよごし続けている。
- この問題を解決するために、プラスチックごみをきちんと（　）し、それを（　）として新しいプラスチック製品を作る、（　）を進めていかなくてはならない。

ア 原料　イ リサイクル　ウ 分解　エ 回収

イ（　）ゆらゆら動いている。
ウ（　）同じところにとどまる。

3 157 表面に付着する。
ア（　）くっつくこと。
イ（　）中に入りこむこと。
ウ（　）まぜこぜになること。

4 158 微生物のはたらき。
ア（　）人工的に作られた生物。
イ（　）まだ名前がついていない生物。
ウ（　）よく見えないほど小さな生物。

5 158 プラスチックを分解する。
ア（　）要素や部分に分けること。
イ（　）同じ大きさに分けること。
ウ（　）つぶして固めてしまうこと。

6 159 環境が悪化する。
ア（　）どんどん広がること。
イ（　）どんどんひどくなること。
ウ（　）どんどん止まらなくなること。

7 159 利点となる。
ア（　）好都合な点。
イ（　）いつも変わらない点。
ウ（　）何かと比べた点。

8 163 環境に配慮する。
ア（　）感謝を伝えること。
イ（　）態度を改めること。
ウ（　）気配りをすること。

ものしりメモ　「プラスチック」は、以前は石炭を主な原料としていたけれど、今は石油が使われているよ。日本の石油は99%以上が外国からの輸入なんだ。

練習のワーク1

「永遠のごみ」プラスチック SDGs

教科書 152〜169ページ　答え 14ページ

勉強した日　月　日

できるナビ
●プラスチックがごみとなったときの問題点を読み取ろう。
●実際に起こっている問題について読み取ろう。

次の文章を読んで、問題に答えましょう。

【[1]私(わたし)たちの身の回りには、たくさんのプラスチック製品があります。ボールペンや消しゴム。店で買う肉や魚がのった白いトレーや、それを包んでいるラップフィルム。安くてじょうぶ、そして衛生的なこれらのプラスチックは、私たちの生活に欠かせないものです。

ところが、これがごみになると、[2]とても困った問題を引き起こします。きちんと回収されずに海に流れこんでしまったプラスチックごみは、生き物の体に巻きついたり、えさとまちがえて食べられたりして、その生き物を弱らせてしまいます。

もちろん、海だけではありません。川も、そしてみなさんが住む街もプラスチックごみでよごれています。プラスチックごみは、地球の環境(かん)や生き物たちに悪いえいきょうをおよぼしています。[3]それを防ぐには、この地球に住む私たち一人一人が、この問題について知り、実際に行動する必要があります。】

最初に、プラスチックごみが生き物にあたえるえいきょうについて、もう少しくわしく述べておきましょう。

世界の海には今、一年間で八百万トンくらいのプラスチックごみが流れこんでいると、アメリカの大学などの研究者グループが推定しています。[4]これは、一日に大型ダンプトラックで二

1 「[1]私たちの身の回りには、たくさんのプラスチック製品があります。」について答えましょう。

(1) 【　】で囲んだ部分で具体的に挙げられているプラスチック製品を四つ書きぬきましょう。

（　　　　）（　　　　）
（　　　　）（　　　　）

(2) プラスチック製品にはどんな利点がありますか。

安くて（　　　　）であり、（　　　　）であるという利点。

2 よく出る 「[2]とても困った問題」とは、どういう問題ですか。

海に流れこんだ□□□□□□□□が、□□□□□に巻きついたり、□□とまちがえて食べられたりしてしまうという問題。

3 書いてみよう！ 「[3]それを防ぐ」とありますが、どんなことを防ぐのですか。

（　　　　）

言葉の意味プラス
4行　衛生的…清潔にするように気を配る様子。
45行　取りこまれていく…取り入れられていく。

④千台分もの量になります。これは二〇一〇年の結果なので、現在はさらに増えている可能性があります。

　海をただようプラスチックごみには、いろいろな種類があります。その一つが、漁をするときに使うあみです。昔は麻（あさ）などの植物で作られていましたが、現在は多くがプラスチックの糸でできています。このあみが、ウミガメやアシカなどの体に巻きついてしまうことがあります。あしにつり糸がからみついた鳥もよく見かけます。こうなると、かれらは自由に動けなくなり、えさも十分に食べられません。また、海中のレジぶくろはクラゲに似ているので、クラゲをえさにする⑤ウミガメが食べてしまいます。これでおなかがいっぱいになると、本物のえさを食べられなくなります。

　そして最近、もう一つの大きな問題が知られるようになってきました。プラスチックごみがくだけて大きさが五ミリメートル以下になった「マイクロプラスチック」の問題です。

　海の小さな魚は、プランクトンをえさにしています。大きさが一ミリメートルくらいのマイクロプラスチックは、このプランクトンとよく似ているので、小魚はえさだと思って食べます。この小魚を、もっと大きな魚が食べ、それをさらに大きな魚やクジラなどの動物が食べます。こうして、⑥海の生き物全体の体にマイクロプラスチックが取りこまれていくのです。

〈保坂（ほさか）直紀（なおき）「『永遠のごみ』プラスチック」による〉

4 「④これは、一日に大型ダンプトラックで二千台分もの量になります。」とありますが、この表現にはどんな効果がありますか。一つに○をつけましょう。

ア（　）プラスチックごみの大きさを視覚的に印象づける。

イ（　）プラスチックごみの多さを具体的に印象づける。

ウ（　）プラスチックごみの運びやすさを直接的に印象づける。

5 「⑤ウミガメが食べてしまいます」とありますが、ウミガメは具体的には何を食べてしまうのですか。

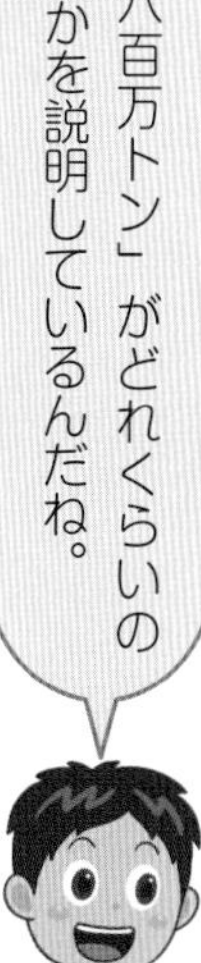

6 よく出る 「⑥海の生き物全体の体にマイクロプラスチックが取りこまれていく」とありますが、マイクロプラスチックはどのように生き物全体の体に取りこまれていくのですか。一つに○をつけましょう。

マイクロプラスチックについて最後の二段落で説明しているよ。


ア（　）小さな魚から大きな魚へと取りこまれていく。

イ（　）大きな魚から小さな魚へと取りこまれていく。

ウ（　）小さな魚だけに時間をかけて取りこまれていく。

7 この文章の内容に合うもの一つに○をつけましょう。

ア（　）プラスチックごみが生き物にえいきょうをあたえないための研究が進んでいる。

イ（　）プラスチックごみは大きな魚にはえいきょうをあたえるが、小さな魚にはえいきょうをあたえない。

ウ（　）プラスチックごみは、さまざまな生き物にいろいろな悪いえいきょうをあたえている。

ものしりメモ
人間に役立つ便利なものとして開発されたプラスチックも、今や、ごみになったときの問題点ばかり注目されるようになってしまった。ごみ問題を解決して、よい面にも目を向けたいね。

練習のワーク②

「永遠のごみ」プラスチック SDGs

教科書 152～169ページ　答え 14ページ

勉強した日　月　日

できるナビ
●プラスチックごみは、どうすれば減らせるのかを読み取ろう。
●筆者の主張を読み取ろう。

次の文章を読んで、問題に答えましょう。

日本には、プラスチックごみの量を減らし、環境の悪化を防ぐため、「容器包装リサイクル法」「プラスチック資源循環促進法」などの①法律があります。スーパーやコンビニエンスストアでもらえたレジぶくろの多くが二〇二〇年七月から有料になったのも、こうした法律で規制されているからです。このような国の取り組みはもちろん大切ですが、全て国に任せておけばだいじょうぶというわけではありません。

プラスチックごみは、きちんと回収すれば、それを原料として新しいプラスチックの製品に作りかえることができます。これを②プラスチックのリサイクルといいます。原料となる石油などをむだに使わずにすむ利点もあります。

リサイクルを進めるには、プラスチックごみを生ごみなどと分けて回収しなければなりません。国はこのリサイクルを進めようとしていますが、もしみなさんが、「分けるのはめんどうだから、いっしょに捨ててしまおう。」と思ったら、どうなるでしょうか。③国が法律を作っても、これではリサイクルが進みません。もし、みなさんが住む市や町などの自治体が、プラスチックごみを他のごみと分けて回収しているならば、その方法に従ってごみを捨てることが大切です。

1 「①法律」について答えましょう。

(1) 何のための法律ですか。

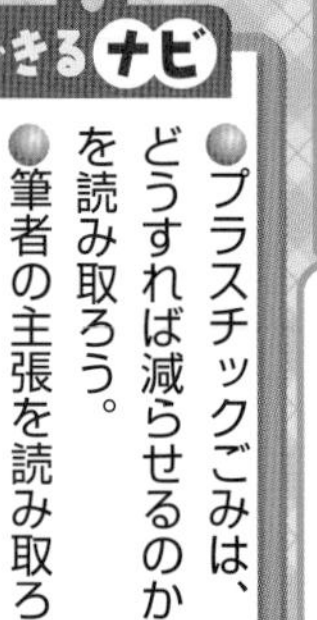

(2) この法律の規制によって、どんなことが起こりましたか。

レジぶくろの多くが［　　］になった。

(3) よく出る● この法律のように国が取り組むことについて、筆者はどう考えていますか。一つに○をつけましょう。

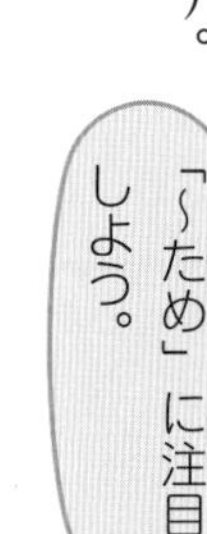
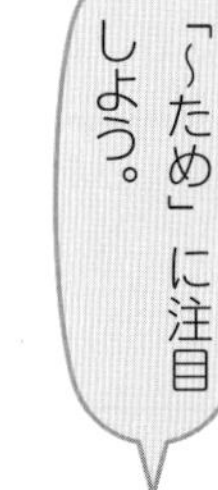

「もちろん～が、」の後に着目すると筆者の主張が分かるよ。

ア（　）とても大切な取り組みだが、国だけに任せておいてはならない。

イ（　）とても大切な取り組みで、全て国に任せておけば問題ない。

ウ（　）とても大切な取り組みだが、法律で規制するのはやりすぎだ。

2 「②プラスチックのリサイクル」とありますが、具体的にどうすることですか。

言葉の意味プラス
5行 規制…規則に従って制限すること。　21行 不必要な…必要ではない様子。
42行 世代…同じ年代に育ち、考えなどを共有している人たち。

もう一つ大切なのは、④捨てるプラスチックの量そのものを減らすことです。不必要なプラスチック製品は買わない。使っているプラスチック製品は、すぐに捨てずに、できるだけくり返し使う。どうすればプラスチック製品を多く捨てずにすむかを、みなさんの生活を見回して考えてみましょう。

プラスチックは、二十世紀の中ごろから、世界中で広く使われるようになりました。最初にお話ししたように、プラスチックは私たちの生活を支えています。プラスチックを全く使わない生活は、⑤これからもおそらくできないでしょう。

使い終わったプラスチックは、野や海に出てしまうと、消えることのない「永遠のごみ」になってしまいます。これまで私たちは、プラスチックを作って便利に使うことをいちばんに考えてきました。これからは、地球の環境をよごさないプラスチックの使い方や捨て方を、大人も子供もみんなで考え、行動に移しましょう。プラスチックごみでよごれきった地球を、これから生まれてくるみなさんの子供や孫の世代に残すことがないように。

〈保坂(ほさか)直紀(なおき)『永遠のごみ　プラスチック』による〉

3 「③国が法律を作っても、これではリサイクルが進みません。」とありますが、リサイクルを進めるためにはどんなことが必要なのですか。一つに○をつけましょう。

ア（　）私たちが、スーパーなどのレジで、レジぶくろはいらないと申し出ること。

イ（　）私たちが、プラスチックごみと他のごみを分けて、回収に出すこと。

ウ（　）私たちは、ごみを分けるというめんどうなことには手を出さないこと。

4 「④捨てるプラスチックの量そのものを減らすこと」とありますが、筆者はそうするために、どんなことを提案していますか。

●（　　　）なプラスチック製品は買わないこと。

●使っているプラスチック製品は、すぐに捨てずに、できるだけ（　　　）こと。

5 「⑤これからもおそらくできないでしょう」とありますが、筆者は、どんなことを「おそらくできない」と述べていますか。

（　　　　　　）

6 よく出る● 筆者は、プラスチックについてどう考えていますか。

これまでは、プラスチックを作って（　　　）ことをいちばんに考えてきたが、これからは地球の環境を（　　　）プラスチックの使い方や捨て方を、みんなで考えて行動に移すべきだ。

ものしりメモ

2018年、国民一人当たりのプラスチック容器包装の廃棄(はいき)量は、1位がアメリカ、2位が日本だと報告された。3R(Reduce(リデュース) ごみを減らす・Reuse(リユース) くり返し使う・Recycle(リサイクル) 再利用する)を進めていこう。

まとめのテスト 「永遠のごみ」プラスチック SDGs
情報のとびら 情報の信頼性と著作権

教科書 152～169ページ　答え 15ページ

時間 20分　得点 /100点

勉強した日　月　日

1 次の文章を読んで、問題に答えましょう。

　プラスチックごみの問題は、プラスチックが自然の中で分解されないという点にあります。その問題を解決するため、「生分解性プラスチック」の開発が進められています。この生分解性プラスチックは、ごみになった後でも、微生物（びせいぶつ）の働きにより水と二酸化炭素にまで分解することができます。例えば、生ごみを利用した「コンポスト」という肥料を作るとき、そのごみを生分解性プラスチックでできたふくろに入れておけば、ふくろごと分解することができます。

　しかし、この生分解性プラスチックがあれば全てのプラスチックごみの問題が解決できるのかといえば、そうではありません。生分解性プラスチックは、微生物がうまく働く条件でないと分解することができないのです。例えば、コンポストという肥料を作るときは、60度以上の温度でないと、ごみといっしょにふくろを分解することができません。

　また、一気に水と二酸化炭素に分解されるわけではないので、分解する過程でマイクロプラスチックが発生しやすくなることもあります。さらに、分解する素材であることから、リサイクルやくり返して使うことにも向きません。

〈「資料①　生分解性プラスチックとは」による〉

1 よく出る● 「『生分解性プラスチック』の開発が進められています」とありますが、プラスチックごみのどんな問題を解決するために開発が進められているのですか。〔10点〕

（　　　　　　　　）

2 「生分解性プラスチック」について、次のようにまとめました。（　）に合う言葉を書きぬきましょう。一つ10〔40点〕

良い点	問題点
●ごみになった後でも、微生物の働きにより（❶　　）と（❷　　）にまで分解することができる点。	●微生物がうまく働く条件でないと分解できない。 ↓コンポスト…ごみとふくろをいっしょに分解するには60度以上の温度が必要。 ●分解する過程で（❸　　）が発生しやすくなる。 ●（❹　　）や、くり返して使うことに向かない。

言葉の意味プラス
1 6行 コンポスト…落ち葉や野草・生ごみなどを積んで、くさらせて作る肥料。
11行 条件…何かを実現するために必要な事がら。

2 次の文章を読んで、問題に答えましょう。

海の中にただようプラスチックごみの中でも、漁網（魚をとるあみ）は、そのえいきょうが大きいといわれている。その問題を解決するための取り組みの一つに、使用済みの漁網を利用したかばん作りがある。

兵庫県の豊岡市。①かばん作りで有名なこの地域の取り組みとして注目を集めているのが、使用済みの漁網からできた素材で作るかばんだ。もともと、かばんを作る際に出る余りのかわを再利用して小物を作るなど、資源の有効利用に取り組んでいたが、捨てられる漁網を再生した素材から作られる生地があることを知り、その生地を使ったかばん作りに取り組むことになった。

実際に作られたかばんは、美しい海の色を取り入れた仕上がりで、品質もほかのかばんと全く変わらない出来ばえ。発売前は売れるのか不安もあったというが、いざ売り出してみると多くの注文があり、その後の定番商品となった。販売店のかたによると、「買いに来るお客さんの意識も変わってきている。環境に配慮した商品や、できるだけ長く使えるものを買いたいという②声を聞くことが増えている。」とのことだ。

〈「資料② 使った漁網がかばんに生まれ変わる」による〉

チャレンジ

1 「①かばん作りで有名なこの地域の取り組み」について答えましょう。

(1) この地域では、もともとどんな取り組みをしていましたか。 一つ5〔10点〕

かばんを作る際に出る（　　　）を再利用して小物を作るなど、資源を（　　　）する取り組み。

(2) **よく出る●** 現在では、どんな取り組みが注目を集めていますか。 一つ5〔10点〕

（　　　）素材から作られる（　　　）を使ってかばんを作る取り組み。

2 「②声」とありますが、だれの、どんな声ですか。 〔10点〕

（　　　）

3 情報を適切に使うときには、どうすることが大切ですか。（　）に合う言葉を、□から選んで書きましょう。 一つ10〔20点〕

（　　　）のメディアの情報に当たって、（　　　）に情報を比べること。

単一　複数　感覚的　多面的

ものしりメモ 身の回りのものに、環境によいとされた商品につけられる「エコマーク」があるか確認してみよう。海洋プラスチックごみを再利用した製品として認定された商品にもエコマークがついているよ。

基本のワーク

発信しよう、私(わたし)たちのSDGs(エスディージーズ)／季節の足音――秋／プレゼンテーションをしよう

教科書 170〜182ページ　答え 15ページ

勉強した日　月　日

学習の目標
- 相手や目的に応じて情報を発信する方法を学ぼう。
- 相手に伝わるプレゼンテーションの仕方を学ぼう。

新しい漢字

教科書173ページ

冊　サツ　5画

冂 冂 冊 冊 冊

◀練習しましょう。

○新しい漢字　●読みかえの漢字

1 漢字の読み　読みがなを横に書きましょう。

① 一冊。

2 漢字を書きましょう。

① □□(いっさつ)の本。

「さつ」の横棒は最後に書くよ。

3 五年生の漢字　漢字を書きましょう。

① □□(じょうほう)を集める。　② 発電機の□□(どうにゅう)。

③ □□(きょうみ)を引く。　④ 問題を□□(めいかく)にする。

---

4 発信しよう、私たちのSDGs(エスディージーズ)

漢字練習ノート20ページ

山田(やまだ)さんは、SDGsについて調べ、パンフレットを作って情報を発信することにしました。

1 SDGsについて次のようにまとめました。（　）に合う言葉を、□から選んで書きましょう。

SDGs（　　　）可能な開発目標）とは、世界中の人々が豊かに暮らせるようにするための（　　　）の目標である。

十七　七十　持続　再生

2 パンフレットを作るときに気をつけなければならないこととして、正しいものには○、まちがっているものには×をつけましょう。

ア（　）どんな相手にでも、同じ情報を用いて発信する。
イ（　）集めた情報は、出典や信頼(らい)性があるかを確かめる。
ウ（　）伝える相手や目的を明確にして作成する。
エ（　）集めた情報だけで使用して、図表などと結び付けない。
オ（　）集めた情報は、吟(ぎん)味して示すものを決める。

季節の足音――秋

5 次の詩を読んで、問題に答えましょう。

素朴な琴

八木重吉

この明るさのなかへ
ひとつの素朴な琴(①)をおけば
秋の美くしさに耐へかね
琴はしづかに鳴りいだすだらう(②)

1 よく出る● 「琴」(①)とありますが、どんな琴ですか。一つに○をつけましょう。

ア（　）はなやかで高価な琴。
イ（　）演奏するのがむずかしい琴。
ウ（　）かざりけのない琴。

2 「琴はしづかに鳴りいだすだらう」(②)とありますが、琴はなぜ鳴りだすと作者は考えていますか。

（　　　　）

3 書いてみよう! この詩に使われている表現として、合うもの一つに○をつけましょう。

ア（　）語順を変えて、大切な言葉を印象的に表現している。
イ（　）人間ではないものに生命があるように見立てている。
ウ（　）リズム感を出すために、同じ言葉をくり返している。

6 プレゼンテーションをしよう

次の文章は、学校生活をよりよくするためのくふうをプレゼンテーションで提案したときの一部です。読んで、問題に答えましょう。

みなさんは、運動場で遊ぶのは好きですか。そんな運動場で、最近、私が気になっていることがあります。休み時間に高学年ばかりが運動場を使っていて、低学年の姿をほとんど見かけないことです。なぜだと思いますか。

[①]低学年がもっと運動場で遊べるようにするには、低学年も高学年もみんなでできる遊びをすればいいと思います。[②]では、低学年、高学年がそれぞれ好きな遊びは何でしょうか。[③]みんなが楽しく遊べるのは、かくれんぼや大なわとびなどということが分かりました。

1 このプレゼンテーションでは、どんなくふうがされていますか。一つに○をつけましょう。

ア（　）分かりやすいように、具体的な数値を示している。
イ（　）緊張感を持ってもらうために、書き言葉を使っている。
ウ（　）聞き手を意識して、呼びかける言葉を使っている。

2 この文章を使ってプレゼンテーションをするときに、次の資料を使います。文章中の[①]～[③]のどこで資料を見せるのがよいですか。数字で答えましょう。

（　　　）

〈資料〉

【低学年の好きな遊び】
1位　大なわとび
2位　かくれんぼ
3位　てつぼう

【高学年の好きな遊び】
1位　ドッジボール
2位　かくれんぼ
3位　大なわとび

ものしりメモ
SDGsの「17の目標」の一つ一つには、複数のくわしい目標が設けられているよ。これらを全て合わせて「169のターゲット」と呼ぶんだ。自分の身近な問題から考えていきたいね。

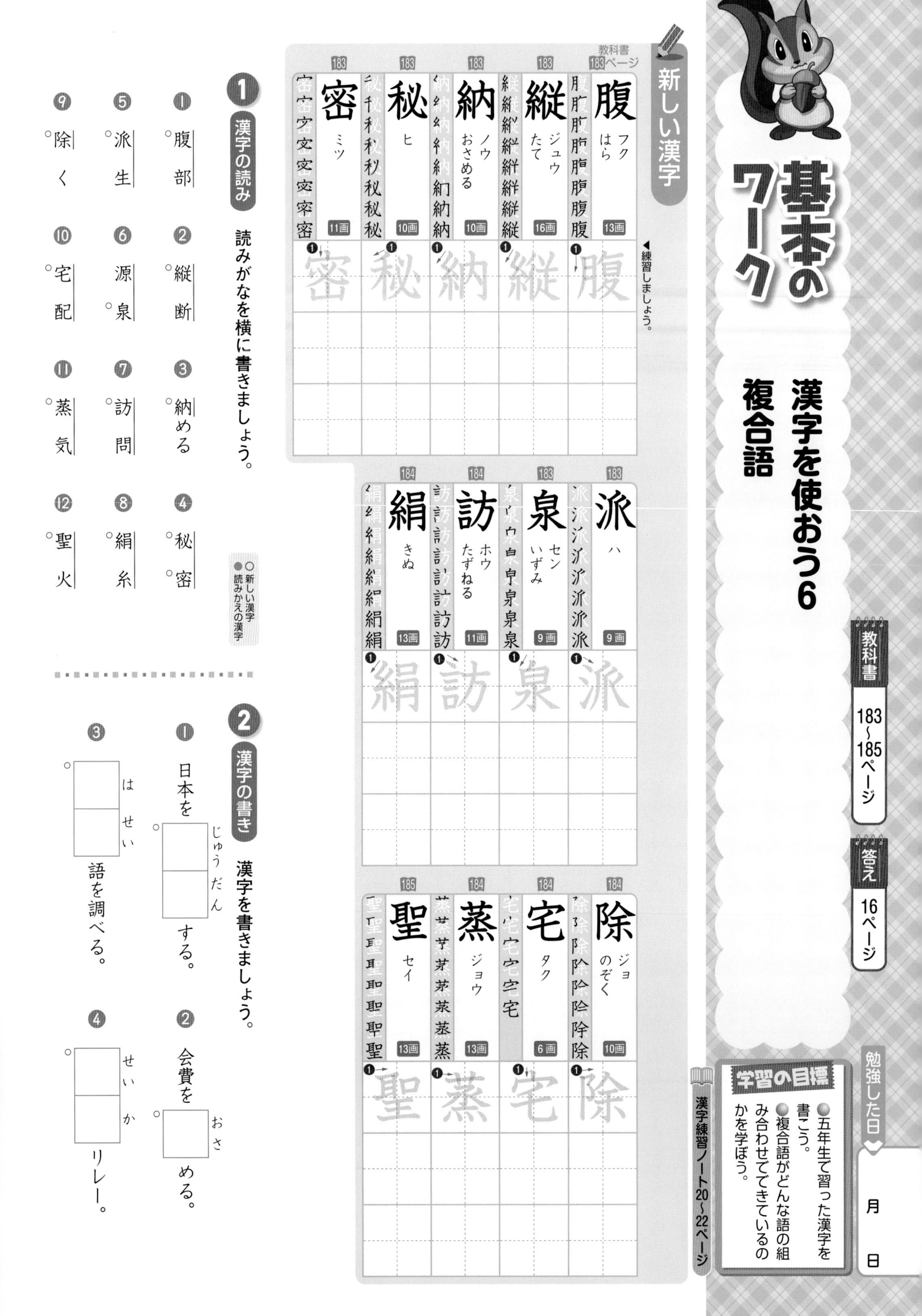

基本のワーク

漢字を使おう6
複合語

教科書 183〜185ページ
答え 16ページ

勉強した日 月 日

学習の目標
- 五年生で習った漢字を書こう。
- 複合語がどんな語の組み合わせでできているのかを学ぼう。

漢字練習ノート20〜22ページ

新しい漢字

漢字	読み	画数	教科書ページ
腹	フク はら	13画	183
縦	ジュウ たて	16画	183
納	ノウ おさめる	10画	183
秘	ヒ	10画	183
密	ミツ	11画	183
派	ハ	9画	183
泉	セン いずみ	9画	183
訪	ホウ たずねる	11画	184
絹	きぬ	13画	184
除	ジョ のぞく	10画	184
宅	タク	6画	184
蒸	ジョウ	13画	184
聖	セイ	13画	185

◀練習しましょう。

1 漢字の読み

読みがなを横に書きましょう。

① 腹部
② 縦断
③ 納める
④ 秘密
⑤ 派生
⑥ 源泉
⑦ 訪問
⑧ 絹糸
⑨ 除く
⑩ 宅配
⑪ 蒸気
⑫ 聖火

○新しい漢字
●読みかえの漢字

2 漢字の書き

漢字を書きましょう。

① 日本を□□(じゅうだん)する。
② 会費を□(おさ)める。
③ □□(はせい)語を調べる。
④ □□(せいか)リレー。

3 五年生の漢字 漢字を書きましょう。

1 機械の［こしょう］。

2 ［けんさ］をする。

3 ［しんがた］の機械。

4 ［こうぞう］を調べる。

★複合語

4 次の複合語の元の言葉を書きましょう。

1 歩き回る　（　　）と（　　）

2 読み終わる　（　　）と（　　）

5 次の複合語の組み合わせに合うものを［　］から選んで、記号で答えましょう。

1 山登り（　　）

2 ピアノ教室（　　）

3 家族旅行（　　）

4 ゲームセンター（　　）

5 いちごジャム（　　）

6 花火大会（　　）

「教室」や「家族」など、音読みの熟語は漢語だよ。

ア 和語と和語　イ 漢語と漢語　ウ 外来語と外来語
エ 和語と漢語　オ 外来語と漢語　カ 和語と外来語

6 次の二つの言葉を組み合わせて、複合語を作りましょう。

1 伝統・芸能（　　）

2 コンサート・ホール（　　）

3 走る・回る（　　）

4 消す・ゴム（　　）

5 安い・売る（　　）

6 長い・くつ（　　）

7 次の複合語を短く縮めた形で書きましょう。

例 国際連合（国連）

1 教科用図書（　　）

2 特別急行（　　）

3 パトロールカー（　　）

4 デジタルカメラ（　　）

5 パーソナルコンピュータ（　　）

ものしりメモ

二つの外来語を組み合わせた複合語の中には、別の言語の言葉を組み合わせたものもあるよ。例えば「テーマソング」は、「テーマ」がドイツ語、「ソング」が英語だよ。

物語を読んで、人物の生き方について考えよう

基本のワーク

海のいのち

SDGs

教科書 186〜200ページ

答え 16ページ

勉強した日　月　日

学習の目標

●登場人物の関係をおさえながら読もう。

●心情の変化をおさえ、物語が最も強く語りかけてきたことを考えよう。

漢字練習ノート22ページ

新しい漢字

教科書190ページ

漢字	読み	画数	教科書
針	シン　はり	10画	190
宝	ホウ　たから	8画	195
灰	はい	6画	195
優	ユウ	17画	195

▼練習しましょう。

○新しい漢字
●読みかえの漢字

1 漢字の読み　読みがなを横に書きましょう。

① つり針。

② 宝石

③ 灰色

④ 優に百五十キロをこえる。

④の「優に」は、下に数量や程度を表す言葉がくると、「すぐれた」などとはちがう意味で使われるよ。

2 漢字の書き　漢字を書きましょう。

① つり［ばり］。

② 青い［ほうせき］。

③ ［はいいろ］の空。

④ ［ゆう］に百人をこす。

4 言葉の意味　○をつけましょう。

① 188ページ　はばかることなく夢を語る。

ア（　）遠慮(りょ)する。

イ（　）よく考える。

ウ（　）うそをつく。

② 189ページ　水中で事切れる。

ア（　）けがをする。

イ（　）息が絶える。

ウ（　）元気がなくなる。

③ 192ページ　全てをさとる。

ア（　）まちがえる。

イ（　）疑わしく思う。

ウ（　）はっきりと知る。

3 言葉の知識

次の（　）に合う言葉を、[　]から選んで書きましょう。

① 発車時刻を過ぎたのに、列車は（　　）動かない。

② クラスの代表なのだから、話し合いには（　　）出席するべきだ。

③ 探していた本を（　　）見つけた。

④ あれから（　　）長い時間がたった。

とうとう　　なかなか　　もちろん
ずいぶん

「なかなか」は、後に打ち消しの言葉がくるよ。

内容をつかもう！

★海のいのち　**あらすじを場面ごとにまとめました。順番になるように、（　）に1〜4を書きましょう。**

教科書 188〜197ページ

（　）太一の父が、巨大なクエをとろうとして死んだ。

（　）太一は、村のむすめと結こんし、子供を四人育てた。

（　）太一は、父の死んだ瀬で出会ったクエに、もりを打たなかった。

（　）太一は、与吉じいさに村一番の漁師とみとめられた。

太一が漁師になって、父の死の原因を作ったクエと向かい合う話だよ。

---

④ 193 屈強な若者。
ア（　）気が強くてわがままな。
イ（　）力が強くてたくましい。
ウ（　）がまん強くておとなしい。

⑤ 194 ここちよい感しょく。
ア（　）すぐそばの。
イ（　）気持ちのよい。
ウ（　）軽やかな。

⑥ 194 そう大な音楽。
ア（　）規模が大きくて立派な。
イ（　）音量が大きくてうるさい。
ウ（　）態度が大きくてえらそうな。

⑦ 195 不意に夢が実現する。
ア（　）とうとう。
イ（　）思いがけず。
ウ（　）予想どおりに。

⑧ 195 百五十キロは優にこえている。
ア（　）たぶん。
イ（　）ぎりぎり。
ウ（　）十分に。

⑨ 197 生がいだれにも話さない。
ア（　）生きている間は。
イ（　）大人になるまで。
ウ（　）ふだんの生活では。

ものしりメモ　クエは、昼間はすみかの岩穴でじっとしているけれど、夜になると活動を開始して、えさを食べるなどする習性があるよ。

練習のワーク①

海のいのち

SDGs

教科書 186～200ページ　答え 17ページ

勉強した日　月　日

できるナビ
●与吉じいさの考え方をとらえよう。
●太一の与吉じいさへの思いを読み取ろう。

漢字練習ノート22ページ

次の文章を読んで、問題に答えましょう。

中学校を卒業する年の夏、太一は、①与吉じいさに弟子にしてくれるようたのみに行った。与吉じいさは、太一の父が死んだ瀬に、毎日一本づりに行っている漁師だった。

「わしも年じゃ。ずいぶん魚をとってきたが、もう魚を海に自然に遊ばせてやりたくなっとる。」

「年を取ったのなら、ぼくをつえの代わりに使ってくれ。」

こうして②太一は、無理やり与吉じいさの弟子になったのだ。

与吉じいさは、瀬に着くや、小イワシをつり針にかけて水に投げる。それから、ゆっくりと糸をたぐっていくと、ぬれた金色の光をはね返して、五十センチもあるタイが上がってきた。バタバタ、バタバタと、タイが暴れて尾で甲板を打つ音が、船全体を共鳴させている。

太一は、なかなかつり糸をにぎらせてもらえなかった。つり針にえさを付け、上がってきた魚からつり針を外す仕事ばかりだ。つりをしながら、与吉じいさは独り言のように語ってくれた。

「千びきに一ぴきでいいんだ。千びきいるうち一ぴきをつれば、ずっとこの海で生きていけるよ。」

与吉じいさは、毎日タイを二十ぴきとると、もう道具をかた

1 「①与吉じいさ」とは、どういう人物ですか。

（　　　　）が死んだ瀬に、毎日一本づりに行っている（　　　　）。

2 「②太一は、無理やり与吉じいさの弟子になった」とありますが、与吉じいさは太一をどのように指導しましたか。一つに○をつけましょう。

ア（　）最初に、タイのつり方をていねいに教えた。
イ（　）最初から、作業のほとんどを任せてやらせた。
ウ（　）最初は、つり糸をなかなかにぎらせなかった。

3 よく出る● 与吉じいさは、漁について、どんな考え方を太一に教えましたか。それを表している言葉を書きぬきましょう。

与吉じいさは、太一に、どうすればいいと言っているかな。

（　　　　）

4 よく出る● 3の考え方が、実際の行動に表れている部分があります。その一文を書きぬきましょう。

（　　　　）

言葉の意味プラス　3行 瀬…海の浅いところ。　12行 共鳴…音が伝わって大きく鳴りひびくこと。

づけた。

季節によって、タイがイサキになったりブリになったりした。

弟子になって何年もたったある朝、いつものように同じ瀬に漁に出た太一に向かって、③与吉じいさはふっと声をもらした。そのころには与吉じいさは船に乗ってこそきたが、作業はほとんど太一がやるようになっていた。

「自分では気づかないだろうが、おまえは村一番の漁師だよ。太一、ここはおまえの海だ。」

船に乗らなくなった与吉じいさの家に、太一は漁から帰ると毎日魚を届けに行った。真夏のある日、与吉じいさは暑いのに毛布をのどまでかけてねむっていた。④太一は全てをさとった。

「海に帰りましたか。与吉じいさ、心から感謝しております。おかげさまでぼくも海で生きられます。」

悲しみがふき上がってきたが、⑤今の太一は自然な気持ちで顔の前に両手を合わせることができた。父がそうであったように、与吉じいさも海に帰っていったのだ。


〈立松(たてまつ)和平(わへい)「海のいのち」による〉

20　25　30　35　40

5 「③与吉じいさはふっと声をもらした」とありますが、このとき、与吉じいさはどんなことを言いましたか。

太一が（　　　　　　　　）であるということ。

6 「④太一は全てをさとった。」とありますが、具体的には、どんなことをさとったのですか。

与吉じいさの様子と、太一の言葉から考えよう。

（　　　　　　　　　　　　　　　　）

書いてみよう！

7 「⑤今の太一は自然な気持ちで顔の前に両手を合わせることができた」とありますが、なぜ「自然な気持ち」だったのですか。

与吉じいさは（　　　　　　　　）と考えたから。

8 太一は、与吉じいさに対して、どんなことを感謝していますか。一つに○をつけましょう。

ア（　）与吉じいさのおかげで、自分も海で生きられるようになったこと。
イ（　）与吉じいさのおかげで、自分が村一番の漁師と呼ばれるようになったこと。
ウ（　）与吉じいさのおかげで、自分だけでたくさんの魚をとれるようになったこと。

太一の言葉から、与吉じいさに対する太一の思いを読み取って考えよう。

ものしりメモ
「一本づり」とは、一本のつり糸につり針をつけて、魚を一ぴきずつつる方法で、つりざおを使う方法や、手で糸を巻き上げる方法があるよ。「カツオの一本づり」が有名だね。

練習のワーク②

海のいのち SDGs

教科書 186〜200ページ　答え 17ページ

勉強した日　月　日

できるナビ
●「父の海」にやってきた太一の思いを読み取ろう。
●クエと向き合った太一の心情を読み取ろう。

次の文章を読んで、問題に答えましょう。

いつもの一本づりで、二十ぴきのイサキを早々ととった太一は、父が死んだ辺りの瀬に船を進めた。

いかりを下ろし、海に飛びこんだ。はだに水の感しょくがここちよい。海中に棒になって差しこんだ光が、波の動きにつれ、かがやきながら交差する。耳には何も聞こえなかったが、太一は①そう大な音楽を聞いているような気分になった。②とうとう父の海にやってきたのだ。

太一が瀬にもぐり続けて、ほぼ一年が過ぎた。父を最後に、もぐり漁師がいなくなったので、アワビもサザエもウニもたくさんいた。激しい潮の流れに守られるようにして生きている二十キロぐらいのクエも見かけた。だが太一は興味を持てなかった。

追い求めているうちに、不意に夢は実現するものだ。

太一は海草のゆれる穴のおくに、③青い宝石の目を見た。

海底の砂にもりをさして場所を見失わないようにしてから、太一は銀色にゆれる水面にうかんでいった。④息を吸ってもどると、同じ所に同じ青い目がある。ひとみは黒い真珠のようだった。刃物のような歯が並んだ灰色のくちびるは、ふくらんでいて大きい。魚がえらを動かすたび、水が動くのが分かった。岩

2 「②とうとう父の海にやってきたのだ。」について答えましょう。

(1) 「父の海」とは、父がどうなった海ですか。

（　　　　　　　　）

(2) 「とうとう」という言葉から分かる、太一の気持ちに合うもの一つに○をつけましょう。

ア（　）長い間、ここにやってきたいと思っていたこと。
イ（　）できればここには来たくないと思っていたこと。
ウ（　）ここに来られて、もう満足だと思っていること。

3 「③青い宝石の目」とありますが、この目をしているのはどんな魚ですか。

●黒い真珠のような（　　　）をしている。
●刃物のように並んだ（　　　）と、灰色の大きくふくらんだ（　　　）をしている。
●重さは（　　　）を優にこえているだろう。

言葉の意味プラス
5行　交差…二本以上の線が交わること。
19行　えら…魚のあごの左右にある、くし型の呼吸器官。
27行　鼻づら…鼻の先。

そのものが魚のようだった。全体は見えないのだが、百五十キロは優にこえているだろう。
興奮していながら、太一は冷静だった。これが自分の追い求めてきたまぼろしの魚、村一番のもぐり漁師だった父を破った瀬の主なのかもしれない。太一は鼻づらに向かってもりをつき出すのだが、クエは動こうとはしない。そうしたままで時間が過ぎた。⑤太一は、永遠にここにいられるような気さえした。しかし、息が苦しくなって、またうかんでいく。

〈立松和平「海のいのち」による〉

20　25　30

1 「①そう大な音楽」とは、何がどうなる様子を表していますか。

海の中のどんな様子を「音楽」にたとえているかを読み取ろう。

海中に棒のように［　　　］が、
波の動きにつれて［　　　　　　］
交差する様子。

4 「④息を吸ってもどると、同じ所に同じ青い目がある。」とありますが、どういうことですか。

太一が（　　　　）にうかんでいったあいだも、魚は（　　　　）ということ。

5 よく出る● 「追い求めているうちに、不意に夢は実現するものだ。」とありますが、太一が追い求めてきた夢とは、どうすることですか。

大きなクエを太一が何と思っているかを、この後の文章から読み取ろう。

（　　　　　　　　　　）

6 書いてみよう！ 魚を前にしたときの、太一の気持ちが分かる一文を書きぬきましょう。

（　　　　　　　　　　）

7 「⑤太一は、永遠にここにいられるような気さえした。」とありますが、このときの太一の気持ちに合うもの一つに○をつけましょう。

もりをつき出しても動こうとしないクエに対する気持ちを読み取ろう。

ア（　）クエをなんとかしてしとめたいと思っている。
イ（　）クエがおそいかかってくるのをおそれている。
ウ（　）クエが自分の敵ではないように思えてきている。

ものしりメモ　アワビやサザエのよくとれる場所では、漁師だけしか魚や貝をとってはいけないと法律で決められていて、その権利を「漁業権」というよ。

練習のワーク③

海のいのち

SDGs

教科書 186～200ページ

答え 17ページ

勉強した日　月　日

できるナビ
●クエに対する太一の心情の変化を読み取ろう。
●「海のいのち」とは何かを考えよう。

次の文章を読んで、問題に答えましょう。

海底の砂にもりをさして場所を見失わないようにしてから、太一は銀色にゆれる①水面にうかんでいった。息を吸ってもどると、同じ所に同じ青い目がある。ひとみは黒い真珠のようだった。刃物のような歯が並んだ灰色のくちびるは、ふくらんでいて大きい。②魚がえらを動かすたび、水が動くのが分かった。岩そのものが魚のようだった。全体は見えないのだが、百五十キロは優にこえているだろう。

興奮していながら、太一は冷静だった。これが自分の追い求めてきたまぼろしの魚、村一番のもぐり漁師だった父を破った瀬の主なのかもしれない。太一は鼻づらに向かってもりをつき出すのだが、クエは動こうとはしない。③そうしたままで時間

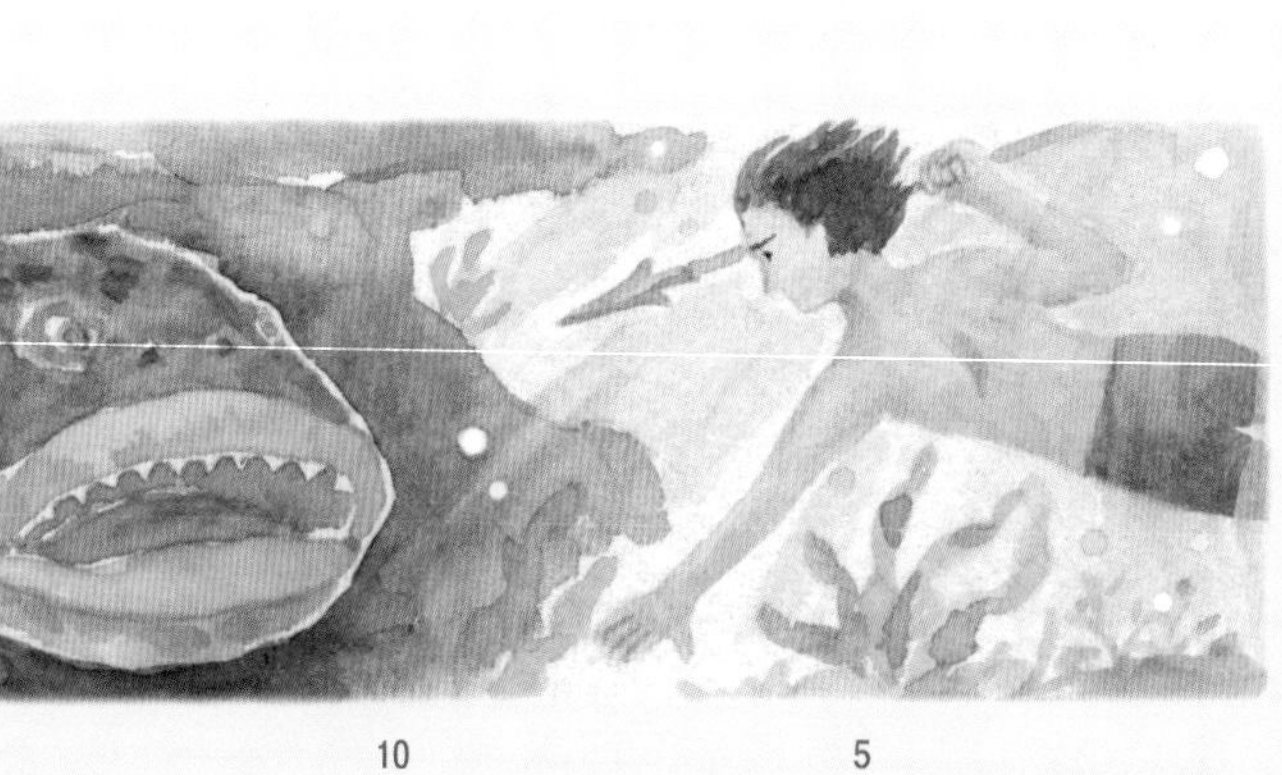

3　クエと向かい合っている太一の心理状態を表している、対照的な意味の二つの熟語を書きぬきましょう。

「対照的な」とは、二つの物事の性質のちがいがきわだった様子であるということだよ。

［　　］・［　　］

4　太一は、クエを見つけたとき、何かもしれないと思いましたか。

（　　　　　　）

5　「③そうしたままで時間が過ぎた。」について答えましょう。

(1)「そうしたまま」とは、どういう状態を表していますか。一つに○をつけましょう。

ア（　）太一もクエも、全く動かない状態。
イ（　）太一がもりをつき出し、クエがにげる状態。
ウ（　）太一はもりをつき出すが、クエは動かない状態。

(2)このとき、太一はどういう気がしましたか。

（　　　　　　）に、この場にいられるような気さえした。

言葉の意味プラス　28行　あぶく…水のあわ。

が過ぎた。太一は、永遠にここにいられるような気さえした。

しかし、息が苦しくなって、またうかんでいく。

もう一度もどってきても、④瀬の主は全く動こうとはせずに太一を見ていた。おだやかな目だった。この大魚は自分に殺されたがっているのだと太一は思ったほどだった。これまで数限りなく魚を殺してきたのだが、⑤こんな感情になったのは初めてだ。この魚をとらなければ、本当の一人前の漁師にはなれないのだと、太一は泣きそうになりながら思う。

水の中で太一はふっとほほえみ、口から銀のあぶくを出した。もりの刃先を足の方にどけ、クエに向かってもう一度えがおを作った。

「おとう、ここにおられたのですか。また会いに来ますから。」

こう思うことによって、⑥太一は瀬の主を殺さないですんだのだ。大魚は⑦この海のいのちだと思えた。


〈立松（たてまつ）和平（わへい）「海のいのち」による〉

1 「①水面にうかんでいった」のは、何をするためですか。

（　　　　）

2 よく出る 「②魚」について、たとえを用いて表現している文を、三つ書きぬきましょう。

（　　　　）

（　　　　）

（　　　　）

6 「④瀬の主は全く動こうとはせずに太一を見ていた」とありますが、このときのクエの目を、太一はどんな目だと感じましたか。

（　　　　）

7 書いてみよう！ 「⑤こんな感情」とは、どんな感情ですか。

（　　　　）

8 よく出る 「⑥太一は瀬の主を殺さないですんだのだ」とありますが、「殺さないですんだ」という表現から、太一のどういう気持ちが分かりますか。一つに○をつけましょう。

ア（　）瀬の主であるクエを殺せなくて、とてもくやしい。

イ（　）瀬の主であるクエのことはもう忘れてしまいたい。

ウ（　）本当は、瀬の主であるクエを殺したくなかった。


「泣きそうになりながら」に注目して、それまでの太一の気持ちをおさえよう！

9 よく出る 「⑦この海のいのちだと思えた」とは、どういうことですか。一つに○をつけましょう。

ア（　）自分の力ではとれない大物だと思えたということ。

イ（　）海に生きるもの全ての象徴（ちょう）だと思えたということ。

ウ（　）人の生命をうばう危険な存在だと思えたということ。

クエは、地方によっては「アラ」とも呼ばれる。大きいものは、体長２メートル、重さ150キログラムになるともいわれているよ。人間の背たけより大きいね。

まとめのテスト

海のいのち

教科書 186～200ページ

答え 18ページ

時間 20分

得点 /100点

勉強した日 月 日

次の文章を読んで、問題に答えましょう。

海底の砂にもりをさして①場所を見失わないようにしてから、太一は銀色にゆれる水面にうかんでいった。息を吸ってもどると、同じ所に同じ青い目がある。ひとみは黒い真珠のようだった。刃物のような歯が並んだ灰色のくちびるは、ふくらんでいて大きい。魚がえらを動かすたび、水が動くのが分かった。岩そのものが魚のようだった。全体は見えないのだが、百五十キロは優にこえているだろう。

興奮していながら、太一は冷静だった。これが自分の追い求めてきたまぼろしの魚、村一番のもぐり漁師だった父を破った瀬の主なのかもしれない。太一は鼻づらに向かってもりをつき出すのだが、クエは動こうとはしない。そうしたままで時間が過ぎた。太

2 魚がとても大きいことは、どういうことから分かりますか。 一つ10〔20点〕

●魚がえらを動かすたび、（　　　）こと。

●岩そのものが魚のようで、全体は（　　　）こと。

3 「②この大魚は自分に殺されたがっているのだと太一は思った」とありますが、なぜ太一はそう思ったのですか。その理由を二つ書きましょう。 一つ10〔20点〕

●鼻づらに向かってもりをつき出しても、（　　　）から。

●息を吸いに水面にうかんでから、海底にもどってきても、（　　　）から。

4 「③太一は泣きそうになりながら」とありますが、なぜ泣きそうになったのですか。 一つ5〔10点〕

この魚をとらなければ、（　　　）が、どうしても（　　　）ことができなかったから。

一は、永遠にここにいられるような気さえした。しかし、息が苦しくなって、またうかんでいく。

　もう一度もどってきても、瀬の主は全く動こうとはせずに太一を見ていた。おだやかな目だった。②この大魚は自分に殺されたがっているのだと太一は思ったほどだった。これまで数限りなく魚を殺してきたのだが、こんな感情になったのは初めてだ。この魚をとらなければ、本当の一人前の漁師にはなれないのだと、③太一は泣きそうになりながら思う。

　水の中で太一はふっとほほえみ、口から銀のあぶくを出した。④もりの刃先を足の方にどけ、クエに向かってもう一度えがおを作った。

「おとう、ここにおられたのですか。また会いに来ますから。」

　こう思うことによって、⑤太一は瀬の主を殺さないですんだのだ。⑥大魚はこの海のいのちだと思えた。


〈立松和平「海のいのち」による〉

1 「①場所を見失わないようにして」とありますが、どんな場所ですか。〈10点〉

[　　　]をした魚がいる場所。

（チャレンジ！）
7 「⑥大魚はこの海のいのちだと思えた。」とありますが、「海のいのち」という言葉から、太一は海の魚をどのように思っていることが分かりますか。一つに○をつけましょう。〈10点〉

ア（　）海にすむ魚のいのちは、人が漁をしてとるためにある。

イ（　）海にすむ魚も、人と同じ大切ないのちを持っている。

ウ（　）海にすむ魚は、人とは全く別のいのちを持っている。

6 「⑤太一は瀬の主を殺さないですんだのだ」について答えましょう。

(1) 太一は、クエを殺すかどうかなやみ、苦しんでいましたが、落ち着きを取りもどしました。太一が落ち着いたことが分かる一文を書きぬきましょう。〈10点〉

(2) よく出る　太一がクエを殺さずにすんだのは、どのように考えたからですか。（書いてみよう！）〈10点〉

5 「④もりの刃先を足の方にどけ」とありますが、太一はなぜそうしたのですか。（書いてみよう！）〈10点〉

ものしりメモ
海にもぐってサザエなどをとる漁をする女の人を、「海女（あま）」というよ。今、海女がいる国は、日本と韓国（かんこく）だけだよ。

基本のワーク

漢字を使おう7／言葉相談室 似た意味の言葉の使い分け
心に残った、この一文

教科書 201〜205ページ　答え 19ページ

勉強した日 月 日

学習の目標
- 五年生で習った漢字を書こう。
- 似た意味の言葉をたくさん覚えて、場面に応じて使い分けよう。

漢字練習ノート23ページ

新しい漢字

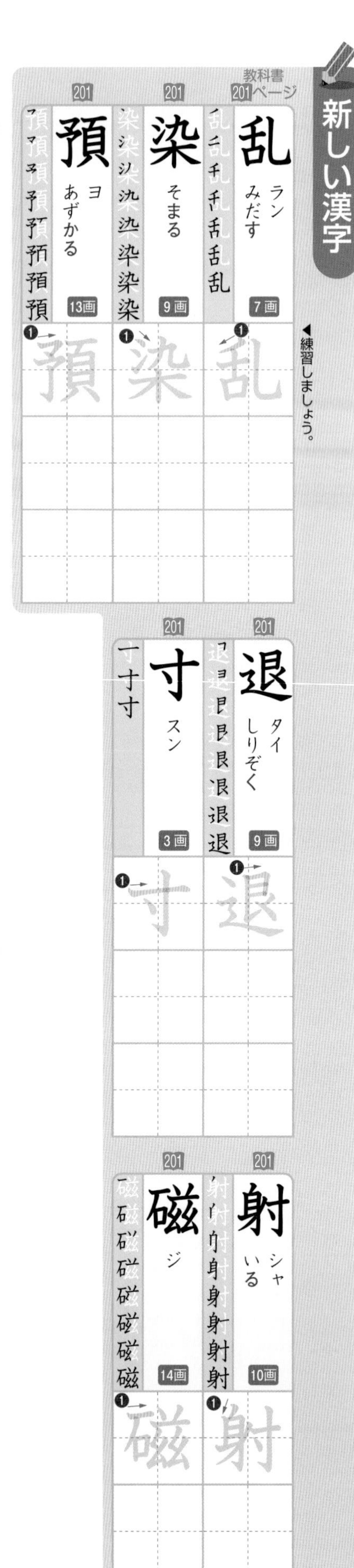

1 漢字の読み　読みがなを横に書きましょう。

①°乱す　②°染まる　③°預かる

④°退く　⑤一°寸　⑥°射る

⑦°磁●石

○新しい漢字　●読みかえの漢字

①は「乱す」「乱れる」、②は「染まる」「染める」、③は「預かる」「預ける」、④は「退く」「退ける」の、それぞれの送りがなに気をつけよう。

2 漢字の書き　漢字を書きましょう。

① 世の中を°□(みだ)す。

② 夕日に□(そ)まる。

③ 荷物を°□(あず)かる。

④ °□●□(じしゃく)の動き。

3 五年生の漢字　漢字を書きましょう。

① 貸し出しの□□(きょか)。

② 飲食の□□(きんし)。

4 言葉相談室 似た意味の言葉の使い分け

よく出る● 次の文章をよい印象に変えるとしたら、どんな言葉が入りますか。（　）に合う言葉を、［　］から選んで書きましょう。

①あの人は他人ぎょうぎだ。
↓あの人は（　　　）。

②弟はがんこなところがある。
↓弟は（　　　）ところがある。

［れいぎ正しい　活発である　意志が強い　親切だ］

5

次のような場面では、ア・イのどちらの表現がより意図を伝えやすいですか。一つに○をつけましょう。

①姉にいろいろお世話をしてもらって感謝している。
ア（　）姉は、めんどう見のよい人だ。
イ（　）姉は、おせっかいな人だ。

②友達のよいところをしょうかいしたい。
ア（　）ぼくの友達は、いいかげんな性格です。
イ（　）ぼくの友達は、大らかな性格です。

③本当はほかに飲みたいものがあるが、水でがまんする。
ア（　）飲み物は水がいいです。
イ（　）飲み物は水でいいです。

6

次の――の言葉を比べて、ちがいを説明しましょう。

ア　お客が来なかったせいで、仕事が早く終わった。
イ　お客が来なかったおかげで、仕事が早く終わった。

書いてみよう！

（　　　）

7 心に残った、この一文

次の読書記録カードを見て、問題に答えましょう。

書名［モモ］…ア
書いた人　ミヒャエル・エンデ…イ
出版社　○○社…ウ
NDC（エヌディーシー）　943…エ
大切にしたい一文
「時間は、……。」…オ
選んだ理由・この本を読んで考えたことなど…カ

1　図書館でもう一度同じ本を借りたいときに必要な情報として合うものを全て選び、記号で答えましょう。

（　　　）

2　NDCとは、本の分類を表しており、下の表のようなきまりで数字がつけられています。
「モモ」はどんな分類の本ですか。

（　　　）

913	日本文学
923	中国文学
933	英米文学
943	ドイツ文学

ものしりメモ
「NDC（エヌディーシー）」は、日本のほとんどの図書館で使われている分類法だよ。「自然科学」「歴史」「文学」など、分類の数字が分かると本の整理もしやすく、探しやすくなるんだ。図書館に行ったら注目しよう。

基本のワーク

漢字を使おう8
季節の足音――冬

教科書 208～209ページ

答え 19ページ

勉強した日　月　日

学習の目標
- 五年生で習った漢字を書こう。
- 冬の足音を感じさせる、詩・短歌・俳句を読んで、味わおう。

漢字練習ノート24～25ページ

新しい漢字

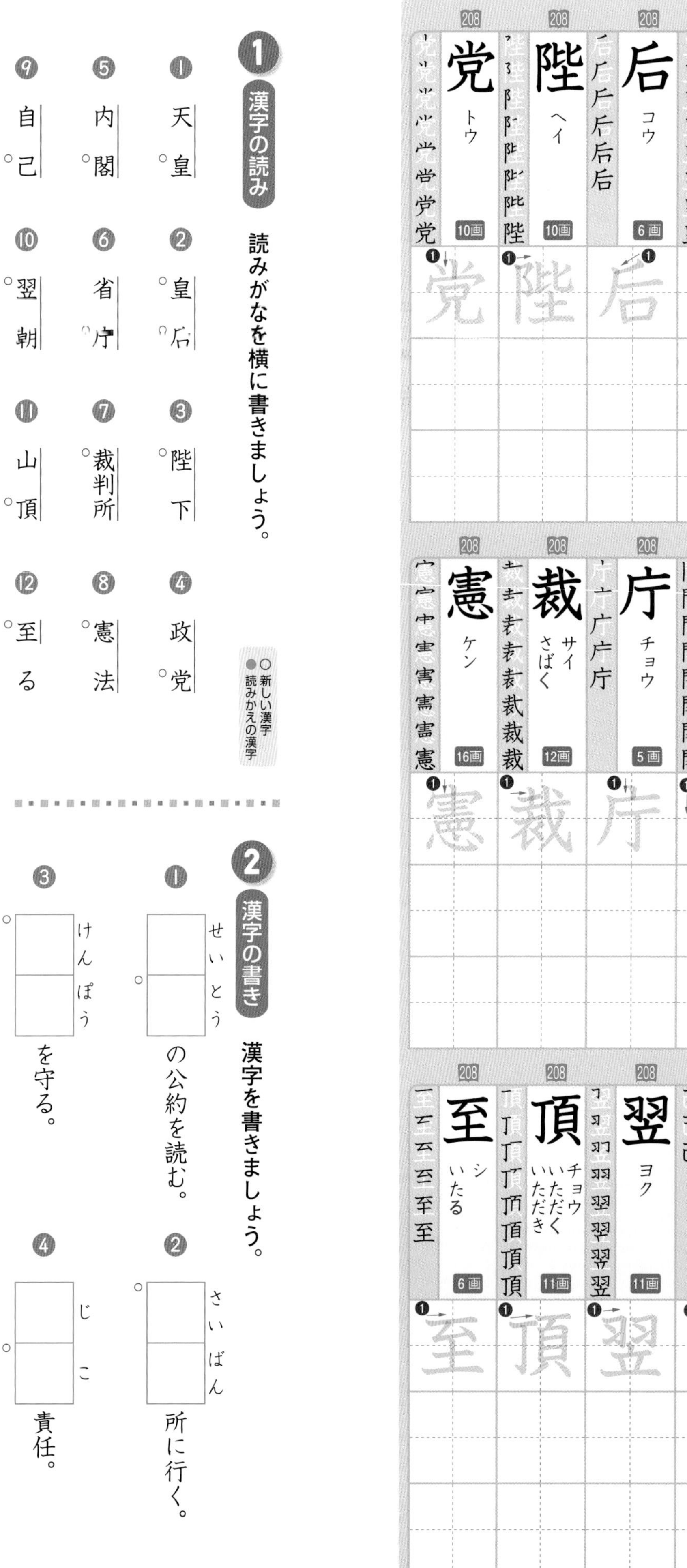

教科書ページ

漢字	読み	画数	教科書ページ
皇	コウ・オウ	9画	208
后	コウ	6画	208
陛	ヘイ	10画	208
党	トウ	10画	208
閣	カク	14画	208
庁	チョウ	5画	208
裁	サイ・さばく	12画	208
憲	ケン	16画	208
己	コ	3画	208
翌	ヨク	11画	208
頂	チョウ・いただく・いただき	11画	208
至	シ・いたる	6画	208

◀練習しましょう。

1 漢字の読み

読みがなを横に書きましょう。

○新しい漢字
●読みかえの漢字

① 天皇　② 皇后　③ 陛下　④ 政党
⑤ 内閣　⑥ 省庁　⑦ 裁判所　⑧ 憲法
⑨ 自己　⑩ 翌朝　⑪ 山頂　⑫ 至る

2 漢字の書き

漢字を書きましょう。

① □□（せいとう）の公約を読む。
② □□（さいばん）所に行く。
③ □□（けんぽう）を守る。
④ □□（じこ）責任。

3 五年生の漢字 漢字を書きましょう。

❶ [きそく] を守る。

❷ 手を [せいけつ] にする。

☆季節の足音―冬

4 次の詩を読んで、問題に答えましょう。

手紙

武鹿(ぶしか) 悦子(えつこ)

はなびらの手紙も
落葉(おちば)の手紙も
①おくりとどけたあと
川は
じぶんの果(はた)した役割りを
②そっと思いかえしている
③粉雪の手紙を
まいにち　まいにち
受けとりながら

1 よく出る● 「①おくりとどけた」とありますが、どういうことですか。一つに○をつけましょう。

ア（　）だれかが書いた手紙が川を流れていったということ。
イ（　）花びらや落葉が川を流れていったということ。
ウ（　）だれかが川について手紙を書いたということ。

2 「②そっと思いかえしている」とありますが、川はどんな様子ですか。一つに○をつけましょう。

「そっと」は「静かに。こっそり」という意味だよ。

ア（　）自分がしたことを静かに思い出している。
イ（　）出来事への対応のまずさを反省している。
ウ（　）これから起こることを考えてわくわくしている。

3 「③粉雪の手紙を／まいにち　まいにち／受けとりながら」とありますが、どういうことですか。一つに○をつけましょう。

ア（　）毎日、粉雪が川に降り注いでいるということ。
イ（　）毎日、粉雪にまみれた手紙が届いているということ。
ウ（　）毎日、粉雪が降るのを心待ちにしているということ。

5 次の俳句の説明に合うもの一つに○をつけましょう。

卒業の空のうつれるピアノかな　井上(いのうえ) 弘美(ひろみ)

ア（　）卒業式の日の出来事が、ピアノの演奏者の視点からえがかれている。
イ（　）卒業式の日の天気のうつり変わりが、時系列でくわしくえがかれている。
ウ（　）卒業式の日の情景が、晴れやかな思いとともにえがかれている。

ものしりメモ 武鹿悦子(ぶしかえつこ)さんは詩人・童話作家で、翻(ほん)訳家でもあるよ。童謡(よう)「きらきら星」はフランスの歌で、いろいろな人が日本語の歌詞を作ったけれど、武鹿さんもそのうちの一人だよ。

基本のワーク

古典芸能への招待状
言葉の移り変わり

教科書 210〜217ページ

答え 20ページ

勉強した日　月　日

学習の目標
- ●古典芸能のさまざまな特徴（ちょう）を知り、そのよさをとらえよう。
- ●時代による言葉の変化を学ぼう。

新しい漢字

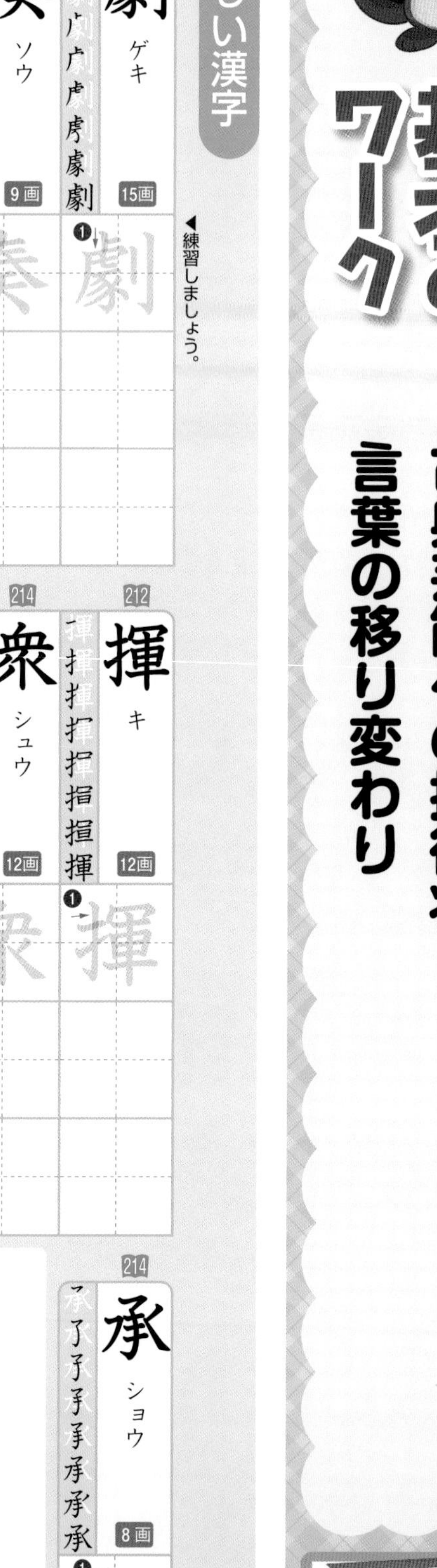

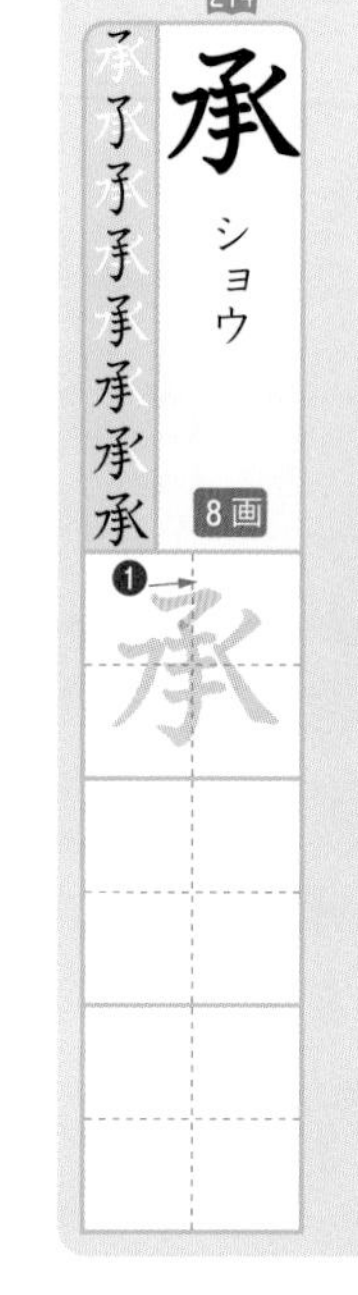

◀練習しましょう。

漢字練習ノート26ページ

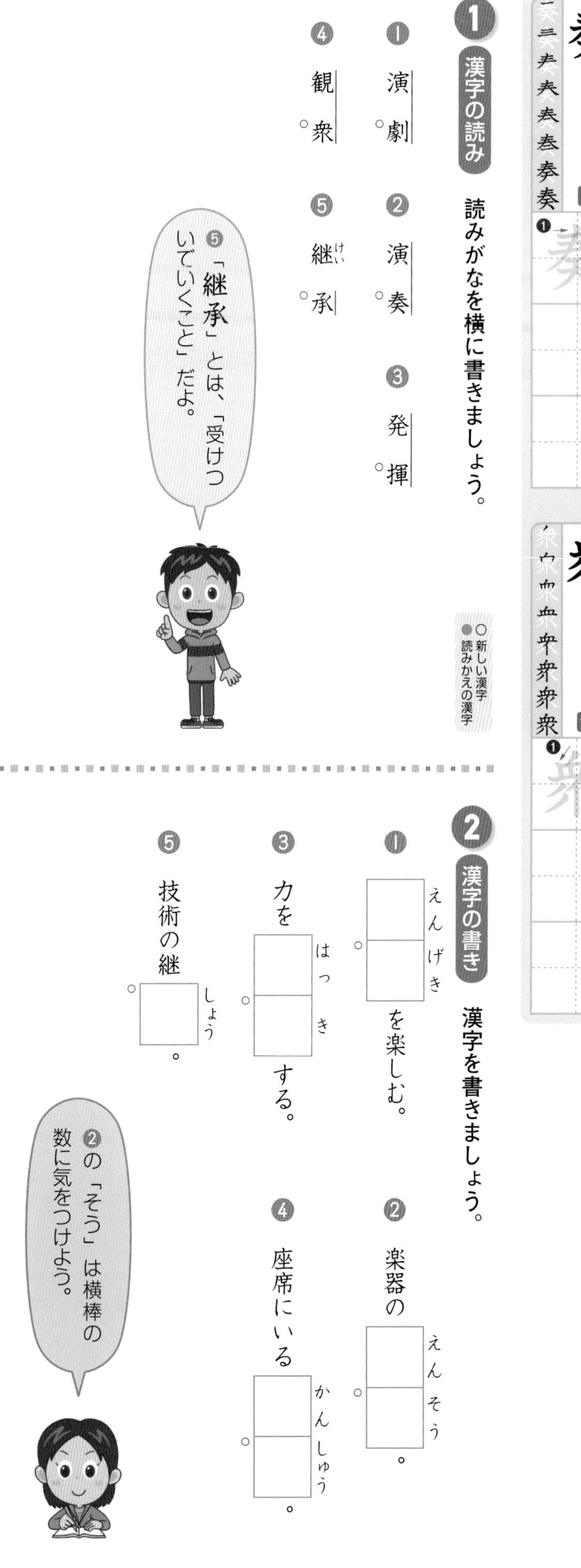

○新しい漢字　●読みかえの漢字

1 漢字の読み　読みがなを横に書きましょう。

①演劇　②演奏　③発揮　④観衆　⑤継（けい）承

⑤「継承」とは、「受けついでいくこと」だよ。

2 漢字の書き　漢字を書きましょう。

① （えんげき）を楽しむ。
② 楽器の（えんそう）。
③ 力を（はっき）する。
④ 座席にいる（かんしゅう）。
⑤ 技術の継（しょう）。

②の「そう」は横棒の数に気をつけよう。

3 古典芸能への招待状

次の文章を読んで、問題に答えましょう。

演劇やダンスのように、主に体で表現する芸術のことを、①芸能といいます。古くから世界の各地で、大漁や豊作をいのっておどったり、喜びや悲しみを劇として上演したりと、人々は芸能に親しんできました。②日本でも、各地でさまざまな芸能が生まれ、演じられてきました。とだえてしまったものもありますが、いくつかの芸能は時代をこえて受けつがれ、今なお多くの人に親しまれています。

地域に伝わる芸能の多くは、そこに暮らす人々自らが、自分たちのものとして大切に守ってきたものです。その中には、例えば宮城県の秋保(あきう)の田植踊(たうえおどり)や、愛知県の三河万歳(みかわまんざい)、埼玉県の川越氷川祭(かわごえひかわまつり)の山車(だし)行事のように、地域の子供たちが参加して伝統を受けついでいるものもあります。

また、③それぞれの地域に伝わる芸能は、その地方の風習や歴史を色こく反映しています。沖縄県の組踊(くみおどり)は、古くから伝わる出来事などをもとにした物語が、三線(さんしん)や琴(こと)、笛といった地元の伝統的な楽器の演奏をともなって演じられます。さらに近年では、個性的な新作が作られるなど、地元の文化として定着しているのです。このように、日本の各地で芸能は地域に根差し、そのほこりとなることで、人々に愛され続けてきたのです。

〈中野(なかの) 貴文(たかふみ)「古典芸能への招待状」による〉

1 よく出る● 「①芸能」とはどんな芸術ですか。

（　　　　）

2 世界の各地で親しまれている芸能には、どんなものがありますか。

●（　　　）や（　　　）をいのるおどり。

●（　　　）や（　　　）を表現した劇。

3 「②日本でも、各地でさまざまな芸能が生まれ、演じられてきました。」とありますが、現在の日本の芸能についての説明として、合うもの一つに○をつけましょう。

ア（　）伝統的な芸能はとだえ、新しい芸能がはやっている。

イ（　）伝統的な芸能がいくつか受けつがれ、愛されている。

ウ（　）伝統的な芸能に参加する子供たちはほとんどいない。

4 書いてみよう！ 「③それぞれの地域に伝わる芸能」は、近年どんな動きがありますか。

「近年では…」という部分に注目しよう。

（　　　　）

4 言葉の移り変わり

次の言葉を外来語に直して書きましょう。

(1) ねまき（　　　）　(2) 台所（　　　）

(3) さじ（　　　）　(4) 帳面（　　　）

(5) ちり紙（　　　）

ものしりメモ 今はテレビなどでもたくさん見られる「まんざい」や「ものまね」なども、もとをたどると古典芸能からきているよ。昔の人もお笑いが大好きだったんだね。

まとめのテスト

古典芸能への招待状
言葉の移り変わり

教科書 210〜217ページ　答え 20ページ

勉強した日　月　日

得点　/100点

1 次の文章を読んで、問題に答えましょう。

美しく幻想的な①能の基礎を築いたのが、観阿弥と世阿弥の親子です。特に世阿弥は「平家物語」などの古典文学を題材に作品を作り、人間のなやみや苦しみをほり下げていくなど、能に高い芸術性をもたらしました。

能とは異なり、こっけいさを持ち味にしたのが②狂言です。もともとは即興での演技を中心としていたようですが、やがて洗練され、きまった筋書きとして定着していきました。狂言は、演者たちによるかけ合いのおもしろさや、痛がったりくやしがったりする様子を大げさに演じるおかしさが、何よりのみりょくです。

狂言の登場人物たちは、機転をきかせて主人をやりこめる家来や、修行の力を発揮することができずに失敗する山伏など、みな人間味にあふれていて、にくめない人たちばかりです。なかには、雷様やえびす様、きつねやおにも登場しますが、かれらでさえ人間と同じように失敗し、泣いたり笑ったりする存在として演じられます。狂言は、いつの世も変わらない人の本質を、笑いに変えてえがこうとしているのです。

江戸時代に入り社会が安定してくると、人々はますます芸能に夢中になりました。③江戸の人々に特に支持されたのが、歌舞

2 「③江戸の人々に特に支持されたのが、歌舞伎です。」とありますが、歌舞伎の成り立ちについて次のようにまとめました。（　）に合う言葉を文章中から書きぬきましょう。　一つ10〔30点〕

当初は、（　　）や（　　）が多く現れて、おどりを見せるものであったが、のちにすぐれた（　　）が演じられるようになった。

3 「④さらに火をつけました」とは、どんな様子ですか。合うもの一つに○をつけましょう。　〔10点〕

ア（　）歌舞伎の人気が少しなくなった。
イ（　）歌舞伎の人気がどんどん高まった。
ウ（　）歌舞伎が人気を取りもどした。

4 「⑤最近でも、人気の漫画やアニメーション作品を題材とした新作の歌舞伎が上演されて話題になりました。」とありますが、このことからどんなことが分かりますか。　〔20点〕

書いてみよう！

（　　）

言葉の意味プラス
7行 洗練…よく訓練され上品で美しいこと。　11行 機転をきかせて…その場に合わせて。
25行 きばつな…風変わりな。　28行 たくみに…上手に。

伎です。歌舞伎は当初、はでなかっこうやおどりを見せるものでしたが、のちにすぐれた劇作家が多く現れ、複雑なストーリーの物語が演じられるようになりました。観客席から舞台へと続く花道で演技が行われたり、つなで役者が宙づりになったりと、きばつな演出も歌舞伎の人④気にさらに火をつけました。

また歌舞伎は、そのときどきに話題になっている事件や流行をたくみに取り入れてきました。⑤最近でも、人気の漫画やアニメーション作品を題材とした新作の歌舞伎が上演されて話題になりました。観衆を喜ばせるため、新しい試みに挑戦しようとする歌舞伎の精神は、今も生きているのです。

〈中野貴文「古典芸能への招待状」による〉

20　25　30

1 よく出る 「能①」と「狂言②」の説明に合うものをそれぞれ一つずつ選んで、記号で答えましょう。　両方できて〔20点〕

ア いつの世も変わらない人の本質を、笑いに変えてえがこうとしている。

イ 古典文学ではえがかれてこなかった、人間のなやみや苦しみを芸術的に表現した。

ウ もともとはきまった筋書きがあったが、やがて筋書きのない即興芸術になった。

エ 観阿弥と世阿弥の親子が基礎を築いた、美しく幻想的な芸術である。

能（　　）　狂言（　　）

---

2 次の文章を読んで、問題に答えましょう。

その竹の中に①、もと光る竹なむ②一筋ありける。あやしがりて、寄りて見る③に、つつの中光りたり。それを見れば、三寸ばかりなる人、いと④うつくしう⑤てゐたり。

〈「竹取物語」による〉

【現代語訳】　その竹の中に、根もとが光る竹が一本あった。不思議に思って近寄って見ると、つつの中が光っている。それを見ると、三寸（約九センチ）ほどの人が、とてもかわいらしい様子ですわっていた。

5　10

1 よく出る 文章中の――①～④の言葉のうちで、今では使われなくなった言葉を二つ書きぬきましょう。　一つ5〔10点〕

（　　）・（　　）

2 「うつくしうて⑤」という言葉は、今とはちがう意味で使われています。どういう意味で使われていますか。【現代語訳】の文章中から書きぬきましょう。〔10点〕

（　　）

ものしりメモ　「竹取物語」は、現存する日本最古の物語で、9世紀末から10世紀初め（平安時代）に作られたとされているよ。作者は分かっていないんだ。かぐや姫が出てくるよ。ぜひ読んでみよう。

宇宙や地球の未来について話し合おう

基本のワーク

宇宙への思い SDGs
漢字を使おう9

教科書 218～233ページ
答え 20ページ

勉強した日 月 日

学習の目標
●宇宙に関わる仕事について理解を深めよう。
●情報を伝えるときの注意点を確認しよう。

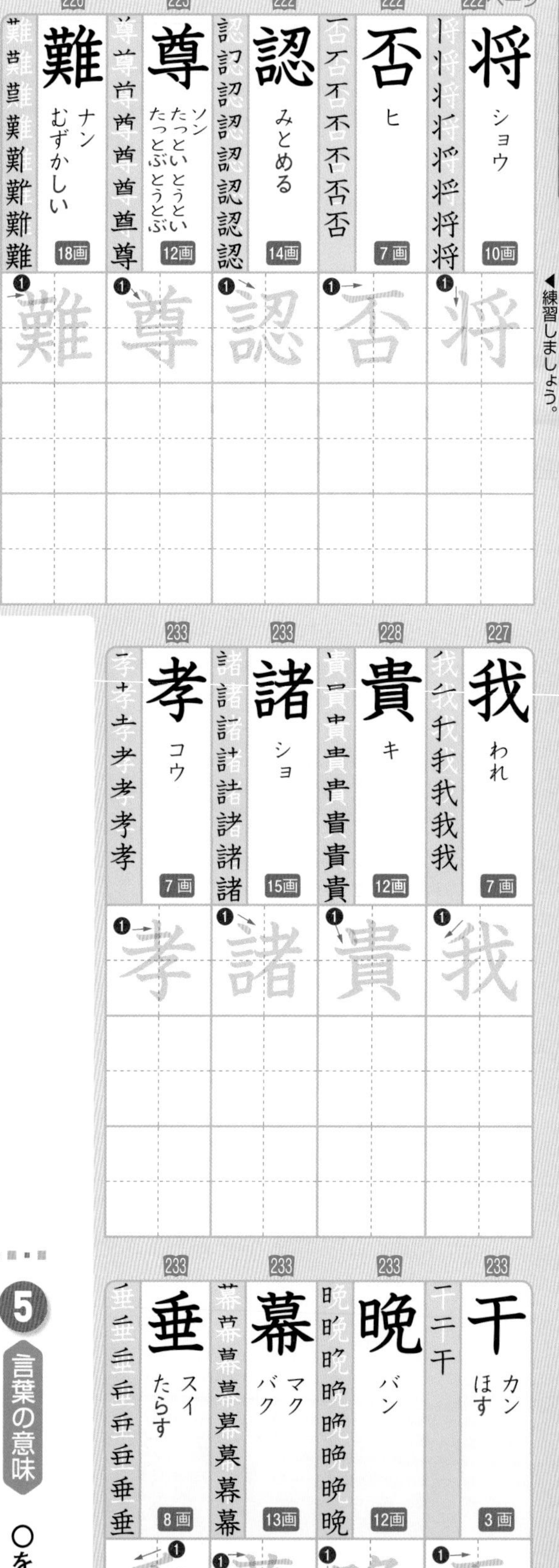

1 漢字の読み 読みがなを横に書きましょう。

○新しい漢字
●読みかえの漢字

① 将来
② 否定
③ 認める
④ 尊重
⑤ 避難所
⑥ 我々
⑦ 貴重
⑧ 諸説
⑨ 親孝行
⑩ 干ばつ
⑪ 晩ご飯
⑫ 幕
⑬ 垂らす

5 言葉の意味 ○をつけましょう。

① 220ページ 近年開発が進んでいる。
ア（ ）以前。
イ（ ）この先。
ウ（ ）ここ数年。

② 221ページ もろい状態。
ア（ ）こわれやすい。
イ（ ）手ごたえがない。
ウ（ ）見えにくい。

2 漢字の書き　漢字を書きましょう。

①（き ちょう）□□な資料。　②（まく）□が下りる。　③糸を（た）□らす。

3 五年生の漢字　漢字を書きましょう。

①（せいせき）□□がよい。　②（とくい）□□な競技。　③大切な（けいけん）□□。

4 情報を活用して伝える場合に気をつけなければならないこととして、正しいものには〇、まちがっているものには×をつけましょう。

ア（　）インターネットの情報だけでなく、本や新聞の情報と比べる。
イ（　）起こった事実と自分の考えは、しっかり分けて伝える。
ウ（　）図やグラフは使わずに、できるだけ文章で伝わるように工夫する。

内容をつかもう！

宇宙への思い　教科書を読んで答えましょう。　教科書 220～229ページ

1 次の人たちの仕事は何ですか。

① 油井亀美也（ゆいきみや）さん（　）
② 込山立人（こみやまたつと）さん（　）
③ 薮田（やぶた）ひかるさん（　）

ア 惑星（わくせい）から持ち帰った石などの成分を分析（せき）する仕事。
イ 宇宙飛行士。
ウ 宇宙食や宇宙での生活用品に関わる仕事。

2 三つの文章に共通して述べられている内容を、次のようにまとめました。（　）に合う言葉を□から選んで、記号で答えましょう。

無限の（　）が広がる宇宙のみりょくを知り、（　）の尊さを感じてほしい。

ア 可能性　イ 地球
ウ 衛星　エ こわさ

---

3 222 さかんに報じられる。
ア（　）遠くまで。
イ（　）しきりに。
ウ（　）さわがしく。

4 225 必要な栄養を確保する。
ア（　）強く決意すること。
イ（　）動かないように固めること。
ウ（　）しっかり手に入れること。

5 226 常温で保存する。
ア（　）冷蔵庫の中の温度。
イ（　）熱すぎず冷たすぎない温度。
ウ（　）外より寒い温度。

6 228 食料を貯蔵する。
ア（　）ためておくこと。
イ（　）作り出すこと。
ウ（　）かくしておくこと。

7 229 思いをはせる。
ア（　）行きたい場所を調べる。
イ（　）はなれているものを想像する。
ウ（　）目の前のことをよく考える。

8 233 諸説をふまえる。
ア（　）いろいろな意見。
イ（　）代表的な意見。
ウ（　）一部の意見。

ものしりメモ　国際宇宙ステーション（ISS（アイエスエス））の建設は1998年から始まって、2011年に完成したんだ。現在ISSには宇宙飛行士が交代で6人滞（たい）在するようになっているよ。

練習のワーク①

宇宙への思い SDGs

教科書 218〜233ページ
答え 21ページ
勉強した日 月 日

できるナビ
●油井さんが宇宙飛行士の仕事を通して考えたことを読み取ろう。
●油井さんが思う地球の未来について読み取ろう。

次の文章を読んで、問題に答えましょう。

私が生まれ育ったのは、長野県です。美しい星空を見上げては、「宇宙には何があるのだろう。宇宙人はいるのだろうか。」などと考えていました。そうするうちに①宇宙への興味が増して、小学校三、四年生のころには、将来は天文学者か宇宙飛行士になると決めるようになりました。

当時は②地球の環境問題が話題になり始めたころで、オゾン層破壊の問題などもさかんに報じられていました。私は宇宙に興味があったので、そんな中でも人類が生き延びられる方法を、真剣に考えていました。③小学校の卒業文集には「将来は人類を連れて火星に移住する」と書いたほどです。

その後、いくつかの環境問題は改善されましたが、今なお地球上には、環境のことだけではない、いろいろな問題がありま す。しかし、今の私は、それらの問題も、きっと解決できるは

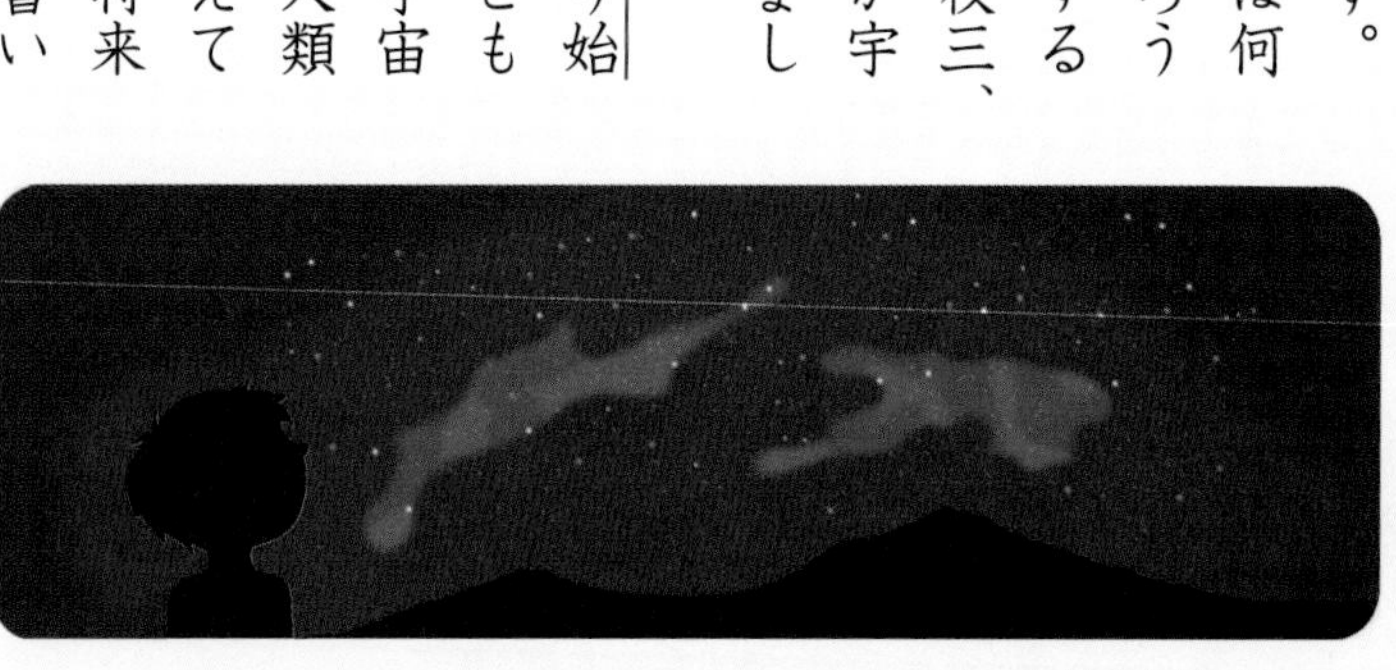

1 「①宇宙への興味」とありますが、当時の筆者は将来何になりたいと思っていましたか。
（　　　　）か（　　　　）

2 「②地球の環境問題が話題になり始めたころ」とありますが、当時、環境問題のうちの何が話題になっていましたか。
（　　　　）

3 「③小学校の卒業文集」に書いた内容から、筆者のどんな様子が分かりますか。
人類が（　　　　）方法を（　　　　）に考えていた様子。

4 よく出る● 「④ＩＳＳ」には、どんな宇宙飛行士が集まっていると述べられていますか。合うものすべてに○をつけましょう。
ア（　）自分の国をまっさきに理解してほしい宇宙飛行士。
イ（　）言語も文化も歴史も異なる宇宙飛行士。
ウ（　）相手の国の言葉で話しかけようとする宇宙飛行士。

言葉の意味プラス
6行 天文学者…星や宇宙などを研究する学者。 10行 オゾン層…地球の上空にあるオゾン量の多い大気の層。 22行 ＩＳＳ（アイエスエス）…国際宇宙ステーション。宇宙開発の実験などを行っている。

ずだと考えています。

　この考えには、宇宙での経験が大きく関わっています。言語も文化も歴史も異なる多くの国の宇宙飛行士が集まる④ISS(アイエスエス)では、それぞれのちがいを否定せず、いいところを認め合います。ISSの中では、たがいに相手の国の言葉で話しかけ合う様子も、よく目にしました。このように相手をよく知り、尊重し合う文化が地上に広がれば、いろいろな問題はどんどん解決して、⑤地球はもっと住みやすくなるのではないか。ISSにいる間、私は各国の飛行士たちと、そんなことを語り合ったものです。

　宇宙からエジプトのピラミッドを見たときにも、さまざまな思いが広がりました。⑥何千年も昔にピラミッドを作った人たちは、だれかが宇宙からそれをながめる未来など、想像もしなかったことでしょう。人間は、今はまだ存在しないすばらしいものを夢として思いえがき、その夢を共有し、力を合わせてかなえてきたのです。

　問題に気づいてその解決策を考え、協力して進めていけることは、人間の持つすばらしい能力です。でも、人間が一人でできることは、非常に小さい。⑦大きなことを成しとげようと思ったら、仲間をたくさん作ることが必要です。それができるかどうかは、立場や考えのちがう人を、どれだけ理解できるかにかかってきます。

　宇宙には無限の可能性が広がっていますが、人間の可能性もまた、無限に広がっています。どんな問題でも、みんなで力を合わせて解決することができれば、地球と人類の未来は明るいと信じています。


〈油井(ゆい)　亀美也(きみや)「宇宙からのながめが教えてくれること」による〉

20 25 30 35 40

5　「⑤地球はもっと住みやすくなる」とありますが、筆者とISSに集まった人たちは、住みやすい地球のために、どんなことが必要だと考えていましたか。

相手をよく知り、

（各国の宇宙飛行士たちと語り合った内容に注目しよう。）

□□□□□□□が広がること。

書いてみよう！

6　「⑥何千年も昔にピラミッドを作った人たち」とありますが、筆者が述べている、「ピラミッドを作った人たち」が想像もしなかったであろうこととはどんなことですか。

7　「⑦大きなことを成しとげよう」とありますが、それにはどんなことが必要だと筆者は述べていますか。

（何が「必要」で、「それができるかどうか」は何にかかっているかな。）

□□□□□□□□□□を理解し、□□をたくさん作ること。

チャレンジ！

8　筆者は、どんなことができれば、地球と人類の未来は明るいと考えていますか。

ものしりメモ

ピラミッドは古代エジプトの王や王妃(ひ)のお墓で、現在残っている最大のものはクフ王のものだといわれているよ。高さは約146メートル、底辺の一辺は約230メートルもあるんだよ。

練習のワーク②

宇宙への思い SDGs

教科書 218〜233ページ
答え 21ページ
勉強した日 月 日

できるナビ
●宇宙食の特徴をとらえよう。
●宇宙食の開発はどんなことにつながるかを読み取ろう。

次の文章を読んで、問題に答えましょう。

①宇宙食には、いくつかの種類があります。宇宙に長期間いる宇宙飛行士たちは、どこの国の宇宙飛行士も食べる「標準食」といわれるものだけでなく、各国の宇宙飛行士それぞれの好みの宇宙食を食べることもできます。これを「ボーナス食」といいます。日本では、日本の家庭で通常食されているような食品を「②宇宙日本食」として認証しています。日本人宇宙飛行士は、この宇宙日本食をボーナス食としてISS（アイエスエス）に持っていき、食べることができるのです。

宇宙日本食は、ISSにいる間に日本の味を楽しんでもらい、精神的なストレスをやわらげ、仕事の効率を維持し向上させることを目的としています。食品を作るさまざまな会社の協力のもと、開発されてきた食品は年々増えてきており、ラーメンやからあげ、切りもちなど、多くの宇宙日本食が実用化されています。いずれも、おいしいと評判で、宇宙日本食を食べた海外の宇宙飛行士からも人気があると聞いています。

宇宙食は、宇宙飛行士が宇宙にいる間にとるため、安全で安心な食べ物であることが求められます。そのため、絶対に食中

2 よく出る●「②宇宙日本食」について答えましょう。

「宇宙日本食」について、第二段落から読み取ろう。

(1) 宇宙日本食はどんなことを目的にしていますか。

日本人宇宙飛行士の精神的な□□□□をやわらげ、仕事の□□を維持し向上させること。

(2) 宇宙日本食の開発にはどんな会社が協力していますか。

（　　　　　　　　　　）

(3) 宇宙日本食の評判が読み取れる一文を書きぬきましょう。

（　　　　　　　　　　）

3 「③高度な食品安全管理のもとで製造する必要があります」とありますが、それはなぜですか。

（　　　　）に食べるものなので、絶対に（　　　　）にならないようにするため。

4 「④液体や粉末が飛び散らないことも大切です」とありますが、それはなぜですか。

←

言葉の意味プラス
6行 認証…あるものが正しいものであると証明すること。 10行 維持（い）…そのままの状態を保ち続けること。 10行 向上…よくなっていくこと。

毒にならないよう、③高度な食品安全管理のもとで製造する必要があります。さらに、健康維持に必要な栄養が確保されていること、常温で保存できて、少なくとも一年半の賞味期限があることが必要です。また、宇宙は地上とちがい重力がほとんどない環境なので、④液体や粉末が飛び散らないことも大切です。宇宙食は、これらの厳しい条件を満たさなければならないのです。

このような宇宙食を開発することは、宇宙飛行士のためだけでなく、私たちの暮らしに役立つ技術を開発することにもつながります。その一つの例が災害食です。日本は自然災害の多い国ですが、災害時に備えておく食品には、長期間、常温での保存にたえられることが求められます。また、避難所では火が使えなかったり電子レンジが使えなかったりします。宇宙空間という制約の中でも食べられるように開発された宇宙食の技術は、⑤このような災害食の開発にも役立つのです。今後は、宇宙食と災害食の両方を開発していける仕組みを、もっと取り入れていきたいと考えています。

〈込山 立人「食品からつながる宇宙」による〉

1 よく出る● 「①宇宙食には、いくつかの種類があります。」について、次の問いに答えましょう。

(1) どこの国の宇宙飛行士も食べる宇宙食を何といいますか。

（　　　　）

(2) 各国の宇宙飛行士のそれぞれの好みの宇宙食を何といいますか。

（　　　　）

5 よく出る● 宇宙食に必要な条件として、正しいものには○、まちがっているものには×をつけましょう。

ア（　）少なくとも一年半の賞味期限があること。

イ（　）海外の宇宙飛行士にもおいしく食べてもらえること。

ウ（　）健康維持に必要な栄養が確保されていること。

エ（　）常温で保存できること。

6 「⑤このような災害食の開発にも役立つのです」とありますが、それはなぜですか。一つに○をつけましょう。

ア（　）宇宙食は災害食に学んで開発されてきたから。

イ（　）災害食の条件と宇宙食の条件にへだたりがあるから。

ウ（　）災害食の条件と宇宙食の条件に似ている点が多いから。

7 宇宙食の今後について、筆者の考えに合うもの一つに○をつけましょう。

ア（　）災害食よりも宇宙食に重点を置いた開発に取り組んでいきたい。

イ（　）宇宙食よりも災害食に重点を置いた開発に取り組んでいきたい。

ウ（　）宇宙食と災害食の両方を開発していける仕組みを、もっと取り入れていきたい。

書いてみよう！

文章の最後の段落に注目して、筆者が今後どうしたいのかを読み取ろう。

ものしりメモ 量は少ないけれど、くだものや生野菜は、地球上と同じ状態のままで宇宙に持っていくこともできるんだって。傷まないうちに、打ち上げ後早めに食べることになっているそうだよ。

まとめのテスト 宇宙への思い SDGs

教科書 218～233ページ　答え 22ページ

勉強した日　月　日

時間 20分

得点　/100点

次の文章を読んで、問題に答えましょう。

小惑星探査機「はやぶさ2（ツー）」は、宇宙へ飛び立った。任務は、地球から三億キロメートルほどはなれた小惑星リュウグウの石や砂を採取し、地球に持ち帰ってくることだった。

私は、このリュウグウで①採取した石や砂の成分を分析する研究をしています。我々生命は、どのようにして生まれたのか。その答えを見つけるためのヒントが、リュウグウにかくされていると考えています。

「はやぶさ2」が打ち上げられる前、小惑星探査を行った「はやぶさ」は、世界で初めて小惑星イトカワから砂のつぶを地球に持ち帰りました。しかし、イトカワで採取した試料には、水や有機物はふくまれていませんでした。

そこで、地上からの観測によって、水や有機物がふくまれていることが推測された②小惑星リュウグウが、次の探査対象として選ばれることになったのです。

そもそも水や有機物は、我々生命にとってなくてはならない物質です。人間でいえば、活動するためのエネルギー源や、親から子へと受けつがれる遺伝子は、全て有機物でできています。つまり、③水や有機物は「生命のもと」ともいえる物質であり、リュウグウはその「生命のもと」を貯蔵する貴重な小惑星だといえるのです。

2 ②「小惑星リュウグウが、次の探査対象として選ばれることになった」について答えましょう。

(1) 小惑星リュウグウの前に探査対象となったのは何ですか。〔10点〕

（　　　　）

(2) 小惑星リュウグウの探査を行った探査機は何ですか。〔10点〕

（　　　　）

(3) 小惑星リュウグウが探査対象に選ばれたのはなぜですか。一つに○をつけましょう。〔10点〕

ア（　）小惑星として、地球から最も近いところにあり、行きやすかったから。

イ（　）地上からの観測で、水も有機物もないことが推測されたから。

ウ（　）地上からの観測で、水や有機物があることが推測されたから。

3 ③「水や有機物は『生命のもと』ともいえる物質」とありますが、人間にとって有機物が「生命のもと」といえるのはなぜですか。〔10点〕

言葉の意味プラス

1行 分析…物質がどんなものでできているのかを調べること。　9行 観測…自然現象の変化を観察して計測すること。　19行 太陽系…太陽を中心として動いている天体のあつまり。

四十六億年前、有機物をふくむちりがくっつき合うことによって、微惑星ができました。微惑星が合体と衝突をくり返すことによって地球などの惑星が作られ、④太陽系が生まれたと考えられています。惑星にならなかった微惑星の一部は、四十六億年前の姿のまま太陽系に残り続け、⑤小惑星と呼ばれるようになりました。そして、誕生したばかりの地球へ、リュウグウのような、水や有機物をふくむ小惑星が大量に降り注ぎ、地球に「生命のもと」をもたらした可能性が高いことが、これまでの研究で⑥明らかになってきました。

〈薮田ひかる「宇宙に生命の起源を求めて」による〉

20　25　30

1 よく出る 「①採取した石や砂の成分を分析する研究」とありますが、筆者は何のためにそのような研究をしているのですか。一つに○をつけましょう。〔10点〕

ア（　）太陽系にある惑星が、どのようにしてできたのかを探るため。

イ（　）宇宙のどこかに地球と同じような生命体があることを証明するため。

ウ（　）地球上の我々生命が、どのようにして生まれたのかを知るため。

書いてみよう！

4 よく出る 「④太陽系が生まれたと考えられています」とありますが、どのようにして生まれましたか。起こった出来事の順番に１〜３までの数字を書きましょう。全てできて〔10点〕

（　）微惑星が合体と衝突をくり返した。

（　）地球やほかの惑星が作られた。

（　）有機物をふくむちりがくっつき合って微惑星ができた。

5 「⑤小惑星」と呼ばれるようになったのは、どういうものですか。〔10点〕

チャレンジ！

6 「⑥明らかになってきました」とありますが、どんなことが明らかになってきたのですか。一つ10〔30点〕

リュウグウのような、水や有機物をふくむ小惑星が、

（　　）の地球へ

（　　）ことによって、地球に

（　　）

ということ。

ものしりメモ

2020年にはやぶさ２が地球に帰ってくる様子は、インターネットなどで中継されたよ。はやぶさ２から分離した試料の入ったカプセルは、無事に回収されたんだ。

基本のワーク

どう立ち向かう？　もしもの世界
表現をくふうする

教科書 236～245ページ
答え 23ページ
勉強した日　月　日

学習の目標
●情報を多面的に検討して、説得力のある意見文を書こう。
●自分の感じたことを印象的に伝えるための表現のくふうを学ぼう。

漢字練習ノート28ページ

新しい漢字

教科書 236ページ
討　トウ　10画
討討討討討討討討討討

教科書 238ページ
拡　カク　8画
拡拡拡拡拡拡拡拡

▼練習しましょう。

1 漢字の読み　読みがなを横に書きましょう。

① 検討。
② 拡大。

2 漢字の書き　漢字を書きましょう。

① 多面的に［けんとう］する。
② 感染（せん）が［かくだい］する。

○新しい漢字
●読みかえの漢字

3 五年生の漢字　漢字を書きましょう。

① 代案を［ていじ］する。
② 力強く［だんげん］する。
③ 結果の［ほうこく］。
④ ［げんいん］を考える。
⑤ 人口の［げんしょう］。
⑥ ［じょうけん］に従う。

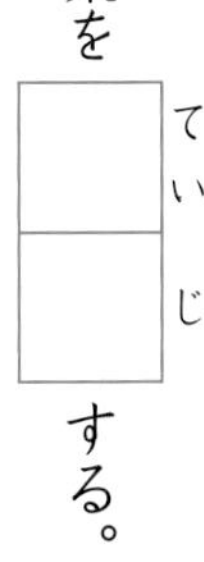
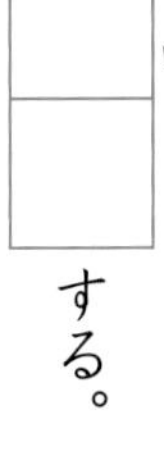
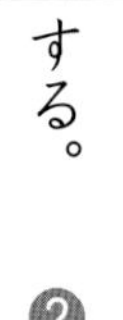
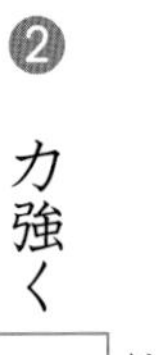
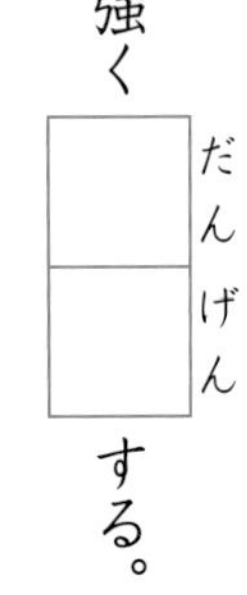

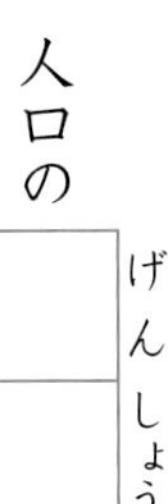
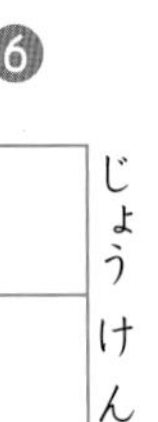

どう立ち向かう？　もしもの世界

4 情報を読み取り、自分なりの考えを持つための方法を次の文にまとめました。（　）に合う言葉を、［　］から選んで書きましょう。

❶ どんな（　　　）が、いつ、だれから（　　　）されているのかを読み取る。

❷ 発信された情報に（　　　）があるかどうかを確かめる。

❸ 読み取ったことを整理したり、友達と話し合って考えを深めたりして、情報を（　　　）に読み取る。

多面的　信頼性　情報　発信

5 多面的に検討して意見文を書く方法として、正しいもの一つに〇をつけましょう。

「多面的」とはいろいろな方面から考える様子だよ。

ア（　）資料をたくさん引用して、自分の主張に誤りがあっても目立たないようにくふうする。

イ（　）情報が、いつだれから発信されたのかは、あまり気にしないで、多面的に検討することを心がける。

ウ（　）資料の考えの理由が適切か、考えと理由が分かりやすく結び付いているかなどを吟味して意見文を書く。

6 感染症予防について、次のようなSNSの投稿がありました。「かおる」さんと「ジャネット」さんの投稿について述べているものとして、合うもの一つに〇をつけましょう。

かおる
うちのおばあちゃんはりんご農家で、「一日一個のりんごで医者いらず」と言っていたよ。
りんごさえ食べれば感染症なんてこわくないよ。みんなも感染症予防のために、一日一個りんごを食べればいいんだよ！

ジャネット
変なウイルスに感染するなんて、ふだんだらしない生活をしている証拠だよ。私は毎日早起きを心がけている。規則正しい生活を送れるだけじゃなく、朝は空気がすんでいるから、変なウイルスなんていないよ。

ア（　）どちらも一面的な情報で物事を判断している。

イ（　）どちらも多面的な情報で物事を分析している。

ウ（　）どちらも客観的な根拠を示して意見を述べている。

表現をくふうする

7 次の文はどんな表現のくふうをしていますか。合うものを選んで、記号で答えましょう。

「比喩」とは、何かを別のものにたとえる表現技法だね。

❶ 糸のような細い雨が降っている。（　　）

❷ おいしいなあ、このパン。（　　）

ア　同じ言葉をくり返して強調している。
イ　言葉の順番を入れかえて強調している。
ウ　比喩を使っている。

ものしりメモ　現在のSNSの原型の一つとされるのが、シックスディグリーズドットコムというもの。「自分の知り合いを６人たどっていけば、世界中の人と連絡できる」という意味がこめられているんだ。

まとめのテスト どう立ち向かう? もしもの世界 表現をくふうする

教科書 236〜245ページ　答え 23ページ

勉強した日　月　日

得点　/100点

1 情報に向き合うときに大切なこととして、合うもの二つに○をつけましょう。　両方できて〔10点〕

ア（　）どんな情報が、いつ、だれから発信されているかを確認するること。

イ（　）多くの人が拡散している情報を、自分もいち早く拡散すること。

ウ（　）発信されている情報に信頼性があるかどうかを確かめること。

2 教科書の次の部分を読んで、後の問題に答えましょう。

教科書
238ページ1行（資料①（ウェブニュースにのった……））
〜
239ページ下段11行（……重要なのです。）

1 教科書238ページ資料③「□□省情報対策チーム」の投稿で、資料②「ティーティー」さんの投稿を「消去してください」と言っているのはなぜですか。二つ書きなさい。　一つ5〔10点〕

書いてみよう!

（　　　　）

（　　　　）

2 よく出る● 教科書238ページ資料⑤「ほな」さんの投稿には、どのような点で問題がありますか。次の文の（　）に合う言葉を、□から選んで書きましょう。　両方できて〔10点〕

（　　　　）だけを根拠に、手洗いとうがいは（　　　　）と決めつけている点。

ニュースの情報　自分の体験　意味がない　根拠がない

3 教科書239ページ資料⑥「ふぁぼ」さんの投稿について、合うもの一つに○をつけましょう。　〔5点〕

ア（　）自分の住む地域で起こっていることを発信している。

イ（　）信頼性のない不確かな情報を発信している。

ウ（　）テレビのワイドショーで知った情報を発信している。

4 教科書239ページ資料⑩「感染症専門医」の話に対する説明として、合うもの一つに○をつけましょう。　〔10点〕

ア（　）研究所のデータにもとづいて、具体的な数値を示して説明している。

イ（　）SNSで出回っている情報を挙げながら、誤った情報におどらされないよう注意している。

ウ（　）根拠のない意見に対して、新聞では調査中だとしている事実を提示している。

言葉の意味プラス　教科書236ページ1行　未知…まだ知られていないこと。「知」の上に打ち消しの「未」がついている。　教科書237ページ1行　説得力…よく話して理解させる力。

3 次の表現についての問題に答えましょう。

1 比喩を使った文が表す様子として、合うもの一つに○をつけましょう。　一つ5〔10点〕

① 灰色の絵の具でぬりつぶしたような空だ。
ア（　）太陽がカンカン照りである様子。
イ（　）星が夜空にかがやいている様子。
ウ（　）どんよりとくもっている様子。

② 風が木の葉とダンスをしている。
ア（　）木の葉の下で虫が動いている様子。
イ（　）木の葉が風でまい上がっている様子。
ウ（　）木の葉が茶色くかさかさしている様子。

2 次の文の――の様子を表現したものとして、合うもの一つに○をつけましょう。　一つ5〔10点〕

① ぼくの姉は、泳ぎがとても上手だ。
ア（　）ぼくの姉は大人だ。
イ（　）ぼくの姉は人魚だ。
ウ（　）ぼくの姉は星だ。

② 今日は小雨が静かに降っている。
ア（　）かたつむりが雨とひそひそおしゃべりしている。
イ（　）バケツの水をざばりとかぶったようだ。
ウ（　）草や木の根がぐびぐび水を飲んでいる。

3 次の文で、強調されている言葉を書きぬきましょう。　〔10点〕
宝だ、ずっとさがしていた宝だ。
（　　　　）

4 よく出る● 次の文は言葉の順番を入れかえています。自然な順にした文に直しましょう。　一つ5〔15点〕

① 海だ、わたしたちの思い出でいっぱいの。
（　　　　）

② 笑った、あまりにもおかしかったので。
（　　　　）

③ 星がかがやく、笑いかけてくるみたいに。
（　　　　）

チャレンジ! 5 次の文章を読んで、問題に答えましょう。

①聞こえる、夜明けの森で。②鳥たちが何か話し合っている。そして、鳥たちは夜明けの町へ飛び立って行く。まるで、学校の集団登校のように。

1 「①聞こえる、夜明けの森で。」の文で強調されている言葉を書きぬきましょう。　〔5点〕
（　　　　）

2 「②鳥たちが何か話し合っている。」とありますが、どのような表現のくふうをしていますか。　両方できて〔5点〕
「（　　　　）」という言葉により、鳥をまるで（　　　　）のようにたとえて表現している。

ものしりメモ　比喩や言葉の順番の入れかえなどの表現のくふうは、商品のキャッチコピーや、イベントのポスターなどでもよく使われているよ。いろいろ見比べてみよう。

基本のワーク

伝えよう、感謝の気持ち
成長をふり返って未来へ進もう

教科書 246〜254ページ
答え 24ページ

勉強した日　月　日

学習の目標
●気持ちが伝わる表現のくふうを学ぼう。
●小学校六年間をふり返り、出来事の意味を考えて文章を書こう。

1 伝えよう、感謝の気持ち

小学校の六年間で、あなたが特にお礼を伝えたい人に、ビデオメッセージを作ります。その内容と手順を次にまとめました。（　）に合う言葉を、□から選んで書きましょう。

(1) 小学校の六年間でお世話になった人の中から、特にお礼を伝えたい（　　　）を決める。

(2) 伝えたいことを（　　　）に書き出し、それをもとに（　　　）を作る。

(3) ビデオメッセージは、思いを届けたい人に語りかけるつもりで、（　　　）に変化をつけながら話す。

さつえいする人　相手　メモ
言葉づかい　原稿（こう）　話し方や表情

2 次のメモとビデオメッセージを読んで、問題に答えましょう。

【メモ】

伝えたい相手…給食センターの佐々木（ささき）さん
伝えたいこと…「食べることは生きること」という佐々木さんの言葉が大好き。ずっと忘れず、がんばりたい。

【ビデオメッセージ】

佐々木さん、六年間、おいしい給食を届けてくれて本当にありがとうございました。佐々木さんの口ぐせだった「□」は、一年生のころは意味が分からなかったけれど、今は大好きな言葉です。中学に行っても、その言葉を忘れず、よく食べ、いきいきと毎日を送るようがんばります。

1 □に合う言葉をメモから書きぬきましょう。

（　　　　　）

2 このビデオメッセージのくふうとして、合うもの一つに○をつけましょう。

ア（　）有名な言葉を引用して、感動を表現している。
イ（　）心に残った具体的な言葉を挙げて感謝を伝えている。
ウ（　）自分の考えを入れずに、出来事だけを話している。

成長をふり返って未来へ進もう

3 次の文章は、中村（なかむら）さんが小学校六年間をふり返って書いた文章です。読んで、後の問題に答えましょう。

私には、一年生をむかえる会に、二つの思い出がある。一つは一年生のときの温かい思い出、もう一つは六年生のときの苦い思い出だ。私は、この二つの思い出から、人と関わるときに大切なことを学んだ。

小学校に入学してすぐ、一年生をむかえる会があった。その会では上級生と手をつないで入場すると聞き、私はとても不安になった。会の当日、入場する前の私は、こわくて泣き出したい気持ちになっていた。

そんな私を見て、となりにいた六年生が声をかけてくれた。そのやさしいえがおに安心した私は、気がつくと笑いながらお兄さんと話していた。話しているうちに、小学校が楽しい場所なんだと思えてきたのだ。

それから時がたち、私は六年生になった。私は、今度は自分がやさしくむかえてあげようと張りきっていた。

一年生の教室に行くと、入場の時間がせまっているのに、机のかたづけが終わらず、あわてている子がいた。助けてあげなければ、と思って手をのばしたとき、その子の大きな声がひびいた。

「ぼく、もう一年生だから、一人でできるよ。」

その子の表情には、自分の力でできるんだという意志がはっきりと表れていた。私ははっとした。一年生は小さいから手伝ってあげるのがあたりまえだと、いつのまにか決めつけていたことに気づいたのだ。

〈「成長をふり返って未来へ進もう」による〉

---

1 よく出る● この文章は、何の思い出について書かれていますか。

文章の最初に注目しよう。

（　　　　　　　　）

2 小学校に入学してすぐにあった「一年生をむかえる会」で、「私」の気持ちはどのように移り変わりましたか。（　）に合う言葉を、□から選んで書きましょう。

初めは不安で、当日は（　　　）気持ちだったが、六年生に声をかけられて、（　　　）気持ちになった。

おもしろい　安心した　こわい　悲しい

3 よく出る● この文章の書き方として、合うもの一つに○をつけましょう。

ア（　）初めに二つの思い出を対比させて表現している。
イ（　）筆者の考えを同じ言葉をくり返して強調している。
ウ（　）六年生のたのもしさを比喩（ゆ）を使って表現している。

ものしりメモ だれかにしてもらったことを他のだれかにしてあげて、善意をつないでいくことを、英語で「ペイ・フォワード」というよ。直訳すると「先にはらう」となるね。

基本のワーク

君たちに伝えたいこと SDGs
春に

教科書 255～265ページ
答え 24ページ

勉強した日 月 日

学習の目標
●筆者の思いを考えながら文章を読もう。
●文章や詩を読んで、自分の考えを深めよう。

1 言葉の知識 （ ）に合う言葉を、［ ］から選んで書きましょう。

1 残り時間が（ ）減っていく。

2 スケジュールが（ ）つまっている。

3 赤ちゃんを見て、（ ）ほほえむ。

［ ぽんと　ぎっしり　どんどん　にっこり　ぼんやり ］

2 言葉の意味 ○をつけましょう。

1 258ページ 私がイメージする寿命（じゅみょう）。
ア（ ）思いうかべること。
イ（ ）実際に形にすること。
ウ（ ）自分のものにすること。

2 258 何かに没頭（ぼっ）して過ごす。
ア（ ）しばられること。
イ（ ）なやむこと。
ウ（ ）夢中になること。

3 258 一人一人の自由に委ねる。
ア（ ）任せる。
イ（ ）あたえる。
ウ（ ）引きかえる。

4 265 水がよどむ。
ア（ ）清らかになる。
イ（ ）量が少なくなる。
ウ（ ）流れないでたまる。

5 265 もどかしい気持ち。
ア（ ）はずかしい。
イ（ ）晴れがましい。
ウ（ ）じれったい。

内容をつかもう！

★君たちに伝えたいこと 筆者は私たちにどんなことを伝えたいと思っていますか。合わないもの一つに○をつけましょう。

教科書 256～263ページ

ア（ ）ぎっしりとスケジュールを組んで生きることがだいじだということ。
イ（ ）自分らしくいきいきと生きることで、時間が生きてくるということ。
ウ（ ）ほかの人のために時間を使うと、特別な喜びを味わえるということ。
エ（ ）長い人生には、自分の思いどおりにならないことがあるということ。
オ（ ）つらく悲しいときでも自分を大切にしなければならないということ。

3 君たちに伝えたいこと

次の文章を読んで、問題に答えましょう。

私がイメージする寿命(じゅみょう)とは、手持ち時間をけずっていくというのとはまるで反対に、寿命という大きな空っぽのうつわの中に、精いっぱい生きたいっしゅんいっしゅんをつめこんでいくイメージです。

ぼんやりして時間を過ごそうが、何かに没頭(ぼっとう)して過ごそうが、時間をどう使うかは、一人一人の自由に委ねられています。

もちろん、今の君の一日は、学校での授業や塾(じゅく)やおけいごとでぎっしりスケジュールが組まれているかもしれません。それでも、その決められた時間を集中して過ごすか、いねむりしながら過ごすかは、君しだいです。その時間の質、つまり、時間の中身を最終的に決めているのは、君自身だということです。

時間というものは、止まることなく常に流れています。けれども時間というのは、ただの入れ物にすぎません。そこに君が何をつめこむかで、時間の中身、つまり時間の質が決まります。君が君らしく、いきいきと過ごせば、その時間はまるで君に命をふきこまれたように生きてくるのです。

〈日野原(ひのはら) 重明(しげあき)「君たちに伝えたいこと」による〉

1 筆者がイメージする寿命とは、どういうものですか。

（　　　）のではなく、（　　　）というつわの中に、（　　　）というもの。

2 筆者は、時間をどう使うかは何に委ねられていると述べていますか。

（　　　）

3 「時間というのは、ただの入れ物にすぎません」について答えましょう。

(1) 「入れ物」を、筆者は別の言葉で何と述べていますか。

□□□□□□□□□

(2) 時間はただの入れ物にすぎないという考えから、筆者はどんなことを述べようとしていますか。

それぞれの人が、時間という入れ物の中に（　　　）によって、時間の中身、つまり、（　　　）が決まるということ。

4 よく出る 時間について、筆者はどういう考えを述べていますか。一つに○をつけましょう。

最後の段落から筆者の考えを読み取ろう。

ア（　）一日のスケジュールを、決められたとおりにこなしていけば、時間はいきいきしたものになる。

イ（　）時間は常に流れているので、あせらずゆっくり過ごしていれば、自然といきいきしたものになる。

ウ（　）自分らしくいきいきと過ごせば、時間は命をふきこまれたように生きたものになる。

ものしりメモ

平均寿命(じゅみょう)とは、その年に生まれた０歳(さい)児が平均して何歳まで生きられるかを表すんだ。2022年の日本人の平均寿命は、男性が81.05歳、女性が87.09歳だよ。

練習のワーク1

君たちに伝えたいこと SDGs

教科書 255〜265ページ　答え 25ページ

勉強した日　月　日

できるナビ
- 時間の使い方についての考えをとらえよう。
- 筆者が小学生に伝えたい思いを読み取ろう。

次の文章を読んで、問題に答えましょう。

1 時間というものは、止まることなく常に流れています。けれども時間というのは、①ただの入れ物にすぎません。そこに君が何をつめこむかで、時間の中身、つまり時間の質が決まります。君が君らしく、いきいきと過ごせば、その時間はまるで君に命をふきこまれたように生きてくるのです。

2 私がこれから先、生きていられる残り時間は、君に比べるとずっと短いでしょう。けれども、それだけにいっそう、②いっしゅんいっしゅんの時間をもっと意識して、もっとだいじにして、精いっぱい生きたいと思っています。

3 そして、できることなら、寿命（じゅみょう）という私にあたえられた時間を、自分のためだけに使うのではなく、少しでもほかの人のために使う人間になれるようにと、私は努力しています。

4 なぜなら、ほかの人のために時

2 「②いっしゅんいっしゅんの時間をもっと意識して、もっとだいじにして、精いっぱい生きたいと思っています」とありますが、筆者は、具体的には何をしたいと思っていますか。

あたえられた時間を（　　）のではなく、（　　）使いたい。

3 筆者は、時間がいちばん生きてくるのは、どういうときだと述べていますか。

（　　）

4 「③君が生まれたときに、……どんなに幸せに包まれたか」とありますが、筆者がその様子を具体的に想像しているのは、どの段落からどの段落までですか。段落番号で答えましょう。

□段落から□段落まで

5 「④小さな君」「⑤君のそばにいただれも」は、それぞれどういう人を指していると考えられますか。合うものを□から選んで、記号で答えましょう。

「小さな君」のふるまいに、「君のそばにいただれも」がどうしたかを読み取ろう。

言葉の意味プラス
33行 つくす…ほかの人のために努力する。　36行 純粋（すい）に…欲が全くない様子。

間を使えたとき、時間はいちばん生きてくるからです。

[5]③君が生まれたときに、君の周りにいた人たちがどんなに幸せに包まれたかを、君は想像したことがありますか。

[6]④小さな君が笑うたびに、きっと君のそばにいただれもが思わずにっこりとほほえみを返したことでしょう。君が体いっぱいで泣いていれば、そばにいた人たちは、どんなに用事でいそがしくとも、その手を止めて、君のもとにかけ寄ったことでしょう。

[7]そうやって君のお世話をすることが、そばにいた人たちにはときどきとてもつかれてしまうことであっても、⑥そうすることはそばにいた人たちにとって、ほかの何ものでも味わうことのできない喜びでもあったのだと思いますよ。だから、どんなにいそがしくても、つかれていても、小さな君のためなら、そばにいた人たちは精いっぱいつくしてくれたのです。

[8]なぜ、そうやって君を世話することで喜びがわいてくるのか。そして、それがどんな喜びだったのか分かりますか。それは、自分の時間を純粋(すい)に君のために使っていたからこそ、わいてくる喜びだったのです。

〈日野原(ひのはら)重明(しげあき)「君たちに伝えたいこと」による〉

20 25 30 35

1 「①ただの入れ物にすぎません」とは、どういうことを表していますか。一つに○をつけましょう。

ア（　）時間はどのように過ごすかが大切だということ。
イ（　）時間にそれほどすばらしい価値はないということ。
ウ（　）時間はどのように過ごしても質は変わらないということ。

④「小さな君」（　　）
⑤「君のそばにいただれも」（　　）（　　）

ア　幼い赤ちゃん　　イ　お父さんやお母さん
ウ　おばあさんやおじいさん　　エ　筆者

6 「⑥そうすることはそばにいた人たちにとって、ほかの何ものでも味わうことのできない喜びでもあったのだ」について答えましょう。

(1) 「そうすること」とは、どうすることですか。文章中から書きぬきましょう。

（　　　　）

(2) よく出る● そばにいた人たちに、「ほかの何ものでも味わうことのできない喜び」がわいてきたのはなぜですか。文章中から書きぬきましょう。

（　　　　）

7 筆者の文章の書き方について、合うもの一つに○をつけましょう。

「…がありますか。」「…と思いますよ。」などの文末表現に注目しましょう。

ア（　）昔のことわざを引用して、説得力を持たせている。
イ（　）自分のさまざまな体験を挙げながら書いている。
ウ（　）読者に語りかけるような言葉づかいで書いている。

ものしりメモ　戦前（太平洋戦争まで）の日本の平均寿命(じゅみょう)は、男女とも50歳(さい)以下だった。まだ生活が豊かではなく、医療(りょう)も発達していなかったし、大地震(しん)や戦争もあったからだよ。

練習のワーク②

春に

できるナビ
●さまざまなたとえの表現を読み取ろう。
●対立する気持ちの組み合わせをとらえよう。

次の詩を読んで、問題に答えましょう。

春に　谷川(たにかわ)俊太郎(しゅんたろう)

①この気もちはなんだろう
目に見えないエネルギーの流れが
大地からあしのうらを伝わって
ぼくの腹へ胸へそうしてのどへ
②声にならないさけびとなってこみあげる
この気もちはなんだろう
③枝の先のふくらんだ新芽が心をつつく
よろこびだ　しかしかなしみでもある
いらだちだ　しかもやすらぎがある
あこがれだ　そしていかりがかくれている
④心のダムにせきとめられ
よどみ渦(うず)まきせめぎあい
いまあふれようとする
この気もちはなんだろう
あの空のあの青に手をひたしたい
まだ会ったことのないすべての人と

(2) 「新芽が心をつつく」とは、どういうことを表していますか。一つに○をつけましょう。

「心をつつく」というたとえの表現が表していることをとらえよう。

ア（　）楽しかった季節が終わるのを感じて、なごりおしく思っていること。
イ（　）つらい季節の真ん中にいるのを感じて、心がしずんでいること。
ウ（　）新しい季節が始まるのを感じて、心が落ちつかずにいること。

4 よく出る● ④「心のダムにせきとめられ」とは、どういうことを表していますか。それを説明した次の文章の 1 ・ 2 に合う言葉を、□から選んで記号で答えましょう。

心のおくのほうから、さまざまな 1 があふれてくるものの、それをうまく表すことができない。そうしたもどかしい思いを、 2 がダムにせきとめられることにたとえて表現している。

1（　）　2（　）

ア なみだ　イ 気もち　ウ 水　エ 土

5 ⑤「あしたとあさってが一度にくるといい」とは、どういう気もちを表していますか。一つに○をつけましょう。

言葉の意味プラス
11行 せきとめる…さえぎってとめる。　12行 せめぎあう…おたがいに競い合う。

会ってみたい話してみたい
⑤あしたとあさってが一度にくるといい
ぼくはもどかしい
⑥地平線のかなたへと歩きつづけたい
そのくせこの草の上でじっとしていたい
⑦大声でだれかを呼びたい
そのくせひとりで黙(だま)っていたい
この気もちはなんだろう

20

1 「①この気もちはなんだろう」という詩の始まり方には、どういうくふうがされていますか。一つに○をつけましょう。

ア（　）打ち消しの言葉を使って、いかりを表している。
イ（　）言い切りの言葉を使って、希望を表している。
ウ（　）問いかけの言葉を使って、読者の関心を引いている。

2 「②声にならないさけびとなってこみあげる」ものは、何ですか。

3 「③枝の先のふくらんだ新芽が心をつつく」について答えましょう。

(1) 季節はいつを表していますか。一つに○をつけましょう。

ア（　）春がやってきたばかりのころ。
イ（　）春がまっさかりのころ。
ウ（　）春が終わろうとしているころ。

ア（　）どうにでもなれという投げやりな気もち。
イ（　）いてもたってもいられない気もち。
ウ（　）時間が止まればいいのにという気もち。

6 次の言葉と対照的な気もちを表している言葉を、詩の中から書きぬきましょう。

❶ 「⑥地平線のかなたへと歩きつづけたい」
（　　　）

❷ 「⑦大声でだれかを呼びたい」
（　　　）

7 この詩では、どういう気もちがえがかれていますか。それをまとめた次の文章の 1 ・ 2 に合う言葉を、詩の中から書きぬきましょう。

これから未知の世界にふみ出そうとしている私は、心のおくから、おさえきれない 1 がどんどんわいてくるのを感じる。希望と不安、前に進みたい気もちとここにとどまっていたい気もちが、たがいに 2 ながらあるのである。

1

2

春・夏・秋・冬の季節を題材にすることは、日本では『万葉集(まんようしゅう)』の昔から現代の俳句に至るまで続いているよ。

まとめのテスト

君たちに伝えたいこと SDGs

春に

教科書 255〜265ページ　答え 26ページ

勉強した日　月　日

時間 20分

得点　/100点

1 次の文章を読んで、問題に答えましょう。

うれしいときだけが「君」ではありませんよ。笑っているときの君だけが「君」ではありませんね。悲しいときの君も、はずかしくて消えてなくなりたいと思うときの君も「君」なのです。

だから、つらいときや悲しいときの自分も大切にしなければなりません。①成功して喜びでいっぱいになっているときの君も、失敗してなみだを流す君も「君」です。

どんなときの自分もだいじにすること、自分のことをいつも大好きだと思っていること、これはとても大切なことです。だから、②決して忘れないでいてください。

君が生まれてきて、今ここに、こうして同じときを生きているということは、とてもうれしいことであり、一つの奇跡のようにすばらしいことなのです。今、私が君にこうして語りかけることができるのも、君がそこにいて、私がここにいるからでしょう。それは本当にすてきなことなのです。

〈日野原　重明「君たちに伝えたいこと」による〉

1 ①「成功して喜びでいっぱいになっているときの君」と対になっている表現を書きぬきましょう。〔15点〕

（　　　　）

2 ②「決して忘れないでいてください」とありますが、筆者は何を忘れないようにと述べているのですか。二つ書きましょう。　一つ10〔20点〕

（　　　　）

（　　　　）

3 筆者は、私たちが生まれてきて、同じときを生きていることを、何と呼んでいますか。〔10点〕

□□□□□

チャレンジ

4 筆者の考えに合うもの一つに○をつけましょう。〔15点〕

ア（　）人は結局一人で生きているので、たがいに分かり合えないことがあるのは、仕方のないことだ。

イ（　）人はほかの人がいないと生きられないのだから、常にほかの人のことを第一に考えるべきだ。

ウ（　）人と人が同じときを生きていて、相手に語りかけることができるというのは、すばらしいことだ。

2 次の詩を読んで、問題に答えましょう。

春に

谷川(たにかわ)　俊太郎(しゅんたろう)

この気もちはなんだろう
目に見えないエネルギーの流れが
大地からあしのうらを伝わって
ぼくの腹へ胸へそうしてのどへ
声にならないさけびとなってこみあげる
この気もちはなんだろう
枝の先のふくらんだ新芽が心をつつく
よろこびだ　しかしかなしみでもある
いらだちだ　しかもやすらぎがある
あこがれだ　そしていかりがかくれている
①心のダムにせきとめられ
よどみ渦(うず)まきせめぎあい
いまあふれようとする
この気もちはなんだろう
あの空のあの青に手をひたしたい
まだ会ったことのないすべての人と
会ってみたい話してみたい
あしたとあさってが一度にくるといい
②ぼくはもどかしい
地平線のかなたへと歩きつづけたい
そのくせこの草の上でじっとしていたい
大声でだれかを呼びたい
そのくせひとりで黙(だま)っていたい
この気もちはなんだろう

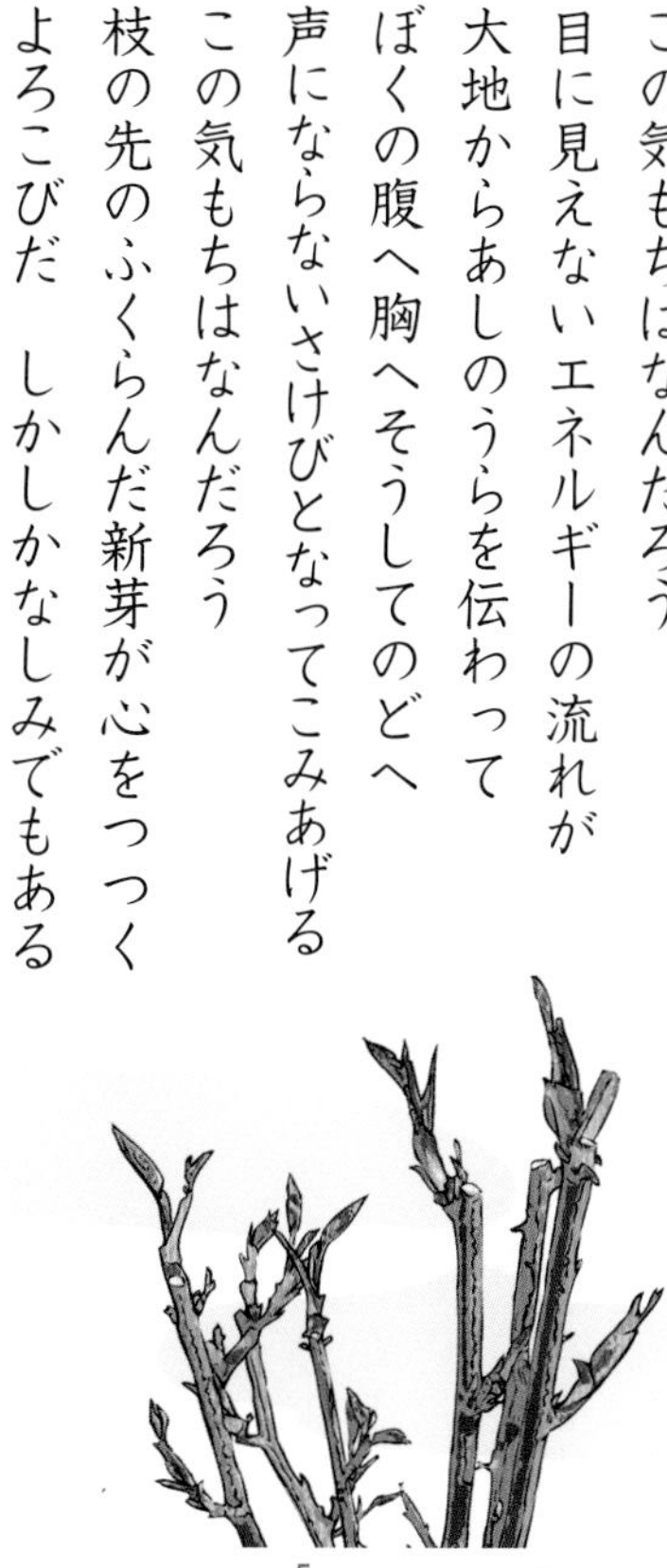

チャレンジ!

1 「①心のダムにせきとめられ」について答えましょう。

(1) 「心のダム」は何をせきとめていますか。〔10点〕

心のおくのほうからあふれてくる
（　　　　　　　　）。

(2) 「心のダム」がせきとめていることで、どんなことが起こっていますか。一つに○をつけましょう。〔10点〕

ア（　）せきとめられたものが行き場を失い、消えようとしている。

イ（　）せきとめられたものが反発し合い、いっそう勢いが激しくなっている。

ウ（　）せきとめられたもののよどみがなくなり、きれいな状態になっている。

2 「②ぼくはもどかしい」とありますが、このように感じるのはなぜですか。一つに○をつけましょう。〔20点〕

ア（　）自分の中からいろいろな願いがあふれ出ているのに、思うようにはならないと理解しているから。

イ（　）自分の中でうごめくいろいろな願いを、どれも言葉で上手に表すことができないから。

ウ（　）自分の中に対照的な気もちがあふれていて、自分でもそれを不思議に思うから。

ものしりメモ
日野原(ひのはら)さんは、日本で最初に人間ドックを開設し、「成人病」に代わる「生活習慣病」という言葉を提唱して、予防医学を推進してきたんだよ。

まとめのテスト

ヒロシマのうた

SDGs

教科書 270〜271ページ
答え 26ページ
勉強した日 月 日

時間20分
得点 /100点

1 次の文章を読んで、問題に答えましょう。

〔原爆が落とされた広島で、水兵だった「わたし」は死んだ母親にだかれた赤ちゃんを、通りすがりの二人に預けた。赤ちゃんはヒロ子という名前で育てられていた。〕

ところが、今年の春、何年ぶりかで①手紙が来ました。ヒロ子ちゃんが中学を卒業したのでした。

そして、ぜひいちど会って、ヒロ子のお母さんの話などしてやってほしいとありました。

そうして、②今年の夏、わたしはまた広島を訪ねることになったのです。わたしは原爆の記念日を選びました。ヒロ子ちゃんはもう十五でした。中学を卒業して、お母さんが働いているその洋裁学校で、洋裁の勉強をしているのでした。もうすっかりむすめさんのように大きくなっていました。

わたしは③記念日を選んだことを、後悔していました。記念のいろいろな行事は、何かわたしたちの思い出とかけはなれたものにしか思えなかったからです。

その日、わたしはいよいよヒロ子ちゃんに、死んだお母さんのことを話す約束をして、二人で一日、町を歩き回ったのです。でも、どこにも、そして、いつまでたっても、そのきっかけができないままに、④つかれてしまいました。

1 「①手紙」には、どんなことが書かれていましたか。二つ書きましょう。 一つ5〔10点〕

（　　　　）

（　　　　）

2 「②今年の夏」に再会したヒロ子ちゃんについて、次のようにまとめました。（　）に合う言葉を文章中から書きぬきましょう。 一つ5〔10点〕

（　　　）歳になり、お母さんが働いている学校で、（　　　）の勉強をしている。

3 よく出る● 「③記念日を選んだことを、後悔していました」について答えましょう。

(1) 「記念日」とは何の記念日ですか。 〔5点〕

□□の記念日。

(2) 「わたし」が「後悔」したのはなぜですか。一つに○をつけましょう。 〔5点〕

言葉の意味 プラス
8行 洋裁…和服をぬう「和裁」に対して、洋服をぬうこと。
18行 面する…ある方向を向いている。

夕方、わたしたちは一軒の食堂に入りました。その食堂の裏は、川に面していました。暑いので、わたしたちはその川の見える窓の近くに席を取りました。

「ヒロ子ちゃん、もう洋服ぬえるのかい？」

「いいえ、今、ワイシャツやってるんです。」

そんな話を始めながら、ふとわたしは窓の外を見ました。⑤何だか、赤いものが、川上から流れてくるのです。

「あっ、あれ。」

と言うと、

「とうろう流しです。去年もやっていました。きれいですよ。」

ヒロ子ちゃんが教えてくれました。去年、わたしも、広島のとうろう流しのことを新聞で読んで知っていました。原爆ぎせい者の戒名を書いたとうろうを、川に流しているのです。

わたしは、そうだ、⑥今話さなければならないのだと思いました。

〈今西 祐行「ヒロシマのうた」による〉

ア（　）原爆が投下された直後のむごたらしいありさまを思い出してしまったから。

イ（　）特別な日に話をすることで、ヒロ子ちゃんに余計つらい思いをさせてしまうから。

ウ（　）記念のいろいろな行事が、自分たちの思い出とかけはなれたものにしか思えなかったから。

4 「④つかれてしまいました」とありますが、なぜですか。一つに○をつけましょう。〔10点〕
ア（　）ヒロ子ちゃんに広島を案内してもらって、いろいろな場所に連れていかれたから。

イ（　）ヒロ子ちゃんに話す場所やタイミングをさぐって、町を歩き回ったから。

ウ（　）ヒロ子ちゃんに何を話せばいいのか分からずに、ずっと考えこんでいたから。

5 「⑤何だか、赤いものが、川上から流れてくるのです。」とありますが、「赤いもの」とは何でしたか。一つ5〔10点〕
（　　　　）を書いた（　　　　）。

6 よく出る● 「⑥今話さなければならないのだと思いました」とありますが、何を話すのですか。〔10点〕
ヒロ子ちゃんの□□□□□□□のこと。

ものしりメモ
原爆により両親をなくした孤児は、2000人とも6500人ともいわれている。たよる親せきもない孤児のための孤児収容所が、昭和22年末までに広島市周辺で5か所設置されていたよ。

2 次の文章を読んで、問題に答えましょう。

広島に原爆(ばく)が落とされた日、水兵だった「わたし」は死んだ母親にだかれた赤ちゃんを通りすがりの人に預けた。赤ちゃんはヒロ子という名前で育てられていた。ある時、「わたし」はヒロ子に本当の母親の話をした。

その日は、わたしも洋裁学校の一部屋にとめてもらいました。わたしが起きると、ヒロ子ちゃんのお母さんが出てきて、

「①ゆうべ、あの子はねないんですよ。」

と言うのです。

「やっぱり。」

と、わたしが心配そうに言うと、

「いいえねえ、あなたにワイシャツを作ってたんですよ。見てやってください。」

そう言って、うれしそうに、紙に包んだワイシャツを、こっそり見せるのです。

「ないしょですよ。見せたなんて言ったら、しかられますからね。」

そっと広げてみると、そのワイシャツのうでに、小さな、きのこのような原子雲のかさと、その下に、S(エス)・I(アイ)と、わたしのイニシャル(頭文字(かしらもじ))が水色の糸で②ししゅうしてあるのです。

「よかったですね。」

「ええ、おかげさまで、③もう何もかも安心ですもの……。」

お母さんはそう言って、笑いながらも、そっと目をおさえるのでした。

〈今西(いまにし) 祐行(すけゆき)「ヒロシマのうた」による〉

---

1 「①ゆうべ、あの子はねないんですよ。」とありますが、ヒロ子ちゃんはねないで何をしていたのですか。〔10点〕

（　　　　）

2 書いてみよう!

(1) よく出る● 「②ししゅう」について答えましょう。
何がししゅうしてあったのですか。二つ書きましょう。一つ5〔10点〕

（　　　　）
（　　　　）

(2) このししゅうにはヒロ子ちゃんのどんな願いがこめられていると考えられますか。一つに○をつけましょう。〔10点〕

ア（　）自分の命を助けてくれた日のように、これからもつらいときには「わたし」に助けてほしい。
イ（　）戦争の思い出はつらいが、命を助けられたことを感謝し、これからも強く生きていきたい。
ウ（　）戦争へのいかりとうらみを自分は忘れたくないし、ほかの人にも忘れてほしくない。

3 チャレンジ! 「③もう何もかも安心ですもの」とありますが、お母さんはなぜ安心したのだと考えられますか。一つに○をつけましょう。〔10点〕

ア（　）ヒロ子ちゃんが自分の過去をしっかり受け止めていると感じたから。
イ（　）ヒロ子ちゃんが原爆にまつわる話を全く気にしていないと感じたから。
ウ（　）ヒロ子ちゃんがワイシャツを自分で作れるほど、洋裁が上達したと感じたから。

実力判定テスト

夏休みのテスト②

時間 30分

教科書 14～109ページ　答え 29ページ

名前

得点 /100点

おわったらシールをはろう

●勉強した日　月　日

1 ――の漢字の読みがなを書きましょう。　一つ2〔20点〕

① 物語を朗読する。（　）
② 手紙のあて先を誤る。（　）
③ 川の流れが激しい。（　）
④ 力士が土俵ですもうをとる。（　）（　）
⑤ 宇宙についての展示。（　）（　）
⑥ 異なる価値観の人と話す。（　）（　）
⑦ 公園の片すみに立つ樹木。（　）（　）

2 □に漢字を書きましょう。　一つ2〔20点〕

① □□（ざっし）の記事を切りぬく。
② リーダーの□□（こうほ）となる。
③ アゲハの□□（ようちゅう）。
④ 地図の□□（しゅくしゃく）を確かめる。
⑤ 目を□（うたが）う光景に出くわす。
⑥ 自治会の会長に□□（しゅうにん）する。
⑦ 家の□（うら）に□□（ゆうびん）局がある。
⑧ □□（ちいき）を見守る□□□（けいさつしょ）。

3 次の三字の熟語の構成を□から選んで、記号で答えましょう。　一つ4〔20点〕

① 共通語（　）
② 大自然（　）
③ 無意識（　）
④ 活動的（　）
⑤ 雪月花（　）

ア　一字の語＋二字熟語
イ　二字熟語＋一字の語
ウ　一字の語が三つ並ぶ

4 次の四字以上の熟語の構成として、正しいほうに○をつけましょう。　一つ4〔20点〕

① 右往左往　ア（　）右＋往＋左＋往　イ（　）右往＋左往
② 公明正大　ア（　）公＋明正＋大　イ（　）公明＋正大
③ 東西南北　ア（　）東＋西＋南＋北　イ（　）東西＋南北
④ 未解決事件　ア（　）未解＋決＋事件　イ（　）未＋解決＋事件
⑤ 公共交通機関　ア（　）公共＋交通＋機関　イ（　）公＋共交通＋機関

5 （　）に合う言葉を□から選んで書きましょう。　一つ4〔20点〕

① 今日は動物園に行く予定だった。（　）、中止になった。
② ぼくは博物館が好きだ。（　）、いろいろなことを学べるからだ。
③ サッカーを見ますか。（　）、ラグビーを見ますか。
④ 注意点は以上です。（　）出発しましょう。
⑤ 姉はピアノが上手だ。（　）バイオリンもひける。

さて　しかし　しかも　それとも　なぜなら

●勉強した日　月　日

実力判定テスト 夏休みのテスト①

時間30分

教科書 14〜109ページ　答え 29ページ

名前　得点　/100点

おわったらシールをはろう

文章を読んで、答えましょう。

（遠足の日、嘉穂が一人でバスの中で弁当を食べていると、弁当を食べ終えた明仁が入ってきた。明仁は、嘉穂の弁当に入っているごぼうやそら豆を見て、「すげえ。」と言った。）

嘉穂の家では、食事は祖母の担当なのだ。祖母はこういったものしか作らないから、食べられないとどうしようもない。

「うちのばあちゃんもさ、作るんだよ、ひじきの煮物。でっかい豆をゆでたやつも。」

「うちもだよ。お弁当作るの、おばあちゃんだし。」

小学校と中学校は、給食がある。高校生になったら、毎日が弁当になる。①それまでに、ちゃんと料理ができる人になりたい。心から、そう思った。

「だから、②ハンバーグとかウインナーとか、全然入れてくれないんだよね。」

「いいじゃん。そんなのみんな持ってくるんだから。」

「みんな持ってくるから、いやなんじゃん。」

「だからそれがいいんじゃん。みんなとちがうって、かっこいいじゃん。」

えー、何それ。③箸の先で塩ゆでされたそら豆をつつきながら、嘉穂は言った。ころん、ころん。そら豆が弁当箱の中を転がる。

「どうせだから、弁当箱も昔っぽい木のやつにしなよ。たまに売ってるじゃん。しぶーい色の木の弁当箱。その弁当箱だと変だけどさ、木の弁当箱ならかっこいいよ、絶対。」

売っていた。日都子ちゃんとこの弁当箱を買いに行ったときも、棚のすみに置かれていた。二人で指さして、「これは絶対にいや。」なんて笑い合った。

そら豆をオレンジ色の箸でつまんで、持ち上げてみた。人工的なオレンジ色と、毒々しい、緑色。この箸が、きれいな木目のついた木の箸だったら。そう想像してみた。

あれ、悪くないんじゃないか。かわいくはないかもしれないけど、④ちょっと、いいかも。

そら豆を口に放りこむ。塩味のきいた、なじみのある味。⑤目を閉じて、木のお弁当箱を思いうかべながら、ゆっくりかんだ。

〈額賀 澪「ヒトリコ」による〉

1 「①それまでに、ちゃんと料理ができる人になりたい。」とありますが、そう思ったのは、なぜですか。　一つ10〔20点〕

（　　　）になったら、毎日持っていく（　　　）は自分で作りたいから。

2 「②ハンバーグとかウインナーとか、全然入れてくれない」とありますが、祖母が作った弁当について、嘉穂はどう思っていますか。〔15点〕

（　　　　）

3 明仁は、嘉穂の祖母が作った弁当について、どう思っていますか。〔15点〕

（　　　　）

4 「③箸の先で塩ゆでされたそら豆をつつきながら」とありますが、このしぐさには、嘉穂のどのような気持ちが表れていますか。一つに○をつけましょう。〔15点〕

ア（　）そら豆がおいしくて、食べてしまうのがもったいないという気持ち。

イ（　）そら豆を箸でつまむのが難しくて、食べにくいと感じる気持ち。

ウ（　）そら豆を食べるのは気が進まないという気持ち。

5 「④ちょっと、いいかも」とは、どういうことですか。　一つ10〔20点〕

きれいな［　　］のついた木の箸なら、祖母の作る［　　］と合っているかもしれないということ。

6 「⑤目を閉じて、木のお弁当箱を思いうかべながら、ゆっくりかんだ。」とありますが、このとき、嘉穂はどのようなことを感じていると考えられますか。一つに○をつけましょう。〔15点〕

ア（　）今持っている弁当箱ではなく、木の弁当箱を買ったほうがよかったのではないかということ。

イ（　）明仁が祖母の作った弁当をほめるので、この弁当も悪くないのではないかということ。

ウ（　）これまで祖母の作った弁当をきらっていたことが申し訳ないということ。

実力判定テスト

冬休みのテスト①

●勉強した日　月　日

教科書 110〜209ページ　答え 30ページ

名前

得点　/100点

おわったらシールをはろう

時間30分

文章を読んで、答えましょう。

日本は世界でも降水量が多く、①水にめぐまれた国だといわれています。でも日本の川は急流が多く、ふった雨の多くは、あっというまに海へ流れてしまいます。

このほかに蒸発してしまう水もあります。そのためこの豊富な水も、②実際に利用できるのは、全降水量の十分の一もないのです。

それに日本はせまい地域に、たくさんの人びとがくらしています。③一人あたりにめぐってくる水を計算すると、当然少なくなります。

現在都市では人口がふえて、④郊外へ郊外へと町は大きくなる一方です。今まで水田やため池だったところが、うめたてられて家がたったり、小川にはふたがされて、下水管にかわったものもあります。道路はコンクリートやアスファルトでほそうされています。

それまでは、ふった雨は地面にすいこまれたり、たくわえられたりしていたのが、下水や川を通ってさっさと海へ流れてしまいます。せっかくめぐってきた水を、みすみすすてることになるのです。

こんな都市では、ちょっとした大雨がふると、行き場をうしなった水がどっとあつまってきて、小さな川がよくはんらんします。

⑤建物がたてこんで緑が少なく、アスファルトでおおわれた都市は、地面からの蒸発や植物からの蒸散も少ないので、まるでさばくのような気候です。緑と水をうしなった土地、それがさばくです。

ありすぎても、なくてもこまるのが水です。現代の都市は、めぐる水をもっと計画的に利用する必要にせまられています。

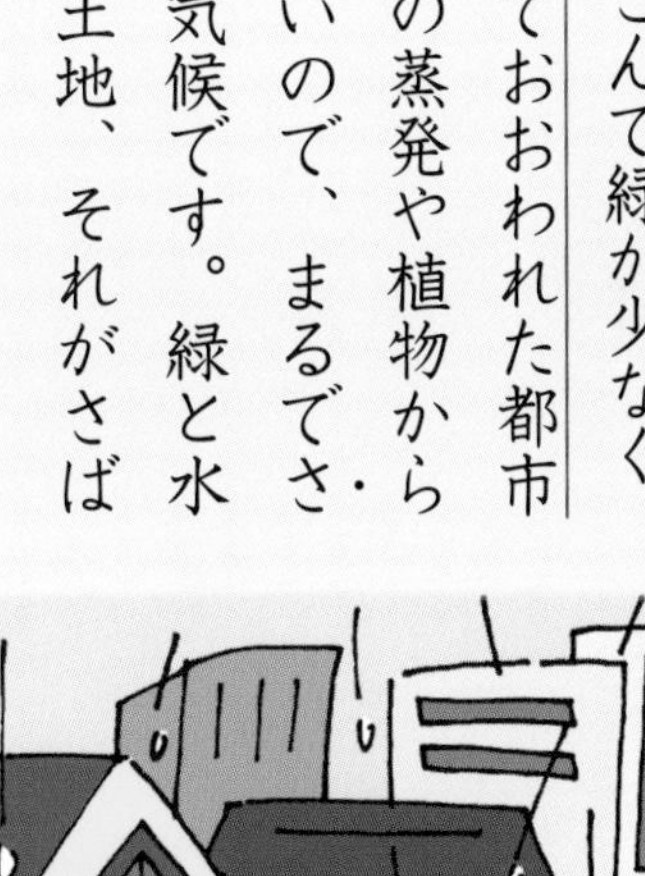

〈塚本 治弘「水　めぐる水のひみつ」による〉

1　「①水にめぐまれた国」とありますが、日本が水にめぐまれているといわれているのは、なぜですか。〔10点〕

（　　　）が多いから。

2　「②実際に利用できるのは、全降水量の十分の一もない」のは、なぜですか。一つ5〔15点〕

●日本の川は［　　］が多く、ふった雨の多くがすぐ［　］へ流れてしまうから。

●［　　］してしまう水もあるから。

3　日本では「③一人あたりにめぐってくる水」が少ないのは、なぜですか。〔15点〕

（　　　）

4　「④郊外へ郊外へと町は大きくなる」について答えましょう。

(1)　町が郊外へ広がることでなくなったものには、どのようなものがありますか。三つ書きましょう。一つ5〔15点〕

（　　）（　　）（　　）

(2)　(1)で答えたものがなくなると、どうなりますか。二つに○をつけましょう。一つ5〔10点〕

ア（　）雨が地面にすいこまれてしまう。
イ（　）雨がさっさと海へ流れてしまう。
ウ（　）雨が町の中をめぐりやすくなる。
エ（　）小さな川がはんらんしやすくなる。

5　「⑤建物がたてこんで緑が少なく、アスファルトでおおわれた都市」を、筆者は何にたとえていますか。〔15点〕

（　　　）

6　筆者は、現代の都市にはどのようなことが必要だと述べていますか。〔20点〕

（　　　）

冬休みのテスト②

●勉強した日　月　日

時間30分

教科書 110～209ページ　答え 30ページ

名前

得点　／100点

おわったらシールをはろう

1 ——の漢字の読みがなを書きましょう。　一つ2〔20点〕

① スポーツのルールに従う。（　）
② 内閣の仕事を調べる。（　）
③ きれいな貝がらを探す。（　）
④ 母へのおくり物を包装する。（　）（　）
⑤ 新たな法律上の問題が派生する。（　）（　）
⑥ 馬を道に沿って走らせ、矢を射る。（　）（　）
⑦ 宅配便が届く。（　）（　）

2 □に漢字を書きましょう。　一つ2〔20点〕

① □□（ひみつ）をノートに書き留める。
② 税金を□（おさ）める。
③ 家族の留守を□（あず）かる。
④ チームの勝利に□□（こうふん）する。
⑤ ハンドルを□□（そうさ）してクレーン車を動かす。
⑥ 父が海外に□□（てんきん）することになった。
⑦ 店の□□（かんばん）が夕日に赤く□（そ）まる。
⑧ おばは□□（はいく）を□□（せんもん）に研究している。

3 次の文の——を【　】の場面に合う言葉に書き直しましょう。　一つ4〔12点〕

① 海に行ったのですか。【目上の人に聞く場合】（　）
② 私のお父さんは出張中です。【担当の先生に伝える場合】（　）
③ ご注文を聞きます。【お客様に言う場合】（　）

4 次の文には敬語のまちがいがあります。ぬき出して、正しく書き直しましょう。　一つ4〔20点〕

① 私は先生にお手紙をお送りになる。（　）→（　）
② これがぼくの家でいらっしゃる。（　）→（　）
③ お客様が読書をいたす。（　）→（　）
④ 先生がおいしそうに給食をいただく。（　）→（　）
⑤ 校長先生は校長室におります。（　）→（　）

5 次の言葉が組み合わさってできる複合語を（　）に書き、読みがなを〔　〕に書きましょう。　両方できて一つ4〔8点〕

① 雪＋合戦（　）〔　〕
② 白い＋波（　）〔　〕

6 次の複合語は、どのような組み合わせからできていますか。正しいほうに○をつけましょう。　一つ5〔20点〕

① 図書カード　ア（　）和語＋外来語　イ（　）漢語＋外来語
② 昼休み　ア（　）和語＋和語　イ（　）和語＋漢語
③ 畑作業　ア（　）和語＋漢語　イ（　）漢語＋和語
④ 法律相談　ア（　）漢語＋和語　イ（　）漢語＋漢語

学年末のテスト②

名前

得点 /100点

教科書 14〜267ページ

答え 31ページ

おわったらシールをはろう

●勉強した日　月　日

1 ――の漢字の読みがなを書きましょう。　一つ2〔20点〕

❶ 自転車で日本列島を縦断する。（　　）

❷ 著作権について調べる。（　　）

❸ 一歩退いて道をゆずる。（　　）

❹ 暴力を否定する。（　　）

❺ 我々の言葉を忘れないでほしい。（　　）（　　）

❻ 今日で大好評だったしばいの幕が閉じる。（　　）（　　）

❼ プレーの判定が検討され試合時間が延びる。（　　）（　　）

2 □に漢字を書きましょう。　一つ2〔20点〕

❶ 練習の成果を□□（はっき）する。

❷ □（いた）る所に桜の木がある。

❸ □□（しょうらい）の夢を語る。

❹ 野球場に二万人の□□（かんしゅう）が集まった。

❺ ふだんから□□□（おやこうこう）を心がける。

❻ 兄は中学校で□□（えんげき）クラブに入っている。

❼ かみの毛を三つ編みにして□（せ）に□（た）らす。

❽ たがいの立場を□□（そんちょう）して意見を□（みと）め合う。

3 次の文に使われている表現のくふうを□から選んで、記号で答えましょう。　一つ4〔12点〕

❶ 花がさく。小さいピンクの花がさく。（　）

❷ 笑っていた。楽しそうに走り回りながら。（　）

❸ たんぽぽの綿毛はおどるように飛んでいった。（　）

ア 比喩（ゆ）を使って表現している。
イ 同じ言葉をくり返している。
ウ 言葉の順番を入れかえている。

4 次の熟語の構成と同じものを□から選んで、記号で答えましょう。　一つ4〔16点〕

❶ 新発売（　）
❷ 冷蔵庫（　）
❸ 花鳥風月（　）
❹ 世界記録（　）

ア 松竹梅　イ 食生活
ウ 太陽系　エ 都道府県
オ 道路標識

5 次の複合語は、どのような組み合わせからできていますか。（　）に和語・漢語・外来語のどれかを書きましょう。　両方できて一つ4〔12点〕

❶ 紙コップ　紙（　　）＋コップ（　　）

❷ 桜並木　桜（　　）＋並木（　　）

❸ 人間関係　人間（　　）＋関係（　　）

6 次の文を、正しい敬語を使って書き直しましょう。　一つ5〔20点〕

❶ お客様に　お客様、私が部屋にご案内なさいます。
（　　）

❷ 校長先生に　音楽をお聞きしているのですか。
（　　）

❸ 先生に　美術館でどんな絵を拝見したのですか。
（　　）

❹ 先生に　お母さんがよろしくとおっしゃっていました。
（　　）

実力判定テスト

学年末のテスト①

●勉強した日　月　日

文章を読んで、答えましょう。

〔二丁目の少年とノリオは、ノリオがサッカーで反則をしたかどうかでもめた。決闘で決着をつけることになったとき、急に雷が鳴り、激しい雨が降りだした。〕

二丁目の少年は、すべり台の下でムスッとしていた。ノリオも腕組みをして、そっぽを向いている。なんでこいつと一緒に雨やどりしなくちゃいけないんだ——少年はしかめつらで思い、どうせノリオも①同じことを思っているんだろうなとも思って、鼻の頭に皺を寄せた。

雨はさっきまでより弱まった。もう雷の音は聞こえない。②あと少しで夕立はあがり、決闘を再開できる。でも、地面はびちょびちょで、転んだら泥まみれになってしまうだろう。吹き込んできた雨で、髪も服もびっしょり濡れている。早く家に帰って、服を着替えたい。

「よお……。」そっぽを向いたまま、ノリオが言った。「さっきのハンドだけど、やっぱ、オレ、手に当たったかもしんない。」

③やっと認めた。だから言ったじゃんよ、てめえ嘘つきなんだよ、セコいんだよ、サイテーだよ……決闘に勝ってノリオが謝ったら言ってやろうと思っていた。でも、なんだか急にそれもバカらしくなって、少年は「べつにいいよ。」とムスッとしたまま言った。「もうみんな帰ったし。」

「雨やんだら、どうする？」とノリオが訊く。

「どーするかなあ……腹、減ったし。」

少年が答えると、ノリオは「オレも。」と言って、「あと、服も濡れて気持ち悪いし。」と付け加えた。なんだ、④こいつも同じだったのかと思うと、自然に頬がゆるんだ。ノリオがへへッと笑う気配も伝わった。

「決闘、やめっか。」と少年が言うと、ノリオは「だな。」とうなずいた。⑤空はもう、だいぶ明るくなってきた。

〈重松 清「雨やどり」による〉

1 ①「同じこと」とは、どういうことですか。〔10点〕

どうして（　　　　）のかということ。

2 ②「あと少しで夕立はあがり、決闘を再開できる。」について答えましょう。

(1) 少年は、決闘を再開するかどうかについて、どう考えましたか。一つに○をつけましょう。〔10点〕

ア（　）決闘をすぐに再開しようと考えた。
イ（　）決闘を再開するかをノリオにきこうと考えた。
ウ（　）決闘を再開するのはやめたいと考えた。

(2) 少年が(1)のように考えたのは、なぜですか。二つ書きましょう。一つ15〔30点〕

（　　　　）
（　　　　）

3 ③「やっと認めた。」とありますが、ハンドを認めたときのノリオの気持ちと、それを聞いたときの少年の気持ちが態度に表れている部分を、文章中からそれぞれ書きぬきましょう。一つ10〔20点〕

ノリオの気持ち

少年の気持ち

4 ④「こいつも同じだったのか」とありますが、どういうことが同じだったというのですか。〔15点〕

少年もノリオも（　　　　）と感じていたこと。

5 ⑤「空はもう、だいぶ明るくなってきた。」とありますが、この情景はどういうことを表していると考えられますか。一つに○をつけましょう。〔15点〕

ア（　）二人の気持ちがすれちがっていること。
イ（　）二人の気持ちがうちとけ始めたこと。
ウ（　）二人が大の仲良しになったこと。

実力判定テスト

6年生の漢字191字を書こう！

漢字リレー①

時間30分

□に漢字、□に漢字と送りがなを書きましょう。

名前

答え 32ページ

おわったらシールをはろう

●勉強した日　月　日

1. ピアノの演（そう）。
2. 用事を（すます）。
3. 文化が（こと）なる国。
4. （いちょう）の調子がよい。
5. 絵の（てんらん）会。
6. 線路に（そう）。
7. （さい）ほうを習う。
8. （まど）を開ける。
9. （おさない）ころの写真。
10. 仏教の（しゅうは）。
11. アニメ（えい）画を見る。
12. 勝つための（さく）を練る。
13. （そう）作ダンスの練習。
14. （よくばん）の天気。
15. 試合時間が（のびる）。
16. 本の（さっ）数。
17. 大がかりな（そう）置。
18. （うら）通りを歩く。
19. 銀行の（よ）金。
20. 川の流（いき）。

字/24字 クリア！

▶書けた漢字の数を書こう。

21. （かいこ）を飼う。
22. 高（そう）マンションが建つ。
23. 法（りつ）を守る。
24. （はいきん）をきたえる。
25. 命の（おん）人。
26. 海に（いたる）道。
27. 体の内（ぞう）。
28. （りん）時列車に乗る。
29. 地図の（しゅくしゃく）。
30. （われ）に返る。
31. 父の後ろ（すがた）。
32. 一歩（しりぞく）。
33. 本を（ろう）読する。
34. 飛行機を（そうじゅう）する。
35. 方位（じしん）を使う。
36. 住（たく）地が広がる。
37. （すい）理小説を読む。
38. 道はばを（かく）張する。
39. （はい）色の雲。
40. 学級日（し）

字/24字 クリア！

41. （たん）任の先生。
42. （けいしちょう）の人。
43. 曲の歌（し）。
44. 政治を改（かく）する。
45. 矢で的を（いる）。
46. （たん）生日を祝う。
47. 新しい内（かく）。
48. ごみを（すてる）。
49. （あたたかい）部屋。
50. 民（しゅう）の意見。
51. 切り（かぶ）にすわる。
52. （わか）者が集まる。
53. （じゅ）木がおいしげる。
54. 山の（いただき）に立つ。
55. 深（こきゅう）をする。
56. （かん）単な仕事。
57. 会社に（しゅう）職する。
58. （とうろん）会を行う。
59. 本の（ちょ）者。
60. 店の（かん）板。

字/24字 クリア！

61. たんすに服を（しゅうのう）する。
62. （あぶない）場所。
63. （てき）がせめてくる。
64. （いこつ）のまいそう。
65. （つくえ）を動かす。
66. 助言に（したがう）。
67. 新（とう）の結成。
68. 楽団の指（き）者。
69. かきが（じゅく）す。
70. 手紙が（とどく）。
71. （き）重品をしまう。
72. 単（じゅん）なミス。
73. 牛の（ちち）しぼり。
74. 社長のお（とも）をする。
75. 話を（うたがう）。
76. 不用品の（しょ）分。
77. （げんみつ）な検査。
78. 広大な（うちゅう）。
79. 消防（しょ）の前。
80. 世界の首（のう）。

字/24字 クリア！

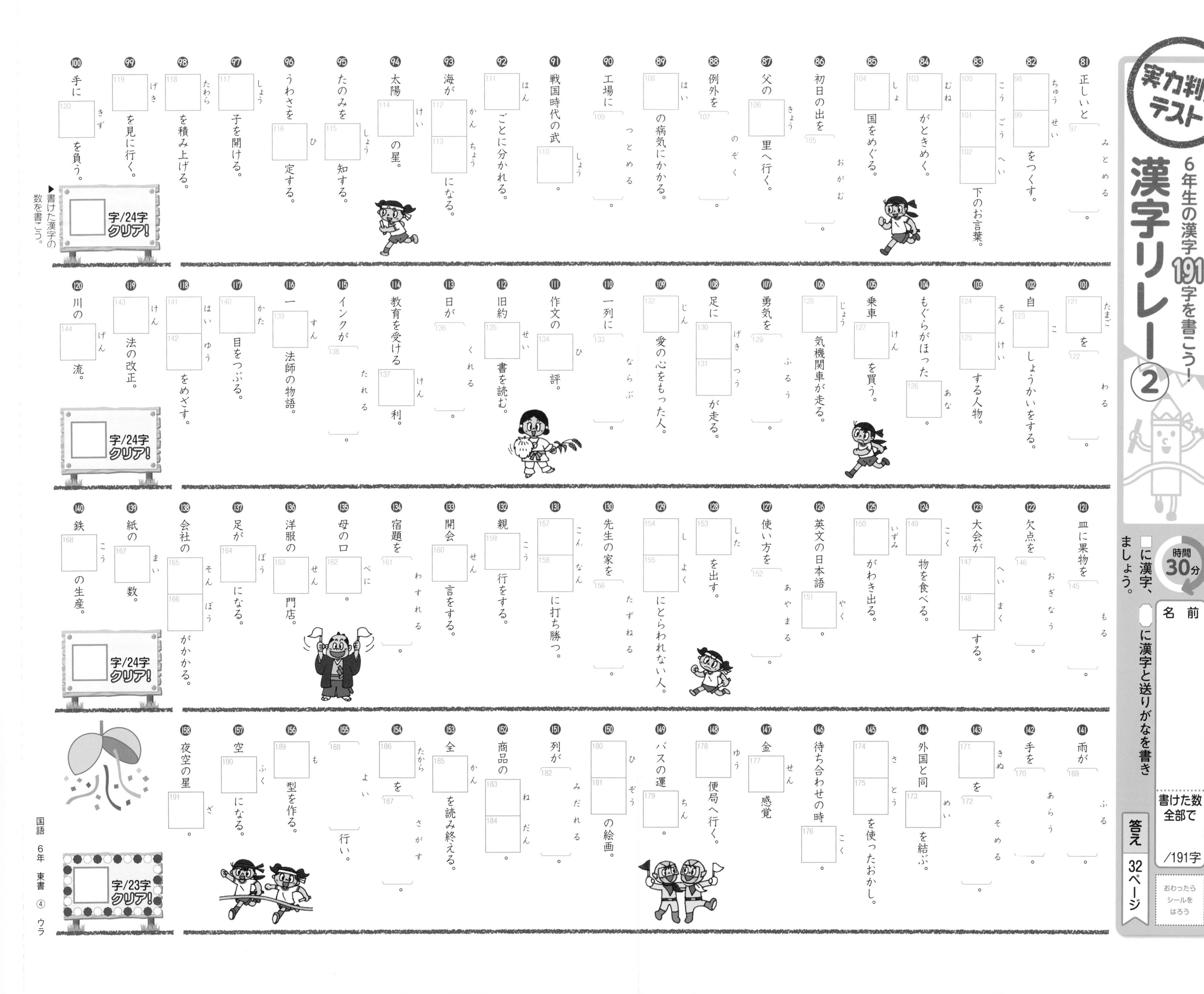
実力判定テスト
6年生の漢字191字を書こう!
漢字リレー②
時間30分
□に漢字、◯に漢字と送りがなを書きましょう。
名前
書けた数 全部で /191字
答え 32ページ
おわったらシールをはろう
●勉強した日 月 日
81 正しいと（みとめる）97。
82 （ちゅうせい）98 99 をつくす。
83 （こうごうへいか）100 101 102 下のお言葉。
84 （むね）103 がときめく。
85 （しょ）104 国をめぐる。
86 初日の出を（おがむ）105。
87 父の（きょう）106 里へ行く。
88 例外を（のぞく）107。
89 （はい）108 の病気にかかる。
90 工場に（つとめる）109。
91 戦国時代の武（しょう）110。
92 （はん）111 ごとに分かれる。
93 海が（かんちょう）112 113 になる。
94 太陽（けい）114 の星。
95 たのみを（しょう）115 知する。
96 うわさを（ひ）116 定する。
97 （しょう）117 子を開ける。
98 （たわら）118 を積み上げる。
99 （げき）119 を見に行く。
100 手に（きず）120 を負う。
▶書けた漢字の数を書こう。
字/24字 クリア!
101 （たまご）121 を（わる）122。
102 自（こ）123 しょうかいをする。
103 （そんけい）124 125 する人物。
104 もぐらがほった（あな）126。
105 乗車（けん）127 を買う。
106 （じょう）128 気機関車が走る。
107 勇気を（ふるう）129。
108 足に（げきつう）130 131 が走る。
109 （じん）132 愛の心をもった人。
110 一列に（ならぶ）133。
111 作文の（ひ）134 評。
112 旧約（せい）135 書を読む。
113 日が（くれる）136。
114 教育を受ける（けん）137 利。
115 インクが（たれる）138。
116 一（すん）139 法師の物語。
117 （かた）140 目をつぶる。
118 （はいゆう）141 142 をめざす。
119 （けん）143 法の改正。
120 川の（げん）144 流。
字/24字 クリア!
121 皿に果物を（もる）145。
122 欠点を（おぎなう）146。
123 大会が（へいまく）147 148 する。
124 （こく）149 物を食べる。
125 （いずみ）150 がわき出る。
126 英文の日本語（やく）151。
127 使い方を（あやまる）152。
128 （した）153 を出す。
129 （しよく）154 155 にとらわれない人。
130 先生の家を（たずねる）156。
131 （こんなん）157 158 に打ち勝つ。
132 親（こう）159 行をする。
133 開会（せん）160 言をする。
134 宿題を（わすれる）161。
135 母の口（べに）162。
136 洋服の（せん）163 門店。
137 足が（ぼう）164 になる。
138 会社の（そんぼう）165 166 がかかる。
139 紙の（まい）167 数。
140 鉄（こう）168 の生産。
字/24字 クリア!
141 雨が（ふる）169。
142 手を（あらう）170。
143 （きぬ）171 を（そめる）172。
144 外国と同（めい）173 を結ぶ。
145 （さとう）174 175 を使ったおかし。
146 待ち合わせの時（こく）176。
147 金（せん）177 感覚
148 （ゆう）178 便局へ行く。
149 バスの運（ちん）179。
150 （ひぞう）180 181 の絵画。
151 列が（みだれる）182。
152 商品の（ねだん）183 184。
153 全（かん）185 を読み終える。
154 （たから）186 を（さがす）187。
155 （よい）188 行い。
156 （も）189 型を作る。
157 空（ふく）190 になる。
158 夜空の星（ざ）191。
字/23字 クリア!
国語 6年 東書 ④ ウラ

教科書ワーク

答えとてびき

「答えとてびき」は、とりはずすことができます。

東京書籍版

国語6年

使い方

まちがえた問題は、もういちどよく読んで、なぜまちがえたのかを考えましょう。正しい答えを知るだけでなく、なぜそうなるかを考えることが大切です。

いのち たずね合って考えよう

2・3ページ 基本のワーク

1 ①かんたん ②みちすじ

2 ①簡単 ②道筋

3 ①知識 ②確 ③増 ④技術 ⑤得

4 1 です
2 地球
3 イ
4 ウ

5 ①きっかけ ②経験 ③見方

てびき

4 1 1～6行目では、全て「～です」という言葉で終わっていることに注目しましょう。

2 次の行に「地球もひとつ」とあります。地球が「いのちのふるさと」なのです。

3 16～18行目に、「互(たが)いに支えているんです／……／互いに支えているんです」と、理由が書かれています。

4 作者の言おうとしていることは、最後のまとまりに書かれています。生き物は、どれもひとつだけのいのちを持っています。「全部が大事ないのち」だと、作者は言っています。

5 自分とことなる考えの中から、新しい見方や考え方を得られることがあります。自分の考えを整理したり、深めたりするためにも、相手の考えを否(ひ)定せずに話し合うことが大切です。

さなぎたちの教室

4・5ページ 基本のワーク

1 ①へんかく ②しかい ③いた ④けいえん ⑤てき ⑥こうぐち ⑦すがた ⑧むね ⑨す ⑩よ ⑪わす ⑫と ⑬ろうどく

2 ①窓 ②枚 ③宣 ④幼 ⑤裏 ⑥並

3 ①ア ②ウ ③ア ④ア ⑤イ ⑥ウ ⑦ウ

内容をつかもう！

（右から順に）5→3→2→1→4

6・7ページ 練習のワーク①

1 ア
2 ウ
3 かわいい・分からない
4 出任せみたいなことわざ。
5 ウ
6 虫の世話を手伝った。
7 例いも虫を見ないようにするため。
8 ものすごい変革
9 ア

てびき

1 次の行の会話文で、「わたし」は「どう体だけで移動する生き物が、ちょっと苦手」と言っています。

2 首をかしげるのは、疑問の気持ちを表す動作です。また、後の「少しさびしそうな目に見えた」にも注目しましょう。「らょっと苦手」という「わたし」の言葉を聞いた松田君が、「わたし」には「さびしそうな目」をしたように見えたのです。

3 「わたし」がだまっていたのは、「それ」を「きれい」「かっこいい」「かわいい」という松田君の気持ちが分からなかったからです。「それ」の内容は、直前の松田君の言葉から読み取りましょう。

4 松田君の会話文中の「虫は飼ってみよ」という部分は、「わたし」が虫が苦手だというのを聞いて松田君が作った言葉です。それに対して、「わたし」は「出任せみたいなことわざ」と感じています。

5 「わたし」は「けん命に話す松田君」を見て、松田君の虫への情熱を感じたのです。だから、理解できないところがあっても、松田君に「それ以上逆らう気になれなかった」のです。

6 松田君は「せっせといも虫の世話」をしています。「わたし」も生き物係なので、「知らん顔」もできないと考え、「葉っぱの入れかえやきりふき」などのいも虫の世話を「何とか手伝った」のです。

7 「顔を横に向けたまま」にしないと、いも虫を見ることになってしまうことをおさえましょう。

8 松田君は「さなぎの中ではものすごい変革が行われるんだよ」と言っています。

9 さなぎの動かない様子を「どうしたものかとじっと考えこんでいるように見えた」と表しています。人間ではないものを、人間であるかのように表しているのです。

8・9ページ 練習のワーク❷

1 ア

2 例敵から守ってくれて、こうげきされてもダメージをあまり受けないが、こっちも動きづらくなるもの。

3 例自分が変なことを言っているのではないかと思って、あわてている気持ち。

4 例走る苦しさで息が上がっていて、言葉を発することができない様子。

5 ランドセルの中身を拾って助けてくれた

6 自分とそんなにちがわない人間（なのだ）

7 イ

8 ウ

てびき

1 「敬遠」とは、「遠ざけ、関わりをもたないようにすること」です。「わたし」は、高月さんにおかしなことを言う人だと思われて、高月さんがはなれていってしまうのではないかと、おそれているのです。

2 高月さんは、シールドを「敵から守ってくれるやつ。こうげきされてもダメージをあまり受けないの。ただ、こっちも動きづらくなるのが欠点」だと言っています。

3 次の行の「何か、わたし、変なこと言っちゃってる?」から、高月さんがあわてていることが読み取れます。

4 「わたし」は走るのがつらくなり、高月さんに言葉を返すことができなかったのです。だから、高月さんに対して、やっとの思いで首をふるだけだったのです。

5 高月さんは、昇降口でこまっていたときに「わたし」に助けてもらったことをずっと覚えていました。

6 「わたし」は、三年生のころ、「みんなが自分とちがう人間に見えてとてもこわかった」ことを思い起こしています。でも、「ランドセルをひっくり返した高月さんを見て」、「みんなだって自分とそんなにちがわない人間なのだ」と分かって、ほっとしたのです。

7 直前の「高月さんからえがおが消えた」に注目して高月さんの気持ちをとらえ、朗読の仕方を考えましょう。自分にとっては大事な思い出であった「昇降口でのこと」を「わたし」が覚えていないと思ったので、がっかりしてえがおが消えたのです。

8 この場面の最後で「わたし」と高月さんは気まずいふんいきになっています。そんな二人の関係や気持ちが、「風がふいて、池にさざ波が立った。」という情景描写に重ねられています。

10・11ページ　まとめのテスト

1 イ
2 ア
3 ちゃんと
4 イ
5 さなぎがちょうになったこと。
6 例最初にちょうになったものを、「わたし」が一番に空に放していいという約束。〈または最初にちょうになったやつを谷さんにあげるという約束。〉
7 例生き物係がちょうを放すときに、高月さんにいっしょにいてほしいという思い。〈またはちょうが空を飛ぶしゅんかんに高月さんといっしょにいたいという思い。〉
8 上に差し出した・手をふった
9 ア

てびき

1 「ひざに両手をついて」はふつうには立っていられない様子を、「かたで息をした」は息切れをしている様子を表しています。
2 高月さんは「わたし」が昇降口での出来事を覚えていないと誤解しています。「暗い木かげ」「姿を見失って」は、二人の間に心理的なきょりがあることを表しています。
3 直前まで「かたで息をした」状態だったことを考えましょう。「空気を胸いっぱい」に吸いこむことで、自分の思いを「ちゃんと」高月さんに伝えようという「わたし」の意志が読み取れます。
4 「わたし」の言葉が高月さんにとどき、高月さんが明るいえがおを見せた、という流れをおさえましょう。
5 直後の内容をおさえます。松田君は、「最初にちょうになったやつは谷さんにあげる。」と約束していました。よって、伝えようとしていたことは、さなぎからだっ皮してちょうになったことです。
6 松田君が勝手に取り決めていた約束の内容を、直前の部分から読み取ります。
7 直前の「そう思った」内容をおさえましょう。また、直後の「生き物係でちょうを放すんだけど、いっしょにどうかな。」という言葉に注目してもよいでしょう。
8 「わたし」は、空にまう一枚の花びらを「つかもうと手を上に差し出した」のですが、松田君は、「わたし」が自分に手をふったのだと「かんちがいした」のです。
9 ちょうは、いも虫がさなぎをへて成虫になった姿です。成虫は人間にたとえると大人であり、「わたし」が少しずつ大人になっていくことを表しています。この物語では、「わたし」の気持ちが松田君や高月さんとの出来事を通して大きくゆさぶられている様子を、さなぎの中で行われるたいへんな変革になぞらえていることもおさえておきましょう。

漢字を使おう1／社会教育施設へ行こう／季節の足音――春

12・13ページ　基本のワーク

❶ ①そうさく ②こうほ ③はいしゃく ④ゆうびん ⑤しゅうにん ⑥じんじゅつ ⑦どひょう ⑧こうちゃ ⑨しゅくしゃく ⑩はん ⑪ちいき ⑫てんじ ⑬きょうど ⑭えいぞう ⑮てんらんかい
❷ ①創作 ②郵便 ③紅茶 ④地域
❸ ①停留 ②桜 ③飼 ④弁当
❹ ①イ ②ア ③エ ④ウ
❺ インターネット・体験
❻ ①イ ②ウ ③ア

てびき

❹ それぞれの社会教育施設の特徴を知り、自分が学びたいことや調べたいことに合った施設を活用しましょう。アの歴史資料館は、その地域の歴史や文化に関する資料を集めて研究・展示している施設です。地域の特産や地域にゆかりのある人物など、はば広い分野について学ぶことができます。
❺ 自分の住む地域にどんな社会教育施設があるか、自治体のホームページや広報誌などで調べることができます。また、それらの施設で体験したことや感想を記録しておくと、友達に伝えたり、後から調べ直したりするときに役に立ちます。

6

❶ 新しい季節に向かう決意をよんだ力強い句です。「春風」という言葉のさわやかさと、「闘志」という言葉の強さ、丘に人の立つ情景を味わいましょう。

❷ 「校庭」「とおき日」という言葉から、学生時代の思い出をよんだ短歌であることが分かります。「きみに言わない言葉のかず」という表現から、作者のせつない気持ちを感じ取りましょう。

❸ 「五月」という題名の詩です。五月は草木の緑がよりいっそうあざやかになる季節でもあります。悲しみや苦しみをいやすものとして「みどり」を詩によんだ作者の気持ちや、この季節ならではの「みどり」の輝きを思いうかべましょう。

14・15ページ 基本のワーク

意見を聞いて考えよう 三字以上の熟語の構成

1 ❶こと ❷じゅくご ❸でんしゃちん ❹かめいこく ❺けいさつしょ ❻ようさんぎょう ❼しんぜんび ❽りんじ ❾うちゅう ❿いよくてき ⓫こくそう

2 ❶真善美 ❷意欲

3 1 あまり興味がないニュース
2 福井さん…ア　君島さん…オ

4 ❶イ ❷ウ ❸ア ❹エ

てびき

3 1 君島さんのテレビ・新聞についての発言に注目すると、「あまり興味がないニュースも見ないといけない」とあります。

2 福井さんは新聞について、「気になった記事を保存しておける」と述べています。村田さんの「とっておくことができる。」という考えと同じです。君島さんはインターネットについて、「気になるニュースを選んで読むことができる」と述べています。村田さんの「興味のあるニュースだけを読むことができる。」という考えと同じです。

4 それぞれ、❶時刻＋表 ❷市＋町＋村 ❸長＋時間 ❹非＋常識 という構成です。❹の「非常識」とは、常識がないこと。「非」が打ち消しの言葉です。

16・17ページ 基本のワーク

イースター島にはなぜ森林がないのか

1 ❶い ❷にゅう ❸じゅもく ❹ぞう ❺しゅうきょう ❻こく ❼おん ❽すいてい ❾そんざい ❿く ⓫きょうきゅう ⓬せいたいけい ⓭あやま ⓮きず ⓯きび

2 ❶樹木 ❷論 ❸段落

3 ❶子孫 ❷結果 ❸増加 ❹消費

4 ❶ウ ❷ア ❸ア ❹ウ ❺イ ❻イ ❼ア

☆内容をつかもう！

西暦四〇〇年ごろ　イ　現在　ア

てびき

3 ❸の「減↔増／少↔加」のように漢字が対になっているものはもちろん、❷の「原因↔結果」や、❹の「生産↔消費」など、言葉全体で対になっているものも、しっかり覚えましょう。

18・19ページ 練習のワーク①

1 （安定した）食りょう生産

2 イ

3 (1) モアイ像
(2) 例モアイ像を運んでゆくのに、森林から切り出された木が利用されたから。

4 ❶農地 ❷農作物 ❸丸木船 ❹魚 ❺海鳥 ❻モアイ像 ❼祖先

5 例太い木が、切りつくされてしまったから。

てびき

1 第二段落に「安定した食りょう生産を行うためには、農作物をさいばいするための農地を開こんしなければならない。」とあります。

2 花粉が減少していることから、花粉をつくる樹木が少なくなっていったことが分かります。

3 第五段落から第七段落までをよく読んで、モアイ像の役割と、その製作に木が必要だった理由をとらえましょう。木が必要だった理由は、第七段落の最後に書かれています。

4　段落の初めにある、「まず」「次いで」「さらに」という言葉で内容が変わることに注目して、それぞれの内容のまとまりから、イースター島の人々が森林を切り開いた目的を読み取りましょう。

5　直後の文が「……からである」という形になっていることに注目して、理由をとらえましょう。

20・21ページ 練習のワーク②

1　西暦一五〇〇年ごろ

2　野生化したラット

3　例(島には、)えさをうばい合う競争相手も天敵もいなかったから。

4　千二百年ほど

5　❶森林　❷地表の土　❸丸木船　❹農業生産　❺魚や海鳥

6　ウ

てびき

1　「その」が指す内容は第一段落です。イースター島では高度な技術をほこる巨石文化が栄えて、「西暦一五〇〇年ごろには、人口は七千人に達していた」とあることから、栄えていたのは、「西暦一五〇〇年ごろ」だと分かります。

2　「野生化したラットが、ヤシの木の再生をさまたげたらしい」とあります。

3　「えさをうばい合う競争相手も天敵もいないこの島で」とあります。「人間以外のほ乳動物がいなかったから。」という答えだけでは、ラットがはんしょくできた理由がよく分からないので不正解です。

4　「三万年もの間自然に保たれてきたヤシ類の森林は、……ポリネシア人たちの上陸後、わずか千二百年ほどで、ほぼ完ぺきに破壊されてしまったのである」とあります。

5　木が切りつくされたことが、二つの大きな問題を生み出して、島が食りょう不足になったことをとらえます。一つは、農業生産がふるわなくなったことで、もう一つは、魚や海鳥をとることができなくなったことです。

6　第九段落に、「食りょうをうばい合う村どうしの争いが絶えず」とあります。

22・23ページ まとめのテスト

1　ウ

2　(順序なし)
・(伐採という)人間による直接の森林破壊
・(人間が持ちこんだ外来動物である)ラットがもたらした生態系へのえいきょう

3　(順序なし)島の繁栄・豊かな森林

4　ウ

5　村どうしの関係…例食りょうをうばい合う争いが絶えなくなった。
島の人口…最も栄えていたころの三分の一にまで減少した。

6　イ

7　8(段落から)10(段落まで)

8　例子孫に深く思いをめぐらす文化を早急に築くこと。

てびき

1　ヤシの木の森林が再生することがなかった原因は、3段落に述べられています。

2　森林が破壊されてしまった二つの原因は、4段落に述べられています。

3　ヨーロッパ人が初めてイースター島をおとずれたときのことが書かれている5段落から読み取りましょう。

4　森林がなくなった結果は、5段落から7段落に述べられています。畑がやせ細り、船を作る材料がないため、魚や海鳥もとることができず、食りょう不足になりました。

5　直後の文に注目し、村どうしの関係については前半を、島の人口については後半を利用してまとめましょう。

6　8段落の初めの文に「このイースター島の歴史から、わたしたちが教えられるのは次のようなことである」とあることに注目しましょう。ここから後の部分に、筆者の考えが述べられています。

7　1段落から7段落は具体的な年代や数値を挙げて、事実を説明しています。2段落から4段落は、もともとイースター島にいなかったラットが増えたために、イースター島の森林がなくなってしまったことが述べられています。5段落から7段落は、森林がなくなった結果、島が深刻な食りょう不足におちいったことが述べられています。8段落から10段落は、イースター島の歴史から、わたしたちが教えられることが述べられています。「……のだろうか」などの表現から、筆者の意見が述べられていることが分かります。

8　最後の一文で、「今後の人類の存続は、……ではないだろうか」と、考えを述べています。

漢字を使おう2　情報のとびら　原因と結果

24・25ページ　基本のワーク

1　❶いちょう　❷はい　❸のう　❹した　❺ゆ　❻のち　❼こがい　❽けらい

2　❶胃腸　❷肺　❸脳　❹心臓

3　❶毛布　❷暴風　❸接近　❹迷　❺過去

4　原因・結果

5　❶ウ　❷イ　❸ア

6　❶ウ　❷ア　❸イ

7　ウ

8　ア○　イ×　ウ×　エ○

てびき

5　挙げられている「原因」がどんなことを引き起こすか考えてみましょう。

❶何日も雨が降らない。↓草花に十分な水が行きわたらない。↓草花がかれてしまう。

❷授業の予習をしていない。↓学習する内容が、初めて知ることばかりになってしまう。↓授業の内容が理解できない。

❸準備体操をしていない。↓筋肉が運動できる状態にはなっていない。↓足がつりそうになる。

6　挙げられている「結果」が起こるのは、どんなときか考えてみましょう。

❶思わずなみだがこぼれるのは、どういうときか。↑悲しい映画を見たとき。

❷満腹で動けなくなるのは、何をしたときか。↑ぎょうざをたくさん食べたとき。

❸ギターをひくのが上手になるのはどういうときか。↑練習を重ねたとき。

7　「漢字をまちがえずに書けるようになった。」という結果に結び付く原因を考えましょう。新しいノートやえんぴつを買ったことは、意欲につながるかもしれませんが、漢字をまちがえずに書けるようになる直接の原因ではないところに注意しましょう。

8　一つの結果に結び付く原因は、必ずしも一つとは限りません。さまざまな原因が合わさって、結果に結び付くこともあります。原因と結果がどのようにつながっているかを考えることは、物事を正しく判断するためにとても大切です。

いざというときのために　文と文とのつながり　ほか

26・27ページ　基本のワーク

1　❶わたし（わたくし）　❷きき　❸たいさく　❹たまご　❺わ　❻あら　❼つくえ　❽たんじょうび　❾あたた

2　❶私　❷危機　❸対策　❹卵　❺誕生　❻砂糖

3　❶ウ　❷ア　❸イ

4　例私は今年の正月に着物を着た。
例その着物は母が子どものころに着ていたものだ。

5　1　あ百聞　い一見
2　不如
3　イ

6　❶（順序なし）ア・イ　❷ウ　❸ア　❹イ

てびき

3　提案書を書くときは、まず「題材」を決めることが大切です。どんなことを伝えたいか、身近な問題やインターネットやニュースで知った内容などから、しぼりこんでいきましょう。また、分かりやすく伝えるための「論の進め方」もくふうしましょう。原因と結果、事実と考えなど、それぞれの関係をはっきりさせることで、伝わりやすい提案書を作ることができます。文章を書きあげたら「推敲」、つまり見直しをして、さらによい形に修正していくことで、完成度が高くなります。

4 まず、文が区切れるところをさがします。読点（、）を手がかりに、「今年の正月に私が着た着物は」と「母が子どものころに着ていたものだ」に分けます。次に、これらを「指し示す言葉」を使って文の形に整えます。「指し示す言葉」とは、「これ」や「その」などの言葉です。ここでは、「今年の正月に私が着た着物」を「その着物」に置きかえます。

5 1 「聞」「見」にそれぞれ注目しましょう。「百聞」は、人の話を百回、つまり何度も聞くこと。「一見」は、一度自分の目で見ることです。

2 「しかず」の「しーか（しーく）」と読むのは「如」、「ず」と読むのは「不」です。

6 ひらがなもかたかなも、「漢字」をもとに作られたことをおさえましょう。

28・29ページ まとめのテスト

1 1 例大地しんへの備え（として、私たちができること）。

2 イ

3 例二〇一一年の東日本大震災のときに、広い範囲で電話通信がつながりにくくなったこと。

2 ひまわり

3 1 ねごこちがよく・目を覚ます

2 ウ

3 イ

4 1 ウ　2 ア　3 イ

てびき

1 1 「私たちにできる大地しんへの備えには、何があるでしょうか。」とあることに注目しましょう。川口さんは、大地しんへの備えを大人だけに任せず、自分たち自身でもできることを見つけて行動しようと提案しています。

2 提案書には、家族や身近な人の意見は出てきません。また、「ふきゅう」などは簡単な言葉とはいえません。よって、適切な資料を示しているイが正解です。

3 直前の「東日本大震災の……つながりにくくなりました」という文に着目しましょう。「スマートフォンがあるからすぐ連絡できる」と考える人が多くいることを想定して、適切な事実を伝えることにより、説得力のある提案となっています。

2 「堂々としていた」のは、花だんのひまわりです。

3 1 「暁」とは、夜が明けようとするころのことです。

2 作者は、昨夜の雨と風で、庭の花がどれくらい散ってしまったのだろうかと、心配しているのです。

3 春の暖かい季節になったので、作者は朝になってもここちよくねむっています。鳥の鳴き声を聞きおだやかな気持ちになっています。

4 1 「万葉がな」は、奈良時代にできた歌集「万葉集」で用いられている「かな」です。一音ずつに漢字を当てはめて、「ふりしく」→「布里之久」のように表します。

2 ひらがなは、万葉がなをくずして、「安→あ、以→い、宇→う、衣→え、於→お」のように作られました。

3 かたかなは、万葉がなの一部を取り出して、「阿→ア、伊→イ、宇→ウ、江→エ、於→オ」のように作られました。

風切るつばさ
漢字を使おう3　ほか

30・31ページ 基本のワーク

1 ❶わか ❷ま ❸わけ ❹せ ❺かた ❻しょち ❼ざっし ❽かし ❾せいじつ ❿ちゅうせい ⓫ぼう

2 ❶若 ❷片 ❸忠誠

3 ❶歴史 ❷鳥居 ❸質問

4 ❶ウ ❷イ ❸ア

5 ❶イ ❷ウ ❸ア ❹ウ ❺イ ❻ア ❼ウ ❽ウ

☆内容をつかもう！ （右から順に）3→1→2

てびき

4 ❶後の文で、前の「母の兄」について説明しています。❷「公園」か「図書館」かを選んでいます。❸「大会で優勝した」ことの理由を、前の文で述べています。

32・33ページ 練習のワーク❶

1 ウ
2 ❶（あのとき、）すぐキツネに気づいていれば
❷くやしさ
3 例カララは体が弱いから。
4 クルル・えさ・羽ばたいた
5 はけ口
6 イ
7 仲間殺しの犯人。
8 みじめ

てびき

1 キツネにおそわれ、幼い仲間の命が失われた日の夜のことです。だれもが後悔（かい）し、悲しみのために何も言えないでいる様子を、「無言の」と表現しています。

2 直後の文章に注目しましょう。「あのとき、もっと早くにげていれば……。あのとき、すぐキツネに気づいていれば……。二度ともどらない命への思いは、堂々めぐりを続け、くやしさだけがつのっていく。」とあります。

3 「クルルはときどき、体の弱いカララに、とったえさを分けてやっている。」とあります。

4 直前のアネハヅルたちの会話に注目しましょう。「あのとき、だれか、羽ばたいたよな。」「クルルがカララにえさをとってやったときか？」「キツネに気づかれたのは、そのせいだよ。」とあります。このツルは、クルルがカララにえさをとってやるために羽ばたいたせいで、キツネに気づかれた、と言っています。

5 「いかりの持っていき場が見つかったとばかりに、みな、口々にクルルに厳しい言葉をぶつけてくる。」という文と「みな、クルルをいかりの□にした。」という文を比べると、「（いかりの）持っていき場」を言いかえた言葉を答えればよいと分かります。9行目に「思いのはけ口など、どこにもない」とあります。

6 直前に「そんな言い訳などおしつぶされそうな雰囲気（ふんい）に」とあることから考えましょう。

7 クルルだけが羽ばたいたわけでもなく、また、羽ばたいたこととキツネに気づかれたことが本当に関係があるのかも分かりません。しかし、仲間がおそわれて死んだのをクルルのせいにされ、クルルは、仲間殺しの犯人のようにあつかわれました。

8 クルルが自分のことをどう思っているのかを、前の部分から読み取りましょう。「たった一羽でいるしかなくなった、みじめな自分。」とあります。

34・35ページ 練習のワーク❷

1 冬
2 (1)（順序なし）
・（たとえ飛べたとしても）首を横にふるつもりだった。
・「おれなんかいらないだろう。」とも言うつもりだった。
(2) 例何も言わないで、ただじっと（クルルの）となりにいて、南にわたっていく群れをいっしょに見つめていた。
3 日に日に寒さが増してくる。
4 ウ
5 キツネ
6 カララをつき飛ばすように羽ばたいた。
7 ウ
8 イ

てびき

1 雪がまい始めたことから、冬がやってきたということが分かります。

2 直後に、クルルの思っていたことが書かれています。そして、「でも」の後に、カララのとった行動が書かれています。

3 「日に日に」は、一日一日と時が過ぎていくことを表しています。

4 カララは、何も言わず、ただクルルのとなりにいて、南にわたっていく群れを見つめていました。それは、日に日に寒さが増してきても、続きました。それで、クルルは、カララが自分といっしょにこの場にとどまろうと思っていると感じたのです。

5 「いきなりしげみからキツネが現れた。するどい歯が光り、カララに飛びかかる。」とあります。

6 「クルルはカララをつき飛ばすように羽ばたいた」とあります。

7 直前の「カララは……飛び上がった。」を

受けて「クルルの体も、」とあるので、クルルもカララと同じように空を飛べたことが分かります。

8 「力いっぱい羽ばたくと、風の中を体がぐんぐんとのぼっていく。」という文からも、クルルが元気を取りもどし、体に力がみなぎっていることが分かります。

36・37ページ まとめのテスト

1

1 例カララといっしょに南に行かないということ。

2 例冬がどんどん近づいてきていること。〈または何日も時間がたっていること。〉

3 (1) イ
(2) 少しずつ解けていく

4 例いきなりしげみからキツネが現れて、カララに飛びかかったから。〈またはキツネからカララを助けようと思ったから。〉

5 例自分の体が空にまい上がっていること。

6 ア

7 ここちよいリズム・体いっぱい

2

❶ウ ❷エ ❸イ

てびき

1

1 「首を横にふる」は、相手のたのみやさそいを断るという意味です。ここでは、「もしカララが『さあ、いっしょに行こう!』と言ったら」とあるので、カララといっしょに行かないことを表します。

2 寒さが増すということは、冬がどんどん近づいてきていることを表しています。「日に日に」から時間が長く過ぎていることにふれてもよいです。

3 寒さが増す中、何日もじっとクルルのそばにいるカララの様子は、クルルとともに自分もこの場にとどまろうとしているようです。そのことに気づいたクルルは、「心が少しずつ解けていく気がした」のです。

4 「いきなりしげみからキツネが現れた。するどい歯が光り、カララに飛びかかる。」とあります。それを見たからクルルは「危ない!」とさけんでとっさに動いたのです。

5 「あっ……。」の後に、「気がつくと、クルルの体も空にまい上がっていた。」とあります。ずっと飛べなくなっていたクルルは、カララを助けようとしたときに再び飛べるようになったのです。

6 直前の「おれ、飛んでる。」という言葉や、この後の二つの文から考えましょう。

7 30行目「風を切るつばさの音が、」の後に注目しましょう。「ここちよいリズムで体いっぱいにひびきわたった」とあります。

2

❶（ ）の前の文について、後の文で理由を説明しています。「〜から」という表現に注目しましょう。❷（ ）の後で、前の文の説明として具体的な「チョコレート」を挙げています。❸前の文と話題を変えています。

インターネットの投稿を読み比べよう 季節の足音——夏 ほか

38・39ページ 基本のワーク

❶ ❶ふたん ❷かち ❸はげ ❹うたが ❺こしょう

❷ ❶負担 ❷価値 ❸激 ❹疑 ❺故障

❸ ❶蛍・月光 ❷イ

❹ ❶ウ ❷イ ❸ア ❹ア ❺ウ ❻イ ❼イ ❽イ ❾ア

内容をつかもう! ①不可能 ②理想・連帯

てびき

❸ ❶「沢山な蛍をくれるのだ」に注目しましょう。「沢山な月光をくれるのだ」「桃の実」は「やうに」とあることから、「合せた掌」をたとえたものだと分かります。

40・41ページ 練習のワーク

1 イ

2 (順序なし) SNS・ブログ・掲示板

3 (1) 理由・事実や事例
(2) (順序なし) 例読み手を説得すること。例多くの読み手に共感してもらうこと。

4 (1) 相手の様子や表情
(2) (順序なし) 意見の述べ方・言葉づかい

5 態度 ア× イ○ ウ○ エ×

てびき

1 文章の最初で、「インターネットは、私たちの生活に欠かせないコミュニケーションツールになってきました。」と述べています。

2 「SNSやブログ、掲示板など、さまざまな形で」と直前にあります。

3 (1) 直前の「このこと」は一つ前の段落を指しています。空らんの前後の言葉と対応する言葉を前の段落からさがします。

(2) ——②の後に「読み手を……」とあります。二つに分けて書くので、「たり」を使用しない形に直します。

4 (1) 四つ目の段落に注目しましょう。「相手の様子や表情が分かりません」とあります。

(2) 「相手が自分の前にいるとき以上に、意見の述べ方や言葉づかい、議論へ参加する態度について気をつける必要があります」とあります。

5 読み手の立場や考えを想像するのは大切ですが、それに合わせた、「自分の考えとは異なる意見」を述べる必要はないので、アは不正解です。インターネットの投稿では、対面で話すときよりも注意が必要ですが、それは「親しみをこめて意見を述べる」という意味ではないので、エも不正解です。イ・ウは文章中から読み取れます。

42・43ページ まとめのテスト

1 よさ

2 健康な体・(体に)無理のない

3 ア

4 イ

5 例けがをかかえて練習に取り組んでいる人に失礼な内容になっている点。

6 健康・勝利・見直す

7 (1) 科学的な根拠(にもとづいて行われるべきだ)。

(2) 水を飲まない・(適度な)水分をとる

8 ア

9 精神面・成長・価値

10 Fさんの投稿9…ア
Eさんの投稿10…エ
Dさんの投稿11…イ

11 ウ

てびき

2 Aさんは、投稿1の最初に自分の意見を示しているので、しっかりと読み取りましょう。

3 Bさんは、投稿2の最初に自分の意見を示しています。イの「努力」「練習に真剣に取り組むこと」や、ウの「自分の限界をこえること」は投稿内に出てくる言葉や表現ですが、それに価値があるといっているわけではないことに注意しましょう。「勝利を目指すことにスポーツの価値があると考える」のです。

4 Aさんはまず「スポーツをするいちばんの目的は、健康な体を作ること」だと述べ、次にそう思う理由を述べて、最後に再び「スポーツは、適度な運動量で楽しく行うことが大切だ」と述べています。Bさんも、「勝利を目指すことにスポーツの価値がある」とし、その理由を述べた後で、最後に「そのような経験を積むことが、スポーツの価値につながる」と再び意見を述べています。

5 投稿4でBさんは、「けがをかかえて練習に取り組んでいる人に失礼ではないだろうか」と述べています。

6 Dさんは投稿6で、大切なこととしている二つを両立させるにはやり方や指導を「見直す必要がある」と述べています。

7 Eさんの投稿7の意見をしっかり読み取ります。「今では運動中に適度な水分をとることはあたりまえになっているが、ひと昔前は、練習中に水を飲まないことが常識であった」という例を挙げ、スポーツの分野の研究は日々進歩しているので、科学的な根拠にもとづいた指導を行うべきだと述べています。

8 Bさんは、投稿8で宮本武蔵の「五輪書」を挙げて主張を述べています。

9 Fさんは、投稿9で「スポーツに取り組むことで自分の精神面もきたえられ、……仕事にもつながる成長を得られました。これがスポーツの価値なのだと思います。」と述べています。

10 Fさんは投稿9で「艱難汝を玉にす。」ということわざを、Eさんは投稿10で「野球による故障やけがの部位別の調査」の数値を、

Dさんは投稿11で実在の人物である佐々木洋かんとくの事例を挙げています。

11 Cさんは、投稿12で「すみませんでした」と謝っています。また、「みなさんの意見を聞いて、いろいろと考えさせられました。」と述べています。ただ、「技術や体力だけでなく、精神面や指導方法も大切」と述べています。Cさんはもともと「がんがん練習」をするという意見です。「技術や体力」は練習によるものなので、根本的な意見までは変わっていないことが分かります。

いま始まる新しいいま 心の動きを俳句で表そう

44・45ページ 基本のワーク

❶ ❶はいく ❷さが

❷ ❶俳句 ❷探

❸ 1 新しい

2 （きょう）知る・（きのうは）気がつかなかった

3 第一連…イ 第二連…ア 第三連…エ 第四連…ウ

4 ア

❹ 五・七・五・季語〈または季節を表す言葉〉

てびき

❸ 2 「きのう知らなかったことを／きょう知る喜び」「きのうは気がつかなかったけど／きょう見えてくるものがある」とあります。

4 この詩は四つの連に分かれています。一つ目から三つ目の連では、人間・自然・世界がいつも新しいということを表しています。そして、最後の連で「いつも いつも／新しいいのちを生きよう」としています。

❹ 俳句の十七音の音数と、短歌の三十一音の音数をまちがえないで覚えましょう。また、俳句は季節感を表す季語を入れて作るのが原則ですが、短歌は必ず季語を入れなくてはならないというわけではありません。

話し合って考えを深めよう 漢字を使おう4／場面に応じた言葉づかい

46・47ページ 基本のワーク

❶ ❶かぶ ❷かんばん ❸はっけん ❹ぎょくざ ❺とくほん

❷ ❶沿 ❷届 ❸盛 ❹専門

❸ 1 ア

2 ❶気持ち ❷写真

3 例読む人のことを考えてていねいに書いた字なら、気持ちは相手に伝わる。

❹ イ

てびき

❸ 1 実際に自分が祖母からもらった手紙を例に出して、意見に説得力をもたせるくふうをしています。

2 司会は直後で「それぞれの理由を確認しましょう。」と、手紙と電子メールそれぞれのよさについてまとめています。

3 原田さんは、中村さんの意見に対して「確かに」と同意してから、自分の考えを述べています。原田さんの答えから、その考えを読み取り、まとめましょう。

❹ 先生は目上の人なので、先生の動作には尊敬語を使います。

模型のまち／漢字を使おう5 言葉相談室 その修飾は、どこにかかるの？

48・49ページ 基本のワーク

❶ ❶もけい ❷たんじゅん ❸てんきん ❹てっこつ ❺ちそう ❻こうふん ❼せんとう ❽てっこう ❾ひはん ❿そうさ ⓫み ⓬むつき ⓭む ⓮や ⓯といろ

❷ ❶潮 ❷棒 ❸穴 ❹延

❸ ❶増減 ❷山脈

❹ ねこは、必死ににげるねずみを追いかけた。

❺ ❶イ ❷ア ❸ア ❹ウ ❺ア ❻イ ❼ウ ❽イ

内容をつかもう!
(右から順に) 2→3→4→1

てびき

❹「ねこは」の後に読点(、)を入れると、「必死に」が「にげる」を修飾することが分かりやすくなります。

50・51ページ 練習のワーク❶

1 イ
2 原爆ドーム
3 ウ
4 森・平和
5 例原子爆弾が落とされたときに、ふつうの家などが燃えずにすんでよかったということ。〈または原子爆弾が落とされたのが、家がない公園でよかったということ。〉
6 例がっかりした
7 ア

てびき

1 世界遺産にも登録されている有名な原爆ドーム「ぐらいは」「さすがに」知っていた、という表現からは、有名ではない他のものは知らないという亮の様子が分かります。
2 亮にとって「原爆ドーム」は、この時点では「自分には関係のない、こわれかけた昔の建物にすぎなかった」のです。
3 亮は転校生です。「転校生にとっては全てが一からだ」とあるように、「昔の出来事より、新しい学校生活」のことで、頭の中は「いっぱいだった」のです。
4 亮は学校から家に帰る近道を歩いていて、「ここはまるで森だ」と感じたのです。そして、公園のふんいきを平和だと感じて「ぴったりのネーミング」だと思ったのです。
5 直後の「ふつうの家とか、あるとこじゃなくて。」と、続く「木はそのとき燃えちゃったから」に着目します。亮は、原子爆弾が落とされたときに「ふつうの家」があったとしたら、木のように燃えてしまっただろうから、家がなくてよかったと思ったのです。
6 「ため息」は、がっかりしたりほっとしたりしたときに出ます。真由は平和公園について亮が話すのを聞いて、亮が平和公園のことをなんにも知らないということに気づいて、がっかりしたのです。
7 亮の、真由に対する評価である「親切、別名、おせっかい。」や「まあいい感じだ」に着目します。『鳥にふんされるよ』「あれこれ教えてくれた」「亮に歩調を合わせる」などからも、真由が親切な人物であることが読み取れます。

52・53ページ 練習のワーク❷

1 土曜日・おもしろい
2 圭太の、人差し指にぐるぐると包帯を巻いた左手。
3 (1) 工作作業室
(2) イ
4 例圭太が、真由と同じように強引だから。〈または圭太と真由の強引なところがそっくりだから。〉
5 (亮は)思わず身を乗り出す(。)
6 ア
7 ウ

てびき

1 直後の真由の会話文から読み取りましょう。
2 真由の「どうしたの」という問いかけに対し、圭太は「カッターで指を切っただけ。」と答えています。これを手がかりに答えましょう。
3 (2) 圭太は、「まだ、半分ぐらいしか家ができていない。だから、二人も家作りだ。」と言っています。
4 圭太は、真由と「全然似ていない」顔ですが、真由と同じように強引です。きょうだいの似ている部分にふれて、亮は「思わず」笑ってしまったのです。
5 圭太が「あるまちの模型」と言った直後に、それに対する亮の反応が書かれています。
6 「見開く」は大きく開くという意味で、「目を見開く」でおどろいている様子を表します。亮は、「こしの高さぐらいの台にのった巨大な白いボード」を見てびっくりしました。また、「見開いたまま」とあるので、おどろいた様子のままでいることが分かります。それほど模型にひきつけられているのです。
7 真由は工作室に入ってすぐ「これって、もしかして?」と見当をつけています。さらに圭太の説明を聞き、真由は「すぐにわかった」と言っています。真由が「あの」と言っていることにも注目しましょう。圭太が作っているのは、真由たちが知っている「今の」広島のまちではなく、原子爆弾が落とされる前の、昔の広島のまちなのです。

54・55ページ 練習のワーク❸

1 ひいじいちゃん
2 イ
3 原子爆弾・例こわされて
4 例原子爆弾のことを知らない
5 イ
6 ア
7 例平和公園は、初めから公園ではなく、さまざまな店があり、さまざまな人たちがいたまちだったということ。

てびき

1 亮は、とつぜん「ひいじいちゃんの家」という真由の言葉を聞いて、おどろいたのです。「平和公園は、初めから公園なんかじゃなかった。」とあわせて、亮の気持ちを理解しましょう。

2 圭太は「指をぴんと立てた」直後に、ひいじいちゃんの家について話しています。つまり、圭太の動作は、これから大切な話をするということを意味していたのです。

3 直前の圭太の説明に注目します。ひいじいちゃんは、「子どものころ」「ここに住んでいた」「原子爆弾でやられるまで」のです。

4 『なあんにも知らないんだ。』は、「あのときの声」であり、真由が今言ったものではありません。以前真由に言われた言葉が耳もとでよみがえるくらい、自分が「なあんにも知らない」ということを強く実感したのです。

5 「平和公園の地図の上に」「昔の地図を重ねて、今と昔のちがいを確認することで、もとのまちがどのように変化して平和公園になったのかを理解するのです。

6 「二次元から三次元へ」とは、平面の地図や写真などから立体の模型になるということです。「焼ける前のまちの写真がこれ。」「あの日郊外にいて生き残った住人から話を聞いて、当時の戸別詳細地図やCGができた。」「この模型は、そういう資料を基にして作っている。」に注目して、まちの模型がどういう流れによってできるのかをとらえます。

7 直前の「公園じゃなくて、まち。」や、15行目の「平和公園は、初めから公園なんかじゃなかった。」に注目しましょう。亮は、今の公園の前は、さまざまな人が住んでいたまちだったことを理解したのです。

56・57ページ まとめのテスト

1

1 資料館・地層調査
2 被爆当時のまちの層
3 ア
4 亮をじっと見つめるひとみ(のよう)
5 例被爆したときの熱によってとけてしまったから。〈または原子爆弾によって燃やされたから。〉
6 ア

2

❶ 私は笑いながら、走る友人を見ていた。
❷ 私は、笑いながら走る友人を見ていた。

1 てびき

1 「資料館の耐震工事のために、周りの地面をほって地層調査をした」とあるので、ここからほり下げた理由を読み取ります。

2 圭太が「被爆当時のまちの層」を「ほら、あそこ。」と指差しています。

3 亮は「古い土のにおい」や「ねむっていたまちの断片が、足もとに広がる」のを感じています。つまり、亮は過去のまちの様子をありありと感じ始めているのです。

4 「亮をじっと見つめるひとみ」は、ビー玉を人間の目にたとえて表現しています。こう表現することで、亮がビー玉に見つめられているように感じていることが分かります。

5 ビー玉は、「被爆当時のまちの層」からの出土品です。被爆、つまり原子爆弾によって爆撃を受けたので、ビー玉は熱によってとけてしまい、変形したのです。

6 「あの玉で遊んだかっちゃんたちは、確かにここにいた」に注目します。あの日、広島のまちで確かに生きていた子どもたちは、原子爆弾が落とされたことによって死んでしまったということを読み取りましょう。

2 ❶「私は笑いながら、」とすれば、「私」が笑うというところで意味がまとまるので、笑っているのは「私」になります。

❷「私は、笑いながら走る友人を」とすれば、「私」と「笑いながら」との意味のつながりが切れるので、笑っているのは「友人」になります。

「永遠のごみ」プラスチック 情報のとびら 情報の信頼性と著作権

58・59ページ 基本のワーク

❶ ❶こま ❷かいしゅう ❸す ❹ほうそう ❺しげん ❻ほうりつ ❼したが ❽ず ❾ちょさくけん

❷ ❶回収 ❷資源 ❸著作権

❸ ア× イ○ ウ○ エ×

❹ ❶ア ❷イ ❸ア ❹ウ ❺ア ❻イ ❼ア ❽ウ

内容をつかもう！

・ウ

・エ・ア・イ

てびき

❸ 個人のSNS(エスエヌエス)は客観的な情報であるとは限らないので、アのように「参考にするとよい」とはいえません。また、文章を引用するときは、そのまま書き写す必要があります。エのように「元の文章を変えて」引用してはいけません。

60・61ページ 練習のワーク❶

1 (1)（順序なし）

・ボールペン

・消しゴム

・（店で買う肉や魚がのった白い）トレー

・（包んでいる）ラップフィルム

(2)（順序なし）じょうぶ・衛生的

2 プラスチックごみ・生き物の体・えさ

3 例プラスチックごみが、地球の環境や生き物たちに悪いえいきょうをおよぼすこと。

4 イ

5 例（海中の）レジぶくろ

6 ア

7 ウ

てびき

1 (2)「安くてじょうぶ、そして衛生的なこれらのプラスチック」という部分に注目しましょう。

2 直後から、「困った問題」の説明が書かれています。ごみになったプラスチックが海に流れこむと、「生き物の体に巻きついたり、えさとまちがえて食べられたり」するのです。第六段落は、このことの具体例が書かれています。

3 「それ」が指す前の部分に注目しましょう。何を防ぐのかは、「プラスチックごみは、地球の環境(かん)や生き物たちに悪いえいきょうをおよぼしています。」から読み取ります。

4 「大型ダンプトラックで二千台分」と具体的に表すことで、「八百万トン」というプラスチックごみの多さが具体的に伝わります。

5 「海中のレジぶくろはクラゲに似ている」ので、ふだんクラゲをえさとしているウミガメが、まちがえて食べてしまうのです。

6 小魚がえさのプランクトンとまちがえてマイクロプラスチックを食べます。その小魚をもっと大きな魚が食べ、それをさらに大きな魚やクジラなどの動物が食べるので、海の生き物全体の体にマイクロプラスチックが取りこまれていくのです。

7 アのような研究が進んでいるとは書かれていません。イは「小さな魚にはえいきょうをあたえない」という部分が不正解です。ウはプラスチックごみがあたえるえいきょうの説明に合っています。

62・63ページ 練習のワーク❷

1 (1) 例プラスチックごみの量を減らし、環境の悪化を防ぐための法律。

(2) 有料

(3) ア

2 例プラスチックごみをきちんと回収し、それを原料として新しいプラスチックの製品に作りかえること。

3 イ
4 不必要（むだ）・くり返し使う
5 例プラスチックを全く使わずに生活すること。
6 便利に使う・よごさない

てびき

1 (1) 「プラスチックごみの量を減らし、環境の悪化を防ぐため」に注目しましょう。「ため」の前が、法律を作った目的です。
(3) 筆者は、国の取り組みについて「もちろん大切」だと述べた後、それだけでは「だいじょうぶというわけではありません」と述べています。
2 直前の「これを」が指し示す、さらに前の内容を読み取りましょう。
3 「これではリサイクルが進みません」の「これ」とは、私たちがプラスチックごみと生ごみなどを「分けるのはめんどうだから」といっしょに捨ててしまうことを指します。リサイクルを進めるためには、国に任せておくのではなく、私たちもごみを分ける努力をしなければならないと、筆者は述べています。
4 直後にごみの量を減らすための、筆者の提案が示されています。
5 直前の「プラスチックを全く使わない生活」について、筆者は「これからもおそらくできないでしょう」と述べています。
6 「これまで私たちは、プラスチックを作って便利に使うことをいちばんに考えてきました。」 ←

「これからは、地球の環境をよごさないプラスチックの使い方や捨て方を、大人も子供もみんなで考え、行動に移しましょう。」「プラスチックごみでよごれきった地球を、これから生まれてくるみなさんの子供や孫の世代に残すことがないように。」という流れをとらえましょう。

64・65ページ まとめのテスト

1
1 例プラスチックが自然の中では分解されないという問題。
2 ❶水 ❷二酸化炭素 ❸マイクロプラスチック ❹リサイクル

2
1 (1) 余りのかわ・有効利用（再利用）
(2) 捨てられる漁網を再生した・生地
2 例かばんを買いに来る人の、環境のことを考えた商品や長く使える商品を買いたいという声。

3
複数・多面的

てびき

1
1 「プラスチックが自然の中で分解されない」、「その問題を解決するため」という流れを読み取ります。
2 第一～三段落の内容を整理して、「生分解性プラスチック」の良い点と問題点をとらえましょう。「しかし」の前で良い点を、後で問題点を述べているという構成をおさえます。

2
1 「もともと」の取り組みと、現在注目されている取り組みとをしっかり区別してとらえましょう。もともと資源の有効利用に取り組んでいたので、「捨てられる漁網を再生した素材から作られる生地があること」を知り、「その生地を使ったかばん作りに取り組むことになった」のです。
2 「環境に配慮した商品や、できるだけ長く使えるものを買いたい」という「お客さん」の意識に注目しましょう。

3
一つだけのメディアから情報を得ると、それは信頼性の低い情報になります。

発信しよう、私たちのSDGs ほか

66・67ページ 基本のワーク

❶ ❶いっさつ
❷ ❶一冊
❸ ❶情報 ❷導入 ❸興味 ❹明確
❹
1 持続・十七
2 ア× イ○ ウ○ エ× オ○
❺
1 ウ
2 例秋の美しさに耐えかねるから。
3 イ
❻
1 ウ
2 ③

てびき

❹ 1 SDGs（エスディージーズ）は、二〇一五年に国連で採択された、世界中の人々が目指す目標です。持続可能な社会をつくるため、人権や福祉、環境など、さまざまなテーマに関わる十七の目標が定められています。

2 集めた情報は、相手や目的に応じて、どれを使うかを吟味しなければなりません。よって、アは「どんな相手にでも、同じ情報を用いて」という部分が不正解です。また、集めた情報は、必要に応じて図表と結び付けたりイラストをのせたりして、相手に分かりやすいようにするとよいでしょう。よって、「図表などと結び付けない」とするエも不正解です。

❺ 2 直前の「秋の美しさに耐へかね」に注目します。「耐へかね」は、がまんできなくなるという意味です。「秋の美しさ」にがまんできなくなり、琴も鳴り出すだろうと作者は考えています。

3 「耐へかね」「鳴りいだす」など、琴を人間のようにたとえています。

❻ 1 「みなさんは、運動場で遊ぶのは好きですか。」「なぜだと思いますか。」など、聞き手に呼びかける言葉が使われています。聞き手を意識して呼びかけたり問いかけたりすることで、聞き手の興味を引きやすくなります。

2 資料を確認すると、低学年と高学年のそれぞれの好きな遊びのアンケートであることが分かります。低学年の一位の大なわとびと二位のかくれんぼ、高学年の二位のかくれんぼと三位の大なわとびが重なっています。ここから、資料を見せるタイミングは、「低学年、高学年がそれぞれ好きな遊びは何でしょうか」という問いかけの後であり、「かくれんぼや大なわとび」の前である③が正しいと分かります。

漢字を使おう6 複合語

68・69ページ 基本のワーク

❶ ①ふくぶ ②じゅうだん ③おさ ④ひみつ ⑤はせい ⑥げんせん ⑦ほうもん ⑧きぬいと（けんし） ⑨のぞ ⑩たくはい ⑪じょうき ⑫せいか

❷ ①縦断 ②納 ③派生 ④聖火

❸ ①故障 ②検査 ③新型 ④構造

❹ ①歩く（と）回る ②読む（と）終わる

❺ ①ア ②オ ③イ ④ウ ⑤カ ⑥エ

❻ ①伝統芸能 ②コンサートホール ③走り回る ④消しゴム ⑤安売り ⑥長ぐつ（長くつ）

❼ ①教科書 ②特急 ③パトカー ④デジカメ ⑤パソコン

てびき

❹ 複合語は、言葉の一部を変化させたり、言葉の一部を省略したりしてできているものが多いです。「元の言葉」を書くときは、①は「歩き」ではなく「歩く」と、②は「読み」ではなく「読む」と書く必要があります。

❺ ⑥「花火」は「花」も「火」も訓読みなので、和語です。

❻ ③「走る」と「回る」を組み合わせるときに「走る回る」とは言いません。「走り回る」のように、言葉の一部を変化させます。⑤「安い」と「売る」を組み合わせて「安売り」となるように、言葉の一部を省略する場合もあります。

❼ ①「教科用図書」→「教科書」、②「特別急行」→「特急」のように、言葉の始めと中間をとって短く縮めるもののほか、「コンビニエンスストア」→「コンビニ」や「携帯電話」→「携帯」など、言葉の始めだけを残して縮めるものもあります。

海のいのち

70・71ページ 基本のワーク

❶ ①ばり ②ほうせき ③はいいろ ④ゆう

❷ ①針 ②宝石 ③灰色 ④優

❸ ①なかなか ②もちろん ③とうとう ④ずいぶん

❹ ❶ア ❷イ ❸ウ ❹イ ❺イ ❻ア
❼イ ❽ウ ❾ア

内容をつかもう！

✪（順に）1→4→3→2

72・73ページ 練習のワーク❶

1 太一の父・漁師

2 ウ

3 （「千びきに一ぴきでいいんだ。）千びきいるうち一ぴきをつれば、ずっとこの海で生きていけるよ。（」）

4 与吉じいさは、毎日タイを二十ぴきとると、もう道具をかたづけた。

5 村一番の漁師

6 例与吉じいさが死んだこと。

7 例海に帰った

8 ア

てびき

1 「与吉（よきち）じいさは、太一（たいち）の父が死んだ瀬（せ）に、毎日一本づりに行っている漁師だった。」とあります。

2 13行目から20行目までに注目しましょう。与吉じいさは、太一になかなかつり糸をにぎらせないで、独り言のように、漁師としての生き方について語ってくれました。

3・4 魚を一度にたくさんとってしまうと、海に魚がいなくなって、やがて魚がとれなくなってしまいます。千びきのうち一ぴきだけをとるようにすれば、魚の数はほとんど変わらないので、ずっとこの海でくらしていけるということです。与吉じいさは、その言葉どおり、必要以上の魚はとりませんでした。

5 30～31行目の与吉じいさの発言に注目しましょう。「自分では気づかないだろうが、おまえは村一番の漁師だよ。」とあります。

6 真夏の暑さにもかかわらず、毛布をのどまでかけている姿に、太一は与吉じいさの死をさとりました。そこで、感謝の言葉を述べ、両手を合わせたのです。

7 42行目に「父がそうであったように、与吉じいさも海に帰っていったのだ。」とあります。与吉じいさが死んだことを、「海に帰った」ととらえています。

8 太一の「おかげさまでぼくも海で生きられます。」という言葉に注目しましょう。

74・75ページ 練習のワーク❷

1 差しこんだ光・かがやきながら

2 (1) 例父が死んだ海。
(2) ア

3 ひとみ・歯・くちびる・百五十キロ

4 水面・同じ場所にいた〈または動かなかった。〉

5 例村一番のもぐり漁師だった父を破った瀬の主をしとめること。

6 興奮していながら、太一は冷静だった。

7 ウ

てびき

2 (1) 前の段落に、「太一（たいち）は、父が死んだ辺りの瀬（せ）に船を進めた」とあります。
(2) 「とうとう」は、ここでは「やっと。ようやく」と同じような意味で、物事が長い時間をかけて実現したことを表しています。

3 「ひとみは黒い真珠（じゅ）のよう」、「刃（は）物のような歯が並んだ」、「灰色のくちびるは、ふくらんでいて大きい」、「百五十キロは優にこえているだろう」とあります。

5 太一の追い求めてきた夢が何であるかは、この後の文章から読み取ります。太一は、「自分の追い求めてきたまぼろしの魚、村一番のもぐり漁師だった父を破った瀬の主」に会いたいと思っていました。その目的は、「鼻づらに向かってもりをつき出す」行動から、その魚と対決し、しとめるためだと分かります。

6 「興奮」と「冷静」という相反する二つの感情をいだいていることをおさえます。

7 「永遠にここにいられる」ということは、瀬の主であるクエを殺さないで、ずっといっしょにいられるということです。太一は、もりをつき出しても全く動こうとしないクエが、しだいにしとめるべき敵ではないように思えてきたのです。

76・77ページ 練習のワーク❸

1 息を吸うため。

2 （順序なし）
・ひとみは黒い真珠のようだった。
・刃物のような歯が並んだ灰色のくちびるは、ふくらんでいて大きい。
・岩そのものが魚のようだった。

3 （順序なし）興奮・冷静

4 自分の追い求めてきたまぼろしの魚、村一番のもぐり漁師だった父を破った瀬の主（なのかもしれない）。

5 (1) ウ
(2) 永遠

6 おだやかな目（。）

7 例魚が自分に殺されたがっているのだと思う感情。〈または魚を殺したくないという感情。〉

8 ウ

9 イ

てびき

1 「息を吸ってもどると」とあります。

2 「〜のようだ（ような）」という、たとえの表現に注目しましょう。

3 第二段落の初めに「興奮していながら、太一は冷静だった。」とあります。

4 14行目に「これが自分の追い求めてきたまぼろしの魚、村一番のもぐり漁師だった父を破った瀬の主なのかもしれない。」とあります。

5 (1) 「太一は鼻づらに向かってもりをつき出すのだが、クエは動こうとはしない。」とあります。

(2) 「太一は、永遠にここにいられるような気さえした。」とあります。

7 「この大魚は自分に殺されたがっているのだと太一は思った」とあります。また、「太一は瀬の主を殺さないですんだ」とあることから、太一が大魚を殺したくないと思っていることも分かります。

8 太一は、父のかたきである瀬の主を殺そうとしましたが、クエが全く動こうとしないため、殺すことがためらわれて、泣きそうになっていました。その後、「おとう、ここにおられたのですか。また会いに来ますから。」という言葉から分かるように、クエを父のように思うことで、殺さないですんだのです。

9 クエを、海で死んだ父に重ねていることから、このクエを海で生きるもの全ての象徴ととらえていると考えられます。

78・79ページ まとめのテスト

1 青い目

2 ・例水が動く（のが分かった）
・見えない

3 ・（クエは）動こうとはしない
・（瀬の主は）全く動こうとはせずに太一を見ていた

4 本当の一人前の漁師にはなれない・魚をとる〈または魚を殺す〉

5 例クエをとることをやめたから。〈またはクエを殺さないことにしたから。〉

6 (1) 水の中で太一はふっとほほえみ、口から銀のあぶくを出した。
(2) 例クエは、死んだ父だと考えたから。〈またはクエをこの海のいのちだと考えたから。〉

7 イ

てびき

1 「同じ所に同じ青い目がある」とあります。この「青い目」は太一が向き合っている大魚の目です。

3 「太一は鼻づらに向かってもりをつき出すのだが、クエは動こうとはしない。」「もう一度もどってきても、瀬の主は全く動こうとはせずに太一を見ていた。」とあります。

4 本当の一人前の漁師になるために、この魚をとらなければいけないという気持ちと、瀬の主の命をうばうのは気がひけるという気持ちの板ばさみになり、太一は泣きそうになったのです。

5 もりの刃先を足の方にどけると、魚はとれないことから、太一の考えを読み取ります。

6 (2) 直前に「こう思うことによって」とあります。「こう思う」とは、その前の太一の言葉から分かるように、クエを父だと思うことを指しています。

7 この「海のいのち」という言葉には、海にいる魚もみないのちを持っていること、人と同じように魚のいのちも大切にしなければいけないことが表されています。

漢字を使おう7 言葉相談室 似た意味の言葉の使い分け ほか

80・81ページ 基本のワーク

1 ❶みだ ❷そ ❸あず ❹しりぞ ❺いっすん ❻い ❼じしゃく

2 ❶乱 ❷染 ❸預 ❹磁石

3 ❶許可 ❷禁止

4 ❶れいぎ正しい ❷意志が強い

5 ❶ア ❷イ ❸イ

6 例アは仕事が早く終わったことが残念だという意味をふくんでいて、イは仕事が早く終わったことがよかったという意味をふくんでいる。

7 1 ア・イ・ウ・エ
2 ドイツ文学

てびき

4 ❶「他人ぎょうぎ」とは、他人に対するようによそよそしいふるまいという意味です。よい意味の言葉だと、態度がきちんとしているという意味の「れいぎ正しい」と言いかえることができます。❷「がんこ」は、自分の考えを変えようとしないことです。よい意味の言葉にすると、「意志が強い」になります。

5 ❶イ「おせっかい」は、「余計な世話をする」という意味なので、「感謝している」人に対しては使われません。❷ア「いいかげん」には、「おおざっぱ」という意味がふくまれることがあります。イ「大らか」とは、「心がゆったりしている」、という意味です。よいところをしょうかいするので、イを選びます。❸イ「～でいい」には、ほかによりよいものがある、という意図がふくまれます。ア「～がいい」は、他の何でもなく、それがよいという意図がふくまれます。

6 「～せいで」も「～おかげで」も「～が原因で」という意味ですが、「～せいで」は悪い結果になったときに、「～おかげで」はよい結果になったときに使われます。

7 1 オ「大切にしたい一文」、カ「選んだ理由・この本を読んで考えたことなど」は、自分の個人的な情報なので、同じ本を探すときには役立ちません。

2 NDC（日本十進分類法）は、図書を内容によって分類したもので、日本の図書館で広く使われている分類法です。

漢字を使おう8 季節の足音――冬

82・83ページ 基本のワーク

1 ❶てんのう ❷こうごう ❸へいか ❹せいとう ❺ないかく ❻しょうちょう ❼さいばんしょ ❽けんぽう ❾じこ ❿よくあさ（よくちょう） ⓫さんちょう ⓬いた

2 ❶政党 ❷裁判 ❸憲法 ❹自己

3 ❶規則 ❷清潔

4 1 イ
2 ア
3 ア

5 ウ

てびき

4 1 川がとどける手紙というのは、川に落ちてきた何かのことです。「はなびらの手紙」「落葉の手紙」は、それぞれ川に落ちてきた「はなびら」と「落葉」ですね。川は流れているので、川の水面に落ちた「はなびら」も「落葉」も流れていったのです。そのことを「おくりとどけた」と表しています。

2 「はなびらの手紙も／落葉の手紙も／おくりとどけたあと」川は、自分がしたことを思いかえしているのです。「そっと思いかえしている」の「そっと」に注目し、静かに思い出している様子を読み取りましょう。

3 1でとらえたように、「粉雪の手紙」は川に落ちてきた粉雪のことです。「まいにち まいにち」受け取っているので、アが正解です。イのように「粉雪にまみれた手紙」ではないです。

5 卒業式の日の空がピアノに映った情景をよんだ俳句です。晴れやかな思いが読み取れます。

古典芸能への招待状 言葉の移り変わり

84・85ページ 基本のワーク

❶ ①えんげき ②えんそう ③はっき ④かんしゅう ⑤しょう
❷ ①演劇 ②演奏 ③発揮 ④観衆 ⑤承
❸ 1 例主に体で表現する芸術。
2 ・（順序なし）大漁・豊作
・（順序なし）喜び・悲しみ
3 イ
4 例個性的な新作が作られるなど、地元の文化として定着する動き。
❹ (1) パジャマ (2) キッチン
(3) スプーン (4) ノート
(5) ティッシュ

てびき

❸ 1 「……する芸術のことを、芸能といいます」とあるので、直前をおさえるとよいでしょう。

3 「いくつかの芸能は時代をこえて受けつがれ、今なお多くの人に親しまれています」と述べられています。また、「地域の子供たちが参加して伝統を受けついでいるものもあります」とあることから、ウは当てはまりません。

4 「近年では……」以降の部分を読み取ってまとめましょう。

86・87ページ まとめのテスト

1
1 能…エ
狂言…ア
2 はでなかっこう・劇作家・複雑なストーリーの物語
3 イ
4 例観衆を喜ばせるため、新しい試みに挑戦しようとする歌舞伎の精神が、今も生きていること。

2
1 （順序なし）なむ・いと
2 かわいらしい（様子で）

てびき

1 1 能は第一段落を、狂言は第二・三段落をしっかりと読み取りましょう。

2 歌舞伎の説明は、第四・五段落に書かれています。はでなかっこうやおどりを見せる→複雑なストーリーの物語、という変化をしっかりとおさえましょう。また、複雑なストーリーの物語が演じられるようになったきっかけもいっしょにとらえましょう。「すぐれた劇作家」が多く現れたことです。

3 「火をつける」とは、物事のきっかけになるという意味です。「複雑なストーリーの物語」や「きばつな演出」が、歌舞伎がさらに人気になるきっかけとなったということです。

4 歌舞伎は、複雑なストーリーの物語を演じたり、きばつな演出をしたりするだけでなく、「話題になっている事件や流行」も取り入れてきました。これらは全て、「観衆を喜ばせるため、新しい試みに挑戦しようとする歌舞伎の精神」だといえます。「人気の漫画やアニメーション作品を題材とした新作の歌舞伎」も、この精神が生きているから生まれたものだと述べられています。

2 1 「なむ」は、直前の言葉を強調する言葉です。「いと」は、「とても。たいそう」という意味です。どちらも、今では使われなくなった言葉です。

2 「うつくし」は、ここでは、「かわいらしい」という意味で使われています。現代語の「うつくしい」にはない意味なので、注意しましょう。

宇宙への思い 漢字を使おう9

88・89ページ 基本のワーク

❶ ①しょうらい ②ひてい ③みと ④そんちょう ⑤なん ⑥われわれ ⑦きちょう ⑧しょせつ ⑨おやこうこう ⑩かん ⑪ばん ⑫まく ⑬た
❷ ①貴重 ②幕 ③垂
❸ ①成績 ②得意 ③経験
❹ ア○ イ○ ウ×
❺ ①ウ ②ア ③イ ④ウ ⑤イ ⑥ア ⑦イ ⑧ア

内容をつかもう！

1 ①イ　②ウ　③ア

2 ア・イ

てびき

4 情報を探す際には、情報の信頼性を確かめることが大切です。インターネットには誤った情報や主観的な情報がのっている場合があるので、しっかりと本や新聞などの情報と比べ、信頼性を確かめる必要があります。よって、アは○です。事実と考えを混ぜて人に伝えると誤解を招く可能性があります。事実と考えはしっかりと区別して情報を伝える必要があります。イは○です。集めた情報は、相手に分かりやすいように伝える必要があります。図やグラフを活用すると分かりやすくなります。ウは×です。

90・91ページ 練習のワーク❶

1 （順序なし）天文学者・宇宙飛行士

2 例オゾン層の破壊。

3 生き延びられる・真剣

4 イ・ウ

5 尊重し合う文化

6 例自分たちが作ったピラミッドを、未来の人々が宇宙からながめること。

7 立場や考えのちがう人・仲間

8 例どんな問題でもみんなで力を合わせて解決すること。

てびき

1 直後の「小学校三、四年生のころには、将来は天文学者か宇宙飛行士になると決めるようになりました」に注目します。

2 直後に「オゾン層破壊の問題などもさかんに報じられていました」とあります。

3 「私」は「小学校の卒業文集」に、「将来は人類を連れて火星に移住する」と書いています。宇宙に興味があった「私」は、オゾン層破壊の問題などがさかんに報じられる中で、地球の未来に危機感をもち、人類が生き延びられる方法を真剣に考えていたのです。

4 ――④のある段落で、ISSに関する説明が述べられています。「言語も文化も歴史も異なる多くの国の宇宙飛行士が集まるISSでは、それぞれのちがいを否定せず、いいところを認め合います」とあります。その具体例として、ウの「相手の国の言葉で話しかけ合う」様子が書かれています。アの「自分の国をまっさきに理解してほしい」は、それぞれのいいところを認め合うためのものとはいえず、本文にも書かれていないので、不正解です。

5 ISSの中での宇宙飛行士たちの過ごし方に注目します。ISSの中で、それぞれのちがいを否定せず、いいところを認め合う過ごし方をしてきた「私」（筆者）たちは、地上でもISSの中で過ごしたようにすれば、「いろいろな問題はどんどん解決して、地球はもっと住みやすくなるのではないか」と考えたのです。

6 直後の「だれかが宇宙からそれをながめる未来など、想像もしなかったことでしょう」という部分に注目しましょう。ここでの「それ」とは、直前の「宇宙からエジプトのピラミッドを見たとき」にある「ピラミッド」のことです。解答するときは、「それ」が指し示しているものを明らかにして、「ピラミッド」と置きかえて書きましょう。

7 大きなことを成しとげるためには、「仲間をたくさん作ることが必要」であり、それは「立場や考えのちがう人を、どれだけ理解できるか」にかかっていると述べています。

8 最後の段落の「どんな問題でも、みんなで力を合わせて解決することができれば、地球と人類の未来は明るいと信じています。」に注目します。

92・93ページ 練習のワーク❷

1 (1) 標準食　(2) ボーナス食

2 (1) ストレス・効率　(2) 例食品を作るさまざまな会社。　(3) いずれも、おいしいと評判で、宇宙日本食を食べた海外の宇宙飛行士からも人気があると聞いています。

3 宇宙にいる間・食中毒

4 例宇宙は、重力がほとんどない環境なので、液体や粉末が飛び散るとかた付けるのが大変だから。

5 ア○　イ×　ウ○　エ○

6 ウ

7 ウ

てびき

1 (1)・(2) ——①の後から、「いくつかの種類」がある宇宙食についての説明が始まることに注目しましょう。「どこの国の宇宙飛行士も食べる『標準食』」から(1)の答えが、「各国の宇宙飛行士それぞれの好みの宇宙食を食べることもできます。これを『ボーナス食』といいます。」から(2)の答えが分かります。

2 (1) 第二段落の一文目が、設問に対応する「～ことを目的としています。」という文末表現になっていることに注目しましょう。宇宙日本食は、「日本の味」を楽しんでもらうことによって、宇宙飛行士たちの「精神的なストレスをやわらげ、仕事の効率を維持し向上させる」ことを目的としているのです。

(3) 宇宙日本食の評判が書かれた部分を文章中から探すと、「おいしいと評判」「海外の宇宙飛行士からも人気がある」とあります。これらをふくむ一文を書きぬきましょう。

3 直前の「宇宙にいる間にとるため」「絶対に食中毒にならないよう」という部分に着目しましょう。

4 直前に「宇宙は地上とちがい重力がほとんどない」とあります。重力のない宇宙では、液体や粉末が飛び散ると空中にうかんだままになってしまいます。だから、宇宙食が飛び散らないくふうが必要なのです。

5 「宇宙食は、これらの厳しい条件を満たさなければならない」とあります。「これ」が指し示す内容は前にあることが多いので、前を読み取り、三つの条件をおさえましょう。宇宙日本食の説明に、海外の宇宙飛行士からも人気であるとは書かれていますが、このことは、必要な条件というわけではありません。

6 「災害時に備えておく食品には、長期間、常温での保存にたえられることが求められます」に注目します。これは、直前の段落にある「常温で保存できて、少なくとも一年半の賞味期限があることが必要」という宇宙食の条件と似ています。災害食の条件と宇宙食の条件が似ているので、宇宙食の開発は、災害食の開発にも役立つのです。

7 最後の部分の「今後は、宇宙食と災害食の両方を開発していける仕組みを、もっと取り入れていきたいと考えています。」に、筆者の考えが述べられています。

94・95ページ　まとめのテスト

1 ウ

2 (1) (小惑星) イトカワ
(2) はやぶさ2
(3) ウ

3 例活動するためのエネルギー源や、親から子へと受けつがれる遺伝子は、全て有機物でできているから。

4 (順に) 2→3→1

5 例惑星にならず、四十六億年前の姿のまま太陽系に残り続けた微惑星の一部。

6 誕生したばかり・(大量に) 降り注いだ・「生命のもと」をもたらした可能性が高い (のではないか)

てびき

1 ——①の後の二文目にある「その答えを見つけるためのヒントが、リュウグウにかくされている」に注目しましょう。リュウグウの石や砂を研究すること＝「その答え」の「ヒント」を見つけること、だと分かります。「その答え」は、直前の「我々生命は、どのようにして生まれたのか。」を指し示しています。よって、正解はウです。

2 (1)～(3) 次の流れをしっかりとおさえます。

・はやぶさ→小惑星イトカワへ
　砂のつぶを持ち帰る
　⇔しかし
　水や有機物はふくまれていなかった
　←そこで
・はやぶさ2→小惑星リュウグウへ

イトカワの次は、「地上からの観測によって、水や有機物がふくまれていることが推測された小惑星リュウグウが、次の探査対象として選ばれることになった」と述べられています。

4

3 ――③の直前に「つまり」とあるので、――③は前の内容を言いかえたものだと分かります。前を確認すると、「そもそも水や有機物は、……全て有機物でできています。」と、水や有機物の説明が書かれています。

4 ――④をふくむ段落から順番をとらえましょう。四十六億年前、「有機物をふくむちりがくっつき合うことによって、微惑星ができ」→「微惑星が合体と衝突をくり返すことによって地球などの惑星が作られ」→「太陽系が生まれた」と説明されています。

5 微惑星の一部は、惑星にはならずに「四十六億年前の姿のまま」太陽系に残り続けました。これらの微惑星が、「小惑星」と呼ばれるようになったのです。

6 直前の内容から小惑星と地球の関係を読み取ります。水や有機物をふくむ小惑星が大量に降り注いだことで、地球に「生命のもと」がもたらされた可能性が高いということです。

どう立ち向かう？ もしもの世界
表現をくふうする

96・97ページ 基本のワーク

❶ ❶けんとう ❷かくだい

❷ ❶検討 ❷拡大

❸ ❶提示 ❷断言 ❸報告 ❹原因 ❺減少

❹ ❶情報・発信 ❻条件

---

❷信頼性 ❸多面的

❺ ウ

❻ ア

❼ ❶ウ ❷イ

てびき

❺ 複数の資料を見比べて多面的に検討することで、自分の意見に説得力が生じます。

❻ 「かおる」さんの投稿は「おばあちゃん」から聞いた話を、「ジャネット」さんの投稿は自分の考えを根拠としています。どちらの投稿も、多面的な情報ではなく、一面的で根拠が明らかでない情報によって判断して、自分の意見を主張していることが分かります。

❼ ❶「雨」を「糸のような」と別のものにたとえて表現しています。❷「このパン、おいしいなあ。」という文の順番を入れかえることによって、パンのおいしさを強調しています。

98・99ページ まとめのテスト

1 ア・ウ（順序なし）

2

1 ・例お湯を飲むことが感染症予防になるという根拠はないから。
・例熱いお湯はやけどの危険があるから。

2 自分の体験・意味がない

3 イ

4 ア

3

1 ❶ウ ❷イ

2 ❶イ ❷ア

3 宝（だ）

4

❶わたしたちの思い出でいっぱいの海だ。

❷あまりにもおかしかったので、笑った。

❸笑いかけてくるみたいに、星がかがやく。

5

1 聞こえる

2 話し合っている・人〈または人間〉

てびき

1 情報と向き合うときには、どんな情報が、いつ、だれによって発信されているか、また、その情報の信頼性を確かめることが大切です。情報が古くなっていないか、信頼性の高い人が発信しているかに注意しましょう。また、多くの人が拡散している情報が正しいとは限りません。たとえ善意で拡散された情報であっても、自分で拡散や引用をする前に、慎重に情報の正誤を見きわめましょう。

2 1 資料②の「ティーティー」さんは、「ウイルスは熱に弱いはずだ。」と述べていますが、「はず」と言っていることからも分かるように、確かな根拠がありません。よって、熱いお湯を飲むことも根拠がない情報です。さらに、熱いお湯を飲むことはやけどをする危険性もあります。この二点をしっかりおさえましょう。

2 資料⑤の「ほな」さんの投稿は、「毎日手洗いとうがいをしていても、意味がありませんでした。」と、自分の体験だけを根拠に手洗いとうがいを全否定している点に問題があります。

3　資料⑥の「ふぁぼ」さんは、「流通量が不足するんだって」と不確かな情報を発信して、「みんな、急いで手に入れるようにしよう!」と、みんなの不安をあおっています。

4　資料⑩の「感染症専門医」は、確かなデータにもとづいた意見を述べています。また、ハンドソープでの「十五秒」のもみ洗いをすすめたり、ウイルスの数が「一万分の一程度」に減少することを説明したりして、具体的な数値を示しています。

3
1　❶「灰色の絵の具」がくもった空に合っています。「ようだ（ような）」という言葉を使った比喩表現です。❷「ダンスをしている」からは、風で木の葉がまい上がっている様子が分かります。人ではない木の葉を、人であるかのように表しています。

2　❶「人魚」は泳ぎが上手な生き物なので、姉を人魚にたとえることで、泳ぎの上手さを表現しています。❷ア「ひそひそ」、イ「ざばりと」、ウ「ぐびぐび」のような、音や様子を表す言葉にも注目しましょう。静かに小雨が降る様子を表現しているのはアです。

3　「宝だ」が最初に強調され、最後にも強調されています。

4
❶〜❸　ふつうの文であれば終わりに書かれる部分が最初に書かれています。

5
1　「夜明けの森で聞こえる。」を、「聞こえる」の意味を強調するために「聞こえる、夜明けの森で」と順番を入れかえています。

伝えよう、感謝の気持ち　成長をふり返って未来へ進もう

100・101ページ　基本のワーク

❶ ❶相手　❷メモ・原稿　❸話し方や表情

❷ 1　食べることは生きること
2　イ

❸ 1　一年生をむかえる会
2　こわい・安心した
3　ア

てびき

❶ ビデオメッセージを作るときには、「だれに送るのか」「どういう内容にするのか」をしっかり考えましょう。メモをもとに、ていねいな原稿を作ることも大切です。

❷ 2　「食べることは生きること」という佐々木さんの言葉を具体的に挙げて、その言葉が大好きだという自分の思いとともに、感謝の気持ちを伝えています。

❸ 1　第一段落で、話題を提示しています。
2　第二段落では、「私」が一年生だったときの「一年生をむかえる会」で、不安でこわい気持ちだったことが書かれています。第三段落では、六年生に声をかけられて安心したことが書かれています。
3　第一段落で、「一年生をむかえる会」の思い出として、一年生のときの温かい思い出と六年生のときの苦い思い出とを対比しています。

君たちに伝えたいこと　春に

102・103ページ　基本のワーク

❶ ❶どんどん　❷ぎっしり　❸にっこり

❷ ❶ア　❷ウ　❸ア　❹ウ　❺ウ

❸ 1　手持ち時間をけずっていく・寿命・精いっぱい生きたいっしゅんいっしゅんをつめこんでいく
2　一人一人の自由
3　(1)　大きな空っぽのうつわ
(2)　何をつめこむか・時間の質
4　ウ

内容をつかもう!
ア

てびき

❸ 1 最初の段落の初めに、「私がイメージする寿命（じゅみょう）とは」とあることに注目します。筆者の考える寿命とは、手持ちの時間をけずっていくという消極的な考え方ではなく、大きなうつわの中に精いっぱい生きたいっしゅんいっしゅんをつめこんでいくという積極的な考え方です。

2 ぼんやりして過ごそうが、何かに没頭（ぼっ）して過ごそうが、人の自由だということです。

3 (1) 筆者は、時間とは人が日々つめこんでいく「入れ物」にすぎないと述べています。同じような言い方が、最初の段落でされています。

(2) 筆者は、人が人生の中でどのように生きるかによって、時間の中身や質が決まるということを述べようとしています。

4 最後の段落に、「君が君らしく、いきいきと過ごせば、その時間はまるで君に命をふきこまれたように生きてくるのです。」と、意見が述べられています。

104・105ページ 練習のワーク❶

1 ア

2 自分のためだけに使う・少しでもほかの人のために

3 ほかの人のために時間を使えたとき。

4 [6]（段落から）[7]（段落まで）

5 ④ア ⑤（順序なし）イ・ウ

6 (1) 君のお世話をすること

(2) 自分の時間を純粋に君のために使っていたから

7 ウ

てびき

1 「そこに君が何をつめこむかで、時間の中身、つまり時間の質が決まります。」とあります。どのように時間を過ごすかが大切だということを表しています。

2 筆者のしたいことは、[3]段落に、「できることなら、……と、私は努力しています」と書かれています。

3 [4]段落に書かれています。

4 [5]段落で筆者は、「君が生まれたときに、君の周りにいた人たちがどんなに幸せに包まれたか」を想像したことがあるかと、読者に問いかけています。「君」の世話をすることで周りの人たちが幸せになる様子は、[6]段落から[7]段落までに、具体的に書かれています。[8]段落では、それを受けた筆者の考えが述べられていることに注意します。

5 「小さな君」が笑ったり、泣いたりすると、そばにいた人たちがすぐかけ寄って世話をしてくれるので、「小さな君」は、まだ幼い赤ちゃんだと分かります。「君のそばにいただれも」は、幼い赤ちゃんを温かく見守り、その世話をする人たちですから、「お父さんやお母さん」をはじめとして、「おばあさんやおじいさん」などの周りの大人たちもふくまれていると考えられます。

6 (2) [8]段落に、「なぜ、そうやって君を世話することで喜びがわいてくるのか。」とあり、その答えがこの後に書かれています。

7 この文章は、九十歳（さい）を過ぎても医師として働いていた筆者から、小学六年生にあてて書かれています。読者を「君」と呼び、「君は想像したことがありますか」（[5]段落）のように、読者に語りかける形で書かれています。この文章では、ア「昔のことわざ」や、イ筆者の「さまざまな体験」は書かれていません。

106・107ページ 練習のワーク❷

1 ウ

2 目に見えないエネルギーの流れ

3 (1) ア (2) ウ

4 1 イ 2 ウ

5 イ

6 ❶この草の上でじっとしていたい ❷ひとりで黙っていたい

7 1 エネルギー 2 せめぎあい

てびき

1 「この気もちはなんだろう」とだけ言われると、読者は、いったいどんな気もちなんだろうかという関心を引かれます。

3 (1) 「新芽」は新しく出た芽ですから、その季節に合うのは春の初めです。

(2) 心がつつかれるというのは、心が外の世界からしげきを受けて、落ち着いた気分ではいられなくなっているということです。

4 「ダム」は水などをせきとめるものです。ここでは、心のおくから「よろこび」や「かなしみ」などのさまざまな気もちがあふれてきて、心の中で渦(うず)まいていることを、ダムに水がせきとめられている様子にたとえています。

5 「あしたとあさってが一度にくるといい」というのは、それほど早くあさってがきてほしいということです。未来の世界を早く見てみたくて、いてもたってもいられない、もどかしい気もちになっているのです。

6 ❶ ここでの対照的な気もちは、未知の世界へ行ってみたいという気もちと、未知の世界にふみ出すことにとまどう気もちです。この二つがせめぎあっているのです。

7 1 「目に見えないエネルギーの流れが」、「さけびとなってこみあげる」とあります。

2 よろこびやかなしみなどの気もちが、「心のダムにせきとめられ／よどみ渦(うず)まきせめぎあい」とあります。

108・109ページ まとめのテスト

1

1 失敗してなみだを流す君

2 (順序なし)

・どんなときの自分もだいじにすること。

・自分のことをいつも大好きだと思っていること。

3 一つの奇跡

4 ウ

2

1 (1) 例 さまざまな気もち〈または よろこび、かなしみ、いらだち、やすらぎ、あこがれ、いかり〉

(2) イ

2 ア

てびき

1

2 「これはとても大切なことです」とあり、その前に二つ、筆者が忘れないでいてほしいことが書かれています。

3 最後の段落に、「君が生まれてきて、今ここに、こうして同じときを生きていけるということは、……一つの奇跡(きせき)のようにすばらしいことなのです。」と書かれています。

4 最後の段落に、「今、私が君にこうして語りかけることができるのも、君がそこにいて、私がここにいるからでしょう。それは本当にすてきなことなのです。」とあります。筆者は、「君」と同じときを生きていて、「君」に語りかけることができることを、すてきなことだと思っているのです。

2

1 (1) せきとめられているのは、直前の「よろこびだ しかしかなしみでもある／……／あこがれだ そしていかりがかくれている」です。これらを、「さまざまな気もち」のようにまとめましょう。

(2) 直後の「せめぎあい」「あふれようとする」などから、これらの混とんとした気もちが「心のダム」にせきとめられていることによって、ますます激しさを増していることを読み取りましょう。

2 直前には、「まだ会ったことのないすべての人と／会ってみたい話してみたい」「あしたとあさってが一度にくるといい」という、現実にはかないそうもない願いがいろいろと述べられています。その後に、「もどかしい」と言っていることから、自分の願いがかなわないことを理解していて、それに対し「もどかしい」と表しているのだということが分かります。イの「言葉で上手に表すことができない」や、ウの「不思議に思う」は不正解です。

ヒロシマのうた

110〜112ページ まとめのテスト

1

1 (順序なし)

・例 ヒロ子ちゃんが中学を卒業したこと。

・例 ぜひいちど会って、ヒロ子のお母さんの話などしてやってほしいということ。

2 十五・洋裁

3 (1) 原爆 (2) ウ

4 イ

5 原爆ぎせい者の戒名・とうろう

6 死んだお母さん

2

1 例「わたし」にワイシャツを作っていた。

2 (1)（順序なし）
・（小さな、きのこのような）原子雲のかさ
・（S・Iという）「わたし」のイニシャル

(2) イ

3 ア

てびき

1

3 (1) 前の段落に「わたしは原爆の記念日を選びました。」とあります。

(2) 「記念のいろいろな行事は、何かわたしたちの思い出とかけはなれたものにしか思えなかったからです。」とあります。

4 「二人で一日、町を歩き回ったのです。でも、どこにも、そして、いつまでたっても、そのきっかけができないままに、つかれてしまいました。」と書かれています。

6 「わたしはいよいよヒロ子ちゃんに、死んだお母さんのことを話す約束をして」と書かれています。

2

1 「わたし」がヒロ子ちゃんのことを心配したのに対して、ヒロ子ちゃんのお母さんは、「あなたにワイシャツを作ってたんですよ」と言いました。

2 (2) 「きのこのような原子雲のかさ」は、お母さんと死に別れたヒロ子ちゃんにとっては、つらいことを思い出すもののはずです。それをワイシャツのししゅうにしたということは、ヒロ子ちゃんが原爆の体験を乗りこえて、そこに新しい思いをこめていることを表しています。それは、自分の命を助け、お母さんの話をしに来てくれた「わたし」への感謝と、これからがんばって生きていこうという、未来への希望だと考えられます。

3 お母さんが、原子雲のかさと「わたし」のイニシャルがししゅうされたワイシャツを「うれしそうに」見せ、「何もかも安心」と言っていることから考えましょう。お母さんは、ヒロ子ちゃんの本当のお母さんが原爆でなくなってしまったことを打ち明けるべきかどうか、なやみながら生きてきました。ヒロ子ちゃんがどうなるか心配だったからです。しかし、ヒロ子ちゃんは、つらい過去を象徴するはずの原子雲と、自分の命を助け、死んだお母さんの話をした「わたし」のイニシャルをワイシャツにししゅうしました。それを見て、ヒロ子ちゃんがつらい過去をしっかり受け止めて生きていこうとしているのを感じたのです。

実力判定テスト　答えとてびき

夏休みのテスト①

1　高校生・（お）弁当
2　例みんなが持ってくる弁当とちがっていて、いやだ。
3　例みんなとちがっていて、かっこいい。
4　ウ
5　木目・弁当〈または料理、食事〉
6　イ

てびき

1　前の部分もふくめて考えます。「高校生になったら、毎日が弁当になる。それまでに、ちゃんと料理ができる人になりたい。」とあります。嘉穂は自分で弁当を作りたいのです。

2・3　嘉穂は、祖母の作ってくれる弁当にハンバーグやウインナーが入っていないことについて、「いやなんじゃん」と言っています。明仁は、嘉穂の弁当には、みんなが持ってくるおかずが入っていないので、「みんなとちがうって、かっこいいじゃん。」と言っています。

4　嘉穂は、祖母の作ってくれる弁当のおかずがいやだと思っており、そういう不満の気持ちが、箸でそら豆をつつくしぐさに表れています。

5　ここで嘉穂は、「そら豆をオレンジ色の箸でつまんで、持ち上げて」います。そして、「この箸が、きれいな木目のついた木の箸だったら。」と想像して、「悪くないんじゃないか」「ちょっと、いいかも」と思ったのです。

6　嘉穂は、そら豆をゆっくりかみながら、「なじみのある味」だと感じています。明仁の言うように、木の弁当箱なら祖母の作ったおかずにも合うので、祖母の作る弁当も悪くないかもしれないと思い始めていると考えられます。

夏休みのテスト②

1　❶ろうどく　❷あやま　❸はげ　❹どひょう　❺うちゅう・てんじ　❻こと・かち　❼かた・じゅもく
2　❶雑誌　❷候補　❸幼虫　❹縮尺　❺疑　❻就任　❼裏・郵便　❽地域・警察署
3　❶イ　❷ア　❸ア　❹イ　❺ウ
4　❶イ　❷イ　❸ア　❹イ　❺ア
5　❶しかし　❷なぜなら　❸それとも　❹さて　❺しかも

てびき

1　❷「誤る」は「まちがえる」という意味です。「おわびする」という意味では使わないので注意しましょう。❼「樹」「木」はどちらも「木」の意味です。

2　❷「補」の部首は「衤（ころもへん）」です。「礻（しめすへん）」と区別しましょう。❸右側を「刀」と書かないようにしましょう。❺「疑う」は送りがなを、❼「郵」や❽「域」は、筆順をまちがえやすい漢字です。再度確かめておきましょう。

3　❸「無」は、熟語の上について、下の熟語の意味を打ち消します。このような言葉には、ほかに「未」「非」「不」があります。❹「的」は熟語の下について意味を付け加える言葉です。このような言葉には、ほかに「化」「性」などがあります。

4　❶「右往」（＝右へ行ったり）＋「左往」（＝左へ行ったり）という反対の意味の言葉を重ねた構成です。❷「公明」（＝公平で不正がないこと）＋「正大」（＝正しくて堂々としていること）という似た意味の言葉を重ねた構成です。❹「未」は「まだ……ない」という意味です。熟語の上について、下の熟語の意味を打ち消します。

5　❷後半に理由が述べられているので、「なぜなら」が入ります。❹前半と後半で話題が変わっているので、「さて」が入ります。

実力判定テスト　答えとてびき

冬休みのテスト①

1 降水量

2 急流・海・蒸発

3 例 せまい地域に、たくさんの人びとがくらしているから。

4 (1)（順序なし）水田・ため池・小川

(2) イ・エ

5 さばく

6 例 めぐる水をもっと計画的に利用すること。

てびき

1 すぐ前に「日本は世界でも降水量が多く」とあります。雪や雨が多いので、水が豊富にあるのです。

2 前の部分に注目します。「日本の川は急流が多く、ふった雨の多くは、あっというまに海へ流れてしまいます」とあります。あっというまに流れていってしまうので、利用できる水が少ないのです。また、「蒸発してしまう水もあります」とも述べています。

3 すぐ前に「日本はせまい地域に、たくさんの人びとがくらしています」とあります。多くの人で分け合わなくてはいけないので、一人あたりの量が少なくなるのです。

4 水田やため池、小川などがあるうちは、雨が地面にすいこまれたり、小川などにたくわえられたりしていました。しかし、それがなくなって、代わりに下水管やコンクリート、アスファルトになると、雨がしみこまないので、そのまま流れていってしまいます。また、大雨になると、行き場のなくなった水が急に集まってくるので、小さな川がはんらんしやすくなります。

5 「まるでさばくのような気候です」と述べています。「緑」と「水」がないという点で、都市とさばくは似ていると考えたのです。

6 最後の段落に注目します。筆者は、現代の都市は、「めぐる水をもっと計画的に利用する必要」があると意見を述べています。

冬休みのテスト②

1 ❶したが　❷ないかく　❸さが　❹ほうそう　❺ほうりつ・はせい　❻そ・い　❼たくはいびん・とど　❽俳句・専門

2 ❶秘密　❷納　❸預　❹興奮　❺操作　❻転勤　❼看板・染

3 ❶行かれた〈または いらっしゃった〉　❷父　❸お聞きします〈または うかがいます・うけたまわります〉

4 ❶お送りになる→お送りする　❷（家で）いらっしゃる→（家）です〈または（家で）ございます〉　❸いたす→なさる〈または される〉　❹いただく→めしあがる〈または お食べになる〉　❺おります→いらっしゃいます〈または いらっしゃる・おいでになる〉

5 ❶雪合戦・ゆきがっせん　❷白波・しらなみ

6 ❶イ　❷ア　❸ア　❹イ

てびき

1 ❺「派生」はもとになるものから、分かれて生じることです。

2 ❷「納める」と「収める」のちがいに気をつけましょう。「納める」は「税や品物を決まったところにわたす」という意味、「収める」は「物を容器に入れたりしまったりする」という意味です。

3 ❶目上の人に聞くときは、「行く」の尊敬語である「いらっしゃる」もしくは「れる」「られる」を使って「行かれる」にします。

4 ❶「お〈ご〉……になる」は尊敬語なので、自分の動作を言うときは「お〈ご〉……する」というけんじょう語にします。❸「いたす」は「する」のけんじょう語です。❹「食べる」のは「先生」なので、尊敬語の「めしあがる」にします。

5 ❷「白い」の「い」が省略され、「しろ」は「しら」と音が変わります。

実力判定テスト 答えとてびき

学年末のテスト①

1 例こいつと一緒に雨やどりをしなくてはいけない

2 (1) ウ

(2) （順序なし）

・例地面はびちょびちょで、転んだら泥まみれになってしまうだろうから。

・例雨で、髪も服もびっしょり濡れているので、早く家に帰って、服を着替えたいから。

3 ノリオの気持ち…そっぽを向いたまま

少年の気持ち…ムスッとしたまま

4 例腹が減っており、服も濡れて気持ち悪い

5 イ

てびき

1 少年が思ったのは、「なんでこいつと一緒に雨やどりしなくちゃいけないんだ」ということです。

2 少年が決闘を再開するのはやめたいと考えた理由は、直後の三文に書かれています。これを二つにまとめましょう。

3 ハンドを認める言葉を、ノリオは「そっぽを向いたまま」言っています。それはすなおに認めたくないからです。それを聞いた少年は、「べつにいいよ。」と、「ムスッとしたまま」言いました。ノリオにおこるのも「バカらしく」なったからです。

4 少年が「腹、減ったし」と言うと、ノリオも「オレも。」と言い、さらに「服も濡れて気持ち悪いし」と、前半で少年が思っていたのと同じことを言っています。

5 最後の場面の二人の気持ちを読み取ります。「決闘、やめっか。」と言った少年に、ノリオは「だな。」とうなずいています。ここから、二人の気持ちがうちとけてきていることが分かります。明るくなりつつある空の情景は、それを表していると考えられます。

学年末のテスト②

1 ❶じゅうだん ❷ちょさくけん ❸しりぞ ❹ひてい ❺われわれ・わす ❻まく・と ❼けんとう・の

2 ❶発揮 ❷至 ❸将来 ❹観衆 ❺親孝行 ❻演劇 ❼背・垂 ❽尊重・認

3 ❶イ ❷ウ ❸ア

4 ❶イ ❷ウ ❸エ ❹オ

5 ❶和語・外来語 ❷和語・和語 ❸漢語・漢語

6 ❶お客様、私が部屋にご案内します。

❷音楽をお聞きになっているのですか。

〈または音楽を聞かれているのですか。〉

❸美術館でどんな絵をご覧になったのですか。

❹母がよろしくと申していました。

てびき

2 ❼「垂」は筆順をまちがえやすいので、注意しましょう。

3 ❶「花がさく」という言葉がくり返し出てきます。❷「楽しそうに走り回りながら笑っていた。」という文の言葉の順番を入れかえています。❸たんぽぽの綿毛が飛んでいく様子を「おどるように」と比喩で表現しています。

4 ❶は「新＋発売」、❷は「冷蔵＋庫」の構成です。❸「花鳥風月」は一字の語が四つ並ぶ構成です。❹は「世界」＋「記録」の構成です。

5 ❷「桜」も「並木」も和語です。

6 ❷「お聞きする」はけんじょう語なので、「お聞きになる」、または「れる」「られる」を使って「聞かれる」という尊敬語にします。❸「拝見する」は「見る」のけんじょう語です。尊敬語の「ご覧になる」に直します。❹目上の人に自分の身内のことを話すときは、「お母さん」と言わずに「母」と言います。

実力判定テスト 答えとてびき

漢字リレー①

1 奏
2 済ます
3 異
4 胃腸
5 展覧
6 沿う
7 裁
8 窓
9 幼い
10 宗派
11 映
12 策
13 創
14 翌晩
15 延びる
16 冊
17 装
18 裏
19 預
20 域

21 蚕
22 層
23 律
24 背筋
25 恩
26 至る
27 臓
28 臨
29 縮尺
30 我
31 姿
32 退く
33 朗
34 操縦
35 磁針
36 宅
37 推
38 拡
39 灰
40 誌

41 担
42 警視庁
43 詞
44 革
45 射る
46 誕
47 閣
48 捨てる
49 暖かい
50 衆
51 株
52 若
53 樹
54 頂
55 呼吸
56 簡
57 就
58 討論
59 著
60 看

61 収納
62 危ない
63 敵
64 遺骨
65 机
66 従う
67 党
68 揮
69 熟
70 届く
71 貴
72 純
73 乳
74 供
75 疑う
76 処
77 厳密
78 宇宙
79 署
80 脳

漢字リレー②

81 認める
82 忠誠
83 皇后陛
84 胸
85 諸
86 拝む
87 郷
88 除く
89 肺
90 勤める
91 将
92 班
93 干潮
94 系
95 承
96 否
97 障
98 俵
99 劇
100 傷

101 卵・割る
102 己
103 尊敬
104 穴
105 券
106 蒸
107 奮う
108 激痛
109 仁
110 並ぶ
111 批
112 聖
113 暮れる
114 権
115 垂れる
116 寸
117 片
118 俳優
119 憲
120 源

121 盛る
122 補う
123 閉幕
124 穀
125 泉
126 訳
127 誤る
128 舌
129 私欲
130 訪ねる
131 困難
132 孝
133 宣
134 忘れる
135 紅
136 専
137 棒
138 存亡
139 枚
140 鋼

141 降る
142 洗う
143 絹・染める
144 盟
145 砂糖
146 刻
147 銭
148 郵
149 賃
150 秘蔵
151 乱れる
152 値段
153 巻
154 宝・探す
155 善い
156 模
157 腹
158 座

3 2 1 0 9 8 7 6 5 4
＊ ＊ D C B A